考拉旅行　乐游全球

- 说走就走的旅行　有我，就是这么简单！　- 一书在手，畅游无忧

JAPAN GUIDE
畅游日本
就这本超棒！

总策划 黄金山
《畅游日本》编辑部 编著

华夏出版社
HUAXIA PUBLISHING HOUSE

目录 CONTENTS
畅游日本 JAPAN

LOOK!日本!	014
日本面孔!	015
TIPS!日本!	020
GO!日本交通!	030
速报!10大人气好玩旅游热地!	032
速报!10大无料主题迷人之选!	035
美食!10大人气魅力平民餐馆!	038
带回家!特色伴手好礼!	041
热地!购物瞎拼买平货10大潮流地!	044
超IN!7天6夜计划书!	048

❶ 东京涩谷区　053

明治神宫	054
Design Festa Gallery	054
竹下通り（大街）	055
原宿教会	055
涩谷八公铜像	056
表参道Hills	056
青山学院大学	056
涩谷109	057
宫益坂	057
涩谷迪斯尼专卖店	057
电力馆	058
TOWER RECORDS	058
西班牙坂	058
公园通り（大街）	059
Shiespa温泉塔	059
东京体育馆	060
文化学园服饰博物馆	060
天下一品	060
代官山ADDRESS	061
惠比寿麦酒博物馆	061
八幡通り（大街）	061

❷ 东京港区　063

Spiral	064
ONE表参道Hills	064
东京Midtown	065
东京Midtown艺术大街	065
SUNTORY美术馆	066

21_21 Design Sight	066
东京城市观景台	067
六本木Hills	067
毛利庭园	067
森美术馆	068
国立新美术馆	068
六本木维珍Toho电影城	069
朝日电视台	069
青山灵园	070
东京塔	070
东京塔水族馆	071
东京芝公园	071
野田岩	072
增上寺	072
麻布十番商店街	073
麻布十番温泉	073
浪花家总本店	073
东京电视塔	074
东京电视塔大时钟	074
汐留意大利街	074
汐留City Center	074
Caretta汐留	075
剧团四季专用剧场"海"	075
Caretta OCEAN Xmas	076
永坂更科布屋太兵卫	076
DECKS Tokyo Beach	076
Mediage	077
彩虹大桥	077
台场海滨公园	077

❸ 东京中央区　　079

银座名店街	080
中央通り（大街）	080
HOUSE OF SHISEIDO	080
日本桥长门	080
银座松坂屋	081
银座天国	081
日本桥	081
水天宫	082
日本银行	082
人形町	083
明治座	083
高岛屋	084
滨离宫恩赐庭园	084
波除神社	084
筑地本愿寺	085
筑地市场	085
场外市场	085

❹ 东京千代田区　　087

东京宝塚剧场	088
日比谷公园	088
东京车站	088
丸之内大厦	089
モリタ屋	089
SKY BUS	090
拉面激战区东京编	090
皇居	091
千鸟渊	092
武道馆	092
AKB48剧场	093
ASOBIT CITY	093

Sofmap	094
laOX	094
COMIC TORNOANA	095
GAMERS	095
海洋堂	095
animate	096
RADIO会馆	096
VOLKS秋叶原展示厅	097
@home café	097
集英社	097

❺ 东京新宿区　099

轻子坂	100
毗沙门天善国寺	100
面屋武藏	100
神乐坂	101
赤城神社	101
本多横丁	101
新宿中村屋	102
东京都厅	102
新宿LOVE雕塑	103
平和祈念展示资料馆	103
歌舞伎町	104
末广亭	104
中央公园	104
思い出横丁	105
花园神社	105
新宿御苑	105

❻ 东京台东区　107

浅草寺	108
浅草观音温泉	109
驹形どぜう	109
传法院通り（大街）	110
浅草松屋	110
梅园	110
浅草演艺ホール	111
浅草花やしき	111
大黑家	111
上野公园	112
旧岩崎邸庭园	115
宽永寺	115
谷中灵园	115

❼ 东京其他　117

小石川后乐园	118
东京巨蛋	118
菊见鲜贝总本店	118
新井药师梅照院	119
根津神社	119
SUN MALL	119
SUN PLAZA	120
青叶	120
两国国技馆	120
隅田川	121
池袋西口公园	121
阳光城	122
江户东京博物馆	122
平和祈念展示资料馆	122
东京艺术剧场	123
少女之路	123

熊野神社	124
自由之丘甜品森林	124
目黑川	125
电车之家	125
东京都写真美术馆	126
西乡山公园	126
东京レジャーランド	127
调色板城	127
History Garage	128
大摩天轮	128
维纳斯城堡	128
大江户温泉物语	129
日本科学未来馆	129
TOKYO Big Sight	130
水科学馆	130
井之头恩赐公园	131
驮菓子问屋横丁	131
ハーモニカ横丁	131
三鹰之森吉卜力美术馆	132
东京迪斯尼乐园	132
东京迪斯尼海洋	133
船科学馆	133

❽ 神奈川　　135

横滨皇后广场	136
横滨红砖仓库	136
ヨドバシカメラ	137
横滨地标塔大楼	137
横滨COSMO世界	138
神奈川县厅本厅舍	138
神奈川县立历史博物馆	139
横滨税关本关厅舍	139
横滨市开港纪念会馆	139
日本丸纪念馆	140
日本邮船历史博物馆	140
横滨美术馆	141
横滨八景岛海岛乐园	142
山下公园	142
冰川丸	143
元町商店街	143
港见丘公园	144
山手西洋馆	144
横滨中华街	145
横滨关帝庙	145
横滨天后宫	145
三溪园	146
横滨大世界	146
新横滨拉面博物馆	147
镰仓鹤冈八幡宫	147
镰仓大佛	147
长谷寺	148
净智寺	148
湘南海岸	149
建长寺	149
圆觉寺	150

镰仓文学馆	150
极乐寺	151
箱根雕刻之森美术馆	151
箱根美术馆	152
小町大街	152
大涌谷	153
箱根海贼船	153
芦之湖	154
宫之下温泉街	154
箱根神社	155
关根关所	155

⑨ 静冈县　　157

野坂自动人偶博物馆	158
池田20世纪美术馆	158
热海	158
热海城	158
一碧湖	159
伊豆一碧湖美术馆	159

⑩ 山梨县　　161

河口湖	162
カチカチ缆车	162
山梨宝石博物馆	162
猿まわし剧场	163
河口湖游览船	163
河口湖红叶祭	163

⑪ 日光　　165

东照宫	166
日光山轮王寺	166
华严瀑布	167
二荒山神社	168
鬼怒川温泉	168
龙头瀑布	169
战场原	170
日光汤波ふじや	170
绵半	170
中禅寺湖	171
龙王峡	171

⑫ 京都　　173

京都塔	174
东本愿寺	174
西本愿寺	174
二条城	175
涉成园	176
二条阵屋	176
京都拉面小路	176
平野神社	176
金阁寺	177
大德寺	178
光悦寺	178
上贺茂神社	179
等持院	179
源光庵	180
常照寺	180
今宫神社	181
北野天满宫	181
京都御苑	182
晴明神社	182

梨木神社	183	南禅寺	198
俵屋吉富	183	银阁寺	199
庐山天台讲寺	183	真如堂	199
京都御所	184	住莲山安乐寺	200
妙心寺	184	熊野若王子神社	200
广隆寺	184	东寺	201
仁和寺	185	五重塔	201
神护寺	186	平等院	202
岚山公园	186	宇治上神社	202
天龙寺	187	万福寺	203
清凉寺	187	三室户寺	203
宝筐院	188	祇园	203
大觉寺	188	地主神社	204
二尊院	188	建仁寺	204
化野念佛寺	189	八坂通&八坂塔	205
常寂光寺	189	东福寺	205
野宫神社	189	八坂神社	206
岚山鹈饲	190	料理旅馆白梅	206
龙安寺	190	高台寺	207
渡月桥	190	知恩院	208
曼殊院	191	永观堂	208
修学院离宫	191	青莲院	209
鞍马寺	192	清水寺	209
贵船神社	192	二年坂	210
宝泉院	193	三年坂	210
法然院	193	泉涌寺	211
由岐神社	194	京寮都路里	211
诗仙堂	194	京都国立博物馆	212
东龙ラーメン	195		
圆光寺	195		
京都国立近代美术馆	195		
下鸭神社	195		
三千院	196		
胜林院	196		
平安神宫	197		
哲学之道	197		
寂光院	198		

三十三间堂	212	醍醐寺	220
光明寺	212	随心院	221
天桥立	213	毘沙门堂	221
旧三上家住家	213		
西芳寺	213		

13 奈良 223

伊根舟屋	214		
高山寺	214	奈良公园	224
大原野神社	215	兴福寺	224
桂离宫	215	东大寺	225
先斗町	216	奈良町	225
尾张屋	216	依水园	226
壬生寺	216	春日大社	226
几松	217	奈良国立博物馆	227
近又	217	中宫寺	227
先斗町通	217	平城宫遗址	228
伏见稻荷大社	218	法隆寺	228
城南宫	218	唐招提寺	229
伏见桃山城	219	药师寺	229

14 大阪 231

日本环球影城	232
道顿堀	232
美津の	233
空中庭园展望台	233
宗右卫门町	233
法善寺	234
浮世小路	234
大阪城	235
难波宫遗址公园	236
金明水井户	236
大阪历史博物馆	236
大阪城公园	237
大阪市立博物馆	238
大阪本町	238
四天王寺	239
堀江	240
通天阁	240
难波桥	241
中之岛图书馆	241
今宫戎神社	241
中之岛公园	242
住吉大社	242
太鼓桥	243
天保山	243
天保山大观览车	244
大阪世贸中心大楼	244
观光船圣玛丽亚号	245
万博纪念公园	245
堺	246
箕面公园	246
法善寺横丁	247
难波公园	247
Super World世界大温泉	248
泷安寺	248
中崎町	248
岸和田城	249

15 神户 251

生田神社	252
M-int神户	252
旧居留地十五番馆	253
凤见鸡之馆	253
维纳斯桥	253
南京町	254
神户ステーキ	254
Igrekplus	254
老祥记	255
旧居留地	255
三宫中心街	256
元町商店街	256
神户鲁米娜蕾	257
神户塔	257
神户海洋博物馆	258
MOSAIC Garden	258
CONCERTO	259
有马温泉	259
瑞宝寺公园	260
金之汤	260
神户市太阁汤殿馆	260
川上商店	260
御所坊	261
六甲山牧场	261
六甲花园阳台	261
明石海峡大桥	262
圆教寺	262
姬路城	263
芦屋川	264
宝塚大剧场	264
淡路岛牧场	265
城崎温泉	265

16 北海道　267

大通公园	268
札幌电视塔	268
北海道大学	269
北海道神宫	269
中岛公园	270
羊之丘	270
时计台	271
三宝乐啤酒博物馆	271
西武百货	272
かに本家	272
札幌JR Tower	273
拉面共和国	273
二条市场	274
狸小路商店街	274
薄野	275
札幌国际滑雪场	275
河童家族许愿手汤	276
小樽运河	276
岩永时计铺	277
寿司屋通	277
大正硝子馆	278
富田农场	278
花园上富良野	279
彩香之里佐佐木农场	279
富良野葡萄酒工厂	280
菅野农场	280
美瑛拼布之路	281
美马牛小学	281
诺罗克号观光列车	282
函馆山	282
五棱郭公园	283
八幡坂	283
天主教元町教会	284
函馆东正教会	284
金森仓库群	285
函馆明治馆	285
函馆西波止场	286
汤之川GRAND HOTEL	286
旭川平和通买物公园	287
雪的美术馆	287
流星瀑布	288
银河瀑布	288
黑岳	289
有岛纪念馆	289
羊蹄山	290
绮罗街道	290
大汤沼	291
鬼雕像巡礼	291
登别地狱谷	292
有珠山	292
昭和新山	293
流冰火车	293
鄂霍次克流冰馆	294
知床峠	294
知床五湖	295
乙女瀑布	295
欧信克幸瀑布	296
和商市场	296
川汤温泉街	297
摩周湖	297
部落之汤	298
礼文岛	298
柏屋	299
稚内日本铁路最北端车站	299
宗谷岬	299

17 九州　301

哥拉巴公园	302
眼镜桥	302
和平公园	303

大浦天主堂	303	高山阵屋	321
伊王岛	304	热田神宫	321
云仙	304	松本城	322
荷兰坂	305	善光寺	323
新地中华街	305	金泽城	323
出岛	306	兼六园	323
任田岭	306	仙台城遗址	324
云仙地狱	307	大崎八幡宫	324
岛原城	307	松岛	324
武士旧居	308	十和田湖	325
平户大桥	308	中尊寺	326
圣方济各纪念圣堂	309	田泽湖	326
九十九岛	309	和平纪念公园	327
豪斯登堡	309	严岛神社	327
平户城	310	宫岛	328
博多运河城	310	大圣院	328
太宰府	310	鸣门海峡	329
别府地狱巡礼	311	松山城	329
水前寺庭园	311
阿苏山	311
熊本城	312
鹿儿岛	312
屋久岛	313
冲绳	313

18 日本其他　315

旧三笠饭店	316
圣パウモカリッグ教会	316
云汤池	317
白川乡	317
日本圣公会ショウー纪念礼拜堂	318
名古屋城	318
犬山城	319
あはらい町	319
有乐苑	320
伊势神宫	320

索引　330

出游需要个好帮手

  《畅游世界》系列图书即将付梓，编者嘱我写序。我曾经从事旅游出版工作十余年，对旅游图书有些感觉，在这里谈一点感言，权作交差吧。

  人生数十载，不外乎上学、工作、生活三部分内容。上学和工作乐趣不多，压力不少；只有生活（上学和工作之外）能够品尝出些许味道。而这其中，最有意思、最令人向往、最能给人带来欢乐与回味的生活方式便是旅游，尤其对于当今生活节奏快、成本高，工作压力大、收入低，人口密度高、服务差，整天像牛马一样机械地干活的都市人来说，旅游是一副综合的良药，虽不能说包治百病，却是良效多多。记得哲人歌德说过："大自然是一部伟大的书。"而旅游就是阅读这部大书最为轻松愉悦的方式。一次短暂的旅游，可以使心灵得到长时间的安宁与抚慰；一次遥远的旅游，可以领悟人生的坎坷，体验生命的精彩；一次艰辛的旅游，留下的是难忘的记忆；一次快乐的旅游，带来的更是值得珍藏的财富。总之，旅游陶冶人的情操，愉悦人的身心，给人的生活带来无尽的希望与力量。

  一次成功的旅游，需要做好三个阶段的工作：行前准备、途中指引、归来总结，而一本好的旅游指南书都能帮您搞定。虽然说现今的网络发达时代，利用各种固定的、移动的电子设备，可以查询相关旅游信息，方便快捷，但我对这些东西其实并不感冒，起码目前是这样，因为网上的信息东拼西凑、复制粘贴的太多，新兴的数字出版领域从行规建设、人员素质、质量控制等等诸多方面，要比已经发展了近百年的传统纸质图书行业稀松得多，可信度自然也就大打了折扣。数字出版物要想俘住广大读者的心，还有很长的路要走。所以，我建议出游的人们目前携带一本精要实用的纸质旅游指南书，还是明智的选择。

书店的旅游指南销售柜台已经摆满了花花绿绿的多家产品，各有优劣，读者尽可随意挑选。如果要我做个推荐，我自然要首推华夏出版社的"《畅游世界》"系列。这是一套为旅游爱好者量身定制的旅游指南书，通篇贯穿着一个宗旨，那就是让旅游者"畅"，食住行游购娱一路顺畅，惊喜快乐。书中对目的地的地理、气候、人文、区划、交通等作了详尽的介绍，还对当地的旅游热点、风味美食、平民餐馆、伴手好礼以及购物佳地等都进行了精选归纳和说明，最重要的还是本书精心设计的几天几夜游，它对于那些没时间计划或不会计划的忙人或懒人来说，很是管用，让您无需计划，拎起本书即可坦然上路。至于它是否具备优秀旅游指南的各项要素，诸如全面性、准确性、实用性、针对性、时效性、美观性等等，我便不再废话，说多了有"王婆卖瓜，自卖自夸"嫌疑，读者用过了，自然便有了答案。

仁者乐山，智者乐水。对于热爱生活的人们来说，旅游的步伐，从来都是风雨无阻，愿携带《畅游日本》出行的人们，畅来畅往，快乐安康。

华夏出版社社长、总编辑

LOOK! 日本!

1 概况

有"日出之国"之称的日本由北海道、四国、本州和九州四个大岛及几千个小岛组成。地热丰富、温泉众多的日本是度假休闲胜地，冬日浸泡在温泉之中充满惬意。日本各地拥有不同的风土人情，古色古香的京都、繁华现代的东京、东西交融的海港神户、冰雪世界北海道与热情似火的冲绳都吸引了不同喜好的游人，适合各种不同主题的旅行。

2 地理

日本总面积37.78万平方公里，境内山地呈脊状分布于日本的中央，山地和丘陵超过全国总面积七成以上，海拔3776米的富士山是日本最高峰。位于太平洋火山地震带上的日本火山活动频繁，全国有200多座火山，其中50多座是活火山，更是世界上有名的地震区。

3 气候

日本南北气温差异明显，北海道与本州的高原地带属亚寒带，本土地区属温带，而冲绳等南方诸岛则为亚热带。受季候风及洋流交汇影响的日本四季分明，每年6、7月间是连绵不断的梅雨季节，是世界上降水量较多的地区之一。

4 区划

日本全国分为1都（东京都）、1道（北海道）、2府（大阪府、京都府）、43县共47个一级行政区，各都道府县下的行政区划分别为市、町、村，此外还有郡、支厅、区、特别区等行政单位。此外，以首都东京都为中心，包括神奈川县、埼玉县、千叶县的首都圈是世界上最大的都市圈之一。

5 人口及国花、国鸟

日本人口约为1.27亿，皇室认定的国花为菊花，樱花则是国民认定的国花，国鸟为绿尾虹雉。

日本面孔！

NO.1 美味料理

东京汇集了来自世界各地的美味料理，无论是筑地的寿司，还是台场的文字烧都能让人大快朵颐。不光如此，就算是在路边随处可见的小饭馆等都能让人有意外的惊喜。这里的料理大多是手工精心烹制，味道自不必说，光是制作过程也堪称是艺术。

NO.2 新宿歌舞伎町

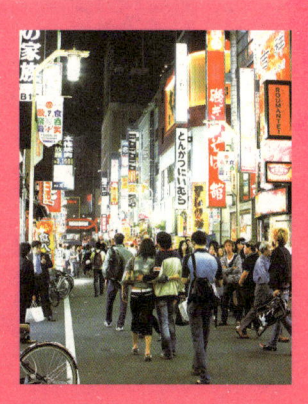

歌舞伎町是东京夜生活的代表，这里霓虹灯终夜不熄，四周的酒店、俱乐部、旅馆等的招牌被照得透亮，宛如一条不眠之街一般。满街的红男绿女都沉浸在这繁忙的纸醉金迷之地，即使是深夜，这里依然灯火通明，人来人往。

畅游日本 推荐

NO.3 樱花

　　樱花是日本的国花之一，在日本各地都可以看到樱花的身影，主要品种有八重樱、吉野樱、大山樱、晚樱等。樱花绽放最盛时有一种极其灿烂而凄婉的美丽，因其芳华最盛之日也是花瓣飘零之时。每年春季，日本全国各地的樱花会从南至北依次开放，花期最长可以延续3个月之久，日本人将这种自南至北依次开花的现象称为"樱花前锋"。在樱花盛开时，家人、朋友齐聚在树下喝酒赏花，是一年中最热闹的时候。

NO.4 东京

　　东京是日本的首都，也是日本教育、经济和文化的中心，还是世界人口最多的城市之一。东京历史悠久，1457年太田道灌修建江户城，1603年德川家康在江户建立幕府，1868年天皇移居到此，改名东京。漫步在东京街头，可以感受东京这一国际化大都市的繁华和活力，高楼大厦鳞次栉比，各种商业、金融中心随处可见，从街头匆忙往来的行人就可以感受到东京的生活节奏。除了现代化的一面，东京还保留了许多历史文物和旧日风情，在此可体验到浓郁的日本传统文化。

NO.5 京都

　8世纪末，仿效着中国隋唐时代长安与洛阳的城市格局，日本人在本州岛中部建起了自己的京都，直到19世纪末，随着明治天皇迁都江户（今东京），京都方才逐渐淡出了历史的舞台。

　然而，尽管世事变迁，作为一座拥有着千余年历史的古城，京都所蕴含的文化传承，却终究是不会随着政权的更迭而消亡的。无论是新年伊始时的初蹴鞠，抑或2月间的梅花节，以及4月的春舞、5月的葵节等等，一直到12月的献茶节，还有油纸伞、西阵织与京菓子，浓郁的历史人文气息始终伴随着京都年复一年的日月轮回。漫步在这座"日本人的心灵故乡"的旧街古巷之间，又有谁会不为之怦然心动呢？

NO.6 茶道

　茶道始源于中国，最早现于唐代。12世纪末，旅居南宋的僧人们将茶种首次带回了日本，日本自此才有了种植茶树的历史。不过，与中国人重精神、实效而轻形式的做法不同，在历经岁月的积淀之后，日本人将原本简单的"放茶叶、倒水"演化得愈发精细乃至于繁琐，进而将之与宗教、哲学、伦理和美学联系起来，成为一门综合性的文化艺术活动。

　传统的日本茶道在16世纪末达到鼎盛，迄今不辍，其核心思想"和、静、清、寂"，依旧深深地影响着今天的日本，尤其是日本文化的各个层面。

畅游日本 推荐

017

NO.7 神社

佛有佛堂，道有道观，作为日本原生的神道，它的信仰中心即为神社。其实最早的时候，这一信仰并没有固定的称谓，只是在佛学传入日本以后，为了将两者区分开来，信众们这才创造出了"神道"一词。19世纪末期，随着"废佛毁释"运动的兴起，神道最终战胜了外来的佛教，正式成为日本的国教，拥有着占全国总人口约85%的信众群体。而今8万余座遍布全国各个角落的神社，则成为日本最具代表性的建筑之一。

与中华传统文化重视财神、灶王爷的风俗相仿，因为供奉着诸多关系日常民生的神祇，所以日本人无论结婚、生子、就学抑或升迁，通常都会前往神社先行祈祷。

NO.8 温泉

远古时期，由于频繁的地壳运动，在日本列岛间形成了星罗棋布的温泉群落。历史上有关日本人使用温泉的记录很早，尤其是在佛教传入日本以后，各地广兴庙宇，傍山而居的僧人们更是对温泉的开发起到了积极的推动作用。今天，日本全国共有温泉约2600座，温泉旅馆7.5万余家，旅客在享受温泉的同时，更可以品尝到当地美食。

此外，日本温泉的种类很多，例如根据其水质的不同，有适宜消除病菌的草津温泉，能够改善视力、治疗眼疾的佐渡温泉，号称可以养颜驻容的月冈温泉，以及对女性体质有着改善功效的伊香保温泉等，旅客尽可根据自身的不同需要，分别加以尝试。

NO.9 大阪城

16世纪末，当时日本的执政者丰臣秀吉征集3万民工，历时3年，在大阪地区的上台町地筑起了丰家政权乃至整个日本政治的中心——大阪城，其规模之宏伟，曾经引得西来的欧洲传教士们也为之侧目称奇。然而可惜的是，随着后来丰臣秀吉的死去，日渐式微的丰臣氏最终为德川氏所消灭，名城大阪也在战火中几乎化为了一片灰烬。

今天的大阪城是当地政府于1928年在市民的积极捐献下重新修建起来的，其建筑结构和式样大体遵循了丰臣时代以及后来江户时代的原貌。外观5层，内部8层，高约54.8米，7层以下为资料馆，8层为瞭望台，城墙四周建有护城河。大阪城是大阪市的城市象征，日本的重要文化遗产。

NO.10 神户西洋建筑

历史上的日本因为诸事仿效中国，再加上对外来文化恐惧，17世纪初，江户幕府便也一如当时的清朝政府，奉行起了闭关锁国的政策。直到19世纪末，随着欧美列强的坚船利炮不断袭来，万般无奈的幕府开始被迫对外交往，并且指定了几座临海城镇作为重要的通商口岸；而这其中便有在近代因海事而愈发兴盛的四国重镇——神户。

也正是源于这一段特殊的历史，今天的神户保留了大量当时迁入日本的欧美侨民及使节们所建的西洋式建筑，这些建筑大多集中在神户的北野地区，号为"神户异人馆"，充满着浓郁的异国情调。

畅游日本 推荐

TIPS!日本!

❶ 团体与个人观光旅行签证

1. 中国公民访日团体与个人观光旅行

此类签证的发给对象是以观光旅游为目的的申请人。因此，除观光旅游以外的短期访问目的都不属于此范围。

（1）中国公民访日团体观光旅行

是指中国公民以旅游为目的，以团队（组团）形式访问日本。按本制度组织的旅游团人数为5名以上40名以下，赴日行程为15天以内。

（2）中国公民访日个人观光旅行

近年来，随着中国公民赴日旅游人数的增加，越来越多的人希望能选择更多样的旅游产品，由此，日本决定对中国游客发放能够更少人数自由旅行的个人旅游签证。与团队观光不同的是，中日双方旅行社不需要派领队和导游。

2. 管辖区域

（1）日本驻华大使馆（北京）：北京市、天津市、陕西省、山西省、甘肃省、河南省、河北省、湖北省、湖南省、青海省、新疆维吾尔自治区、宁夏回族自治区、西藏自治区、内蒙古自治区

网址：http://www.cn.emb-japan.go.jp/consular/visa_dantai_daili.htm

（2）驻上海总领事馆：上海市、浙江省、江苏省、安徽省、江西省

网址：http://www.shanghai.cn.emb-japan.go.jp/cn/apply/daiko.html

（3）驻广州总领事馆：广东省、福建省、广西壮族自治区、海南省

网址：http://www.guangzhou.cn.emb-japan.go.jp/cgjp_cn/visa/doc/visa00024.htm

（4）驻重庆总领事馆：重庆市、四川省、贵州省、云南省

网址：http://www.shenyang.cn.emb-japan.go.jp/cn/visa/fr_visa_02_04_01.htm

（5）驻沈阳总领事馆：辽宁省（大连市除外）、吉林省、黑龙江省

网址：http://www.shenyang.cn.emb-japan.go.jp/cn/visa/fr_visa_02_04_01.htm

（6）常驻大连办事处：大连市

网址：http://www.dalian.cn.emb-japan.go.jp/ch/visa_others_others01_08.html

（7）驻青岛总领事馆：山东省

网址：http://www.qingdao.cn.emb-japan.go.jp/cn/visa/information.html

申请手续

希望参加本制度规定的旅行的中国公民，需通过持有日本驻中国大使馆或总领事馆许可的中国各旅行社进行申请。

有关签证手续，由各指定旅行社代为申请，故签证的办理及领取均无需参团者直接办理。酒店和机票必须由各指定旅行社预订，不能由客人自理。有关详情请向各旅行社查询。

网址：http://www.cn.emb-japan.go.jp/consular/visa_dantai_daili.htm

❷ 探亲·访友签证

以下是申请探亲·访友签证时所需提交的材料。所提交材料的有效期均在发行后3个月以内（材料上如果有有效期，

则应在有效期内提交）。申请签证时请通过各领事馆所指定的代办机关办理，原则上不接受个人申请。

1.提交材料

（1）在中国的申请人所需准备的材料

提交材料	说明
① 签证申请表	规定格式(下载网址：http://www.cn.emb-japan.go.jp/consular/visa_application.pdf)（也可在窗口领取）
② 照片	长4.5cm、宽3.5～4.5cm，白底，1张
③ 护照	
④ 户口本复印件	户口本首页及申请人本人页
⑤ 暂住证或居住证明	仅限户口不属于领事馆管辖区内的申请
⑥ 能证明与在日亲属或朋友关系的材料	亲属关系：亲属关系公证书 朋友关系：照片、书信等

（2）在日担保人所需准备的材料

提交材料	说明
① 身元保证书	规定格式(下载网址：http://www.cn.emb-japan.go.jp/consular_j/mimoto.pdf)
② 住民票	标明所有家庭成员及其关系　*外籍人士在记载事项中不可有省略　*外籍人士除（住民票コード）以外的记载事项中不可省略
③ 在职证明	·公司经营者请提交法人登记簿滕本 ·个体经营者请提交营业许可证或确定申告书（控）的复印件 ·靠年金生活等无业者需附为什么不能提交在职证明的理由书（任意格式）
④ 标有总收入金额的： ·课税（所得）证明书（市区町村长发行） ·纳税证明书（样式2）（税务署长发行） ·确定申告书（控）的复印件	·请提交左边所指材料的任意一种，不能使用源泉征收票。 ·提交的确定申告书（控）的复印件要有税务署的受理印，e-Tax的话，要有"受理通知"及"确定申告书"的标识。
⑤ 有效的在留卡 （外国人登录证明书）正反两面的复印件	外籍人士

（3）邀请人所需准备材料

提交材料	说明
①邀请理由书	规定格式(下载网址：http://www.cn.emb-japan.go.jp/consular_j/shouhei.pdf)
②滞在预定表	规定格式(下载网址：http://www.cn.emb-japan.go.jp/consular_j/tingliuricheng.pdf)，填写样式请参考格式(下载网址：http://www.cn.emb-japan.go.jp/consular_j/tingliuricheng-2.pdf）
③住民票	标有家庭所有成员及其关系　*外籍人士在记载事项中不可有省略　*外籍人士除（住民票コード）以外的记载事项中不可有省略
④在职证明及在学证明	·公司经营者提交法人登记簿滕本 ·个体经营者提交营业许可证或确定申告书（控）的复印件 ·靠年金生活等无业者需附为什么不能提交在职证明的理由书（任意格式）
⑤有效的在留卡 （外国人登录证明书）正反两面的复印件	外籍人士
⑥能佐证渡航目的的材料（根据需要）	医院的诊断书、结婚典礼的预约票、考试受验票的复印件等

（注1）申请人为两人以上时，请将其中代表者的个人信息填写在邀请理由书上，另外做成一份全体申请人的名单表，与申请材料一起提交。

（注2）申请探亲签证时，担保人及邀请人均不是在日亲属时，请提交在日亲属的住民票。

（注3）在日担保人和邀请人为同一人时，上述③、④不用提交。

另，根据审查需要，有时需追加提供上述以外的材料。

2.签证手续

准备好所需材料，请送代办机关办理。

3.手续费

200元人民币（除此之外代办机关将收取一定的代办费，详情请咨询各代办机关。）

4.审查所需时间

领事馆自受理翌日起第4个工作日发给结果。另外，因审查的需要，有可能在上述工作日内不能出审查结果，请提前申请。

❸ 短期多次往返签证

领事馆为符合一定条件的中国公民发给赴日短期多次往返签证。持该多次签证者，在其有效期（1年或3年）内可多次入境日本。具体规定如下：（原则上需要通过领事馆所指定的代办机构申请。http://www.cn.emb-japan.go.jp/consular/visa_daili.htm）（外交、公务、因公普通护照持有者，必须通过中华人民共和国外交部指定的代办机构办理。）

2015年日本签证最新放宽内容：

1.商务目的及文化、知识类人士多次往返签证：不再要求提供赴日经历以及日本方面保证人的身元保证书。

2.个人游客的冲绳、东北三县（岩手、宫城、福岛）多次往返签证：除了现有的"具有充分的经济能力的人及其家人"外，进一步放宽经济条件，对"有一定的经济能力且过去3年内有短期赴日经历的人及其家人"也可以发放多次签证。并且之前一直不允许的家属单独赴日，也被许可。但是停留期间相应的由90日改为30日。

3.高收入的个人游客多次往返签证：对于"具有相当高收入的人及其家属"，新设了首次赴日不限地点的多次签证（有效期5年，每次停留期90日）。

1. 申请对象

（1）商务目的

符合下列任何一项条件，通过查验护照（含旧护照）确认有1次以上赴日记录的，并且在日本期间没有违反过日本法律的人。

(a)国有大中型企业的处长、经理级别以上人员或在该企业工作1年以上的正式员工。

(b)按照中国法律办理完工商登记和税务登记手续的，并且在国内外证券市场上市的企业的处长、经理级别以上人员或在该企业工作1年以上的正式员工（含IT技术人员）。

(c)领事馆辖区内的日资企业商工会（例如中国日本商会）的会员企业，而且在日本有经营场所或联络地址的企业任课长（处长、经理）职务以上人员或在该企业工作1年以上的正式员工。

(d)日本股票上市企业出资的合资企业、子公司、分店等处级以上（含处级）人员或工作1年以上的正式员工。

(e)同日本股票上市企业有常年贸易往来的企业的处级以上（含处级）人员或工作1年以上的正式员工。

（2）文化人士、政府官员

符合下列任何一项条件的人（不过问是否有赴日记录）

（a）科学院院士，工程院院士，国际上著名的或公认取得较高成就的导演、作曲家、作词家、画家等艺术家。

（b）公认取得较高成就的业余运动员。

（c）全国人大、省人大委员以及原委员，全国政协、省政协委员及原委员，中央政府、省政府处长以上人员。

（d）大学校长、副校长、教授、副教授以及专职讲师（在编正式教师）。

（e）国家级研究所以及国家级美术馆、博物馆、图书馆处长以上职务人员。

2. 所需提交材料

除了一般短期商务签证申请所需资料（不需要提交身元保证书，请参照短期商务等事项）之外，还需提交商务目的赴日短期多次往返签证申请理由书（下载地址：www.cn.emb-japan.go.jp/consular/b-liyoushu.doc）及符合上述相关条件证明文件（日资企业商工会的会员企业需提供印有该企业名称的企业名录复印件）。

3. 其他相关事宜

（1）签证有效期限

短期多次往返签证有效期限为1年、3年或5年，滞在日期为15天或90天。领事馆根据具体情况决定签证的有效期限。

（2）手续费

400元人民币

（3）审查所需天数

从申请到发给签证所需要的审查时间，最快需要从受理的第2天算起4个工作日。

（4）其他

1. 对于符合上述条件的申请人不能保证一定会发给多次往返签证，根据审查的结果，有只发给一次签证或拒发签证等情况。

2. 符合上述多次签证申请条件者的家属（配偶、子女），也可申请多次签证。

❹ 访日医疗居留签证

1. 医疗居留签证

医疗居留签证是发给以在日本接受治疗等为目的而访日的外国患者等(包括短期住院接受全面检查的受诊者等)及同伴者的签证。

(1) 接纳范围

不仅限于在医疗机构中的治疗行为，从短期住院接受全面检查、健康检查到温泉治疗等疗养的广泛范围，根据日本医疗机构的指示进行的所有行为，皆能为接纳对象。

【包括短期住院接受全面检查、健康检查、诊察、牙科治疗、疗养（包括90天以内的温泉治疗等）。】

(2) 多次签证

根据需要，发给外国患者等多次有效的签证。但是，多次有效签证仅限于发给1次居留期间在90天以内的人。申请多次有效签证时，需要提交医生出具的"治疗预定表"，请通过身元保证机构取得该表。

(3) 同伴者

除了外国患者等的亲戚以外，根据需要，不是亲戚的人也可以作为同伴者同行。

根据需要，发给同伴者与外国患者等相同的签证。但是，同伴者的访日目的为照料外国患者等的日常生活，不得运营有收入的事业或从事能获得报酬的活动。

(4) 有效期限

根据需要为3年。根据外国患者等的病情等而定。

(5) 逗留期间

最长6个月。逗留期间，根据外国患者等的病情等决定。

居留预定期间超过90天时，必须以住院为前提。这种情况时，外国患者等必须通过本人住院的医疗机构的职员或居住在日本的本人亲属，从法务省入国管理局取得在留资格认定证明书。

2. 签证申请手续的概要

(1) 希望在日本的医疗机构接受治疗等的外国患者等，请参照身元保证机构（国际医疗交流协调员、旅行社等）一览表，并与其中任何一个机构联系，委托受诊等安排。

(2) 请通过身元保证机构确定接纳医疗机构，并取得"医疗机构发行的受诊等预定证明书及身元保证机构发行的身元保证书"（根据需要，也请取得治疗预定表）。

(3) 外国患者等在日本驻外使领馆申请签证时，请提交以下材料。（同伴者请提交以下1~3及6。）另外，外国患者等因住院治疗必须居留90天以上时，外国患者等必须以本人住院的日本医疗机构的职员或居住在日本的本人亲属为代理人，从法务省入国管理局取得以下8"在留资格认定证明书"，并与其他提交材料一起提交给为其管辖范围的日本驻外使领馆。

    (1) 护照

    (2) 签证申请书

    (3) 照片

    (4) "医疗机构发行的受诊等预定证明书及身元保证机构发行的身元保证书"

    (5) 证明具有一定经济能力的材料（银行余额证明书等）

(6) 户口本复印件

(7) 暂住证（只限于户口不属于当地管辖区内的申请）

(8) 在留资格认定证明书（因住院接受治疗，必须居留90天以上时）

(9) "治疗预定表"（因需多次治疗必须访日时）

（注：根据外国患者等的国籍，提交材料会有所差异。具体的提交材料，请向管辖您居住地区的大使馆或总领事馆查询。）

5 日本旅行生活常识

关税

访日旅客的申报：

必须就行李进行口头或书面申报。如果带有托运行李，则需要两份书面申报的复印件。可在飞机上、船上或海关拿到海关申报单。

访日游客的免税规定：

在如下所示的限额内，手提物品及托运的用于个人目的的行李为免关税和（或）免税。（大米的限额为一年100kg。）如果您带有两件手提物品和托运的行李，请将它们一起计算后，参照限额。

手提物品及业务设备：

如果数量适中，而且不是用于销售，则衣服、化妆用品、其它用于个人目的的手提物品及在日本逗留期间将要使用的手提式业务设备全部免关税和（或）免税。

酒精饮料、香烟和香水等：

对下列范围内的物品另有限额。

免税带入物品的范围		
品名	数量	备注
酒类	3瓶	每瓶的容量在760ml左右
纸卷烟	400支	如果游客带有一种以上的烟类产品，则总限额定为500g。
卷烟	100支	
其它情况下	500g	
香水	2盎司	每盎司约28cc(不包括eau de Cologne香水和eau de toilette香水)
其它物品	20万日元(海外市场售价的总额)	上述项目之外的其它所有物品的国外市场价值总额必须低于20万日元。国外市场价值低于1万日元的任何物品均为免关税和（或）免税，并且不包括在所有物品的国外市场价值总额的计算之中。对于每件或每套高于20万日元市场价值的物品不予免关税。

货币和兑换

无论何种通货货币都可以携带进出日本。但是如果携带的是100万日元以上的，或者是与其等值的支票和有价证券时，则必须向海关申报。

日本的货币单位是日元（即日文中的"圆"）。日元的硬币有1圆、5圆、10圆、50圆、100圆、500圆六种。日元的纸币有1000圆、2000圆、5000圆和1万圆四种。

在外汇兑换银行或者其它法定的外汇现金兑换处都可以将外币兑换成日元。在主要的国际机场，也有为旅客提供货币兑换服务的外汇兑换窗口。外汇的兑换率是随外汇市场行情的波动每天都有变动的。

税金
在日本，无论您消费了什么，日本政府都要征收您支付额5%的消费税。

服务费
您在酒店或餐馆等处的消费，除了要支付消费税以外，有些地方可能还要另外收取您消费额10%到15%的服务费。

小费
在日本没有收取小费的习惯。

电压
日本的电压是100伏的。频率有两种，东日本的频率是50Hz；在包括名古屋、京都和大阪在内的西日本的频率是60Hz。

当您使用自带的电吹风、旅行用电熨斗和电剃刀之类的电器用品时，这些电器应该是可以调节电压的，否则您就得另外带上变压器。

插座
日本的用电插座是双平脚插座。圆柱形插头和三平脚插座插头在日本是无法使用的。建议您事先买好转换插头。

饮水
日本的自来水在国内任何地方都是可以直接饮用的。

❻ 电话

日本国内电话
日本的电话号码由三个部分组成。例如：03(区号)＋1234(局号)＋5678(受话人号码)。

在日本，到处都有公用电话。这些电话机的颜色大部分是绿色或是灰色的，可以使用10日元、100日元的硬币和专用的电话卡拨打电话。电话卡可以在方便商店和车站的小卖店内购买。在同一通话区域内的电话费是每分钟10日元。需要提醒您注意的是，如果您用100日元的硬币打电话的话是没有零钱找给您的。

主要城市的电话区号	
札幌	011
仙台	022
新潟	025
埼玉	048
千叶	043
成田	0476
东京	03
横滨	045
名古屋	052
奈良	0742
京都	075
大阪	06
神户	078
广岛	082
福冈	092
大分	0975
那霸	098

手机
日本的手机电话系统不能与他国的手机系统进行互换。因此除了某些特殊的手机种类（卫星电话）之外，您的手机在日本不能使用。来日之后如想使用手机，可以利用租借电话。在成田机场和关西机场等地，都有租借手机的商店。如果您想获得更为详细的情报，请向以下公司咨询。

G-Call(Rental Mobile in Japan)
http://www.g-call.com/e/rental/dom/rental.php?id=530

JAL ABC(日本国内专用手机租赁服务指南)
http://www.jalabc.com/rental/domestic_chi/index.html

NTT DoCoMo 漫游服务
http://roaming.nttdocomo.co.jp/cn1/index.html

PuPuru(手提电话租赁)
http://www.pupuru.com/foreign/ch_s/index.html

拨打国际电话
您可以在有"International and Domestic Telephone(国际・国内电话)"标志的公用电话处用100

日元硬币直接拨打国际电话。日本很少有可以使用预付费电话卡打国际电话的公用电话机。

另外，您也可以使用转接电话号码经由电话公司拨打国际电话。

通过这种途径拨打国际电话的通话费用和拨打方法，各家电话公司的规定是各不相同的，而且规定的内容也经常会有变化，所以建议您向各电话公司进行咨询。

转接电话号码和咨询电话号码

	直通电话	信用卡	受话人付费和话务员	咨询电话号码
日本TELECOM	0041	0043*	不可	0088-41
CABLE & WIRELESS IDC	0061	0065*	对有些受话方不可使用	0066-11
NTT	0033	不可	不可	0120-53-2839
KDDI	001	0055*	0051	0057

*不能使用日本境外发行的信用卡。应该事先进行咨询。

除了使用100日元的硬币以外，可以使用各家电话公司发行的预付费电话卡用公用电话和家庭电话拨打国际电话。有些预付费电话卡多给10%的奖励时间。

预付费电话卡种类举例

New Moshi Moshi Card(日本TELECOM)
可以在NTT按键式公用电话、家庭电话和日本TELECOM专用的公用电话机上使用。

KDDI Super World Card(KDDI)
可以在NTT按键式公用电话、家庭电话和KDDI专用的公用电话机上使用。

IC Card(NTT)
可以在NTT IC Card电话上使用。NTT IC Card电话在JR铁路线的车站内和其它场所的安装数量不断地在增多。

互联网

日本有很多Wi-Fi可供上网阅览时利用。由于考虑到安全方面征求密码是很通常的事。

（为事前防止网络犯罪，提供服务的公司有必要掌握利用Wi-Fi的用户都是谁。还有一部分服务面向日本居民，需要长期契约为前提。）

另外，大多数住宿设施可利用网线，房间备有有线局域网的插入口。这种情况，推荐使用有线转无线化的携带路由器。

如果有足够预算的话，请探讨一下机场出租的利用手机线路的Wi-Fi路由器。如在这里的话，手机电波能覆盖的广大范围内可上网利用。

※对于长期居民，有利用手机线路的无限流量上网的选择，一般用户都偏好于除了在自己的住宅或公司灵活运用Wi-Fi以外，在任何地方都可利用的无限制服务。最近由于智能手机的普及，这种情形正产生变化，手机公司为了回避对于自己公司的手机数据线路的集中访问，积极设置只提供给个别的手机签约者能利用的Wi-Fi点。

在日本可利用的Wi-Fi服务一例：

免费Wi-Fi点：

免费点协会（英语）

http://www.freespot.com/users/map_e.html

新东京国际机场(成田机场)（英语）

http://www.narita-airport.jp/en/guide/service/list/svc_33_wire.html

东京国际机场(羽田机场)

http://www.haneda-airport.jp/inter/cn/

关西国际机场
http://www.kansai-airport.or.jp/cn/index.asp
中部国际机场(新特利亚)
http://www.centrair.jp/ch/index.html

收费：

Wi2 300（英语）

http://300.wi2.co.jp/en/

Skype WiFi

http://www.skype.com/intl/zh-Hans/features/allfeatures/skype-wifi/

应急电话

紧急电话

	紧急	110
警察局	遗失物品	(03)3814-4151
	一般问询	(03)3501-0110(日语/英语)
		(03)3503-8484(英语等)
火警/救护车		119
医院问询		(03)5285-8181
日本救助热线		(0120)461-997

在紧急情况下，可以直接使用公用电话，无须投入10日元的硬币。只要先按下红色按钮就可以打电话。如果您需要看医生或者需要急救，请与饭店服务台联系，或者请周围的人帮助。

"请送我去看医生"的日语是"Isha ni tsurete itte kudasai"。

"请叫医生来"的日语是"Isha o yonde kudasai"。

医疗服务

东京都的医疗问询电话是5285-8181(英语、汉语、韩语、泰语和西班牙语)，日本的医疗服务和设施都具备很高的国际水准。

在东京可以使用会英语的医生和医院。通常从星期一至星期五，医院的服务台从上午8时30分至11时提供服务。

综合医院

1.圣母病院(Seibo Byoin):邮编161-8521东京都新宿区中落合2-5-1，电话(03) 3951-1111。

2. 日本红十字社医疗中心(Nihon Sekijujisha Iryo Center):邮编150-8935东京都涩谷区广尾4-1-22 Shibuya-ku, Tokyo 150-8935，电话(03) 3400-1311。

3. 圣路加病院(Seiroka Byoin):邮编104-8560东京都中央区明石町9-1，电话(03) 3541-5151。

4. 东京卫生病院(Tokyo Eisei Byoin):邮编167-0032东京都杉并区天沼3-17-3，电话(03) 3392-6151。

遗失物品

如果您将包裹等物品遗忘在车站或者其他公共场所，可以到站长室或就近的派出所寻求英语协助。如果遗忘在出租汽车上，请到饭店服务台查询，出租汽车司机经常将物品送回到您住的饭店。

商务游客

一流饭店内设有商务中心，提供复印、传真、电话服务和各种商务信息，也可以为您印制英日文(或者其他语言)对照的名片。

日本对外贸易促进协会(JETRO)提供各种资料和查询服务，协助外商在日本开展业务。

您可以租用收费低廉并且装备有电脑和电话的"小型办公室"。此外还有懂英语和日语的共用秘书，在办公时间内协助您工作。有关详细内容，请到各大饭店的商务中心查询。

使领馆电话

中国驻日本大使馆领事部
106-0046 东京都港区元麻布3-4-33
03-3403-3388 传真：03-3403-3345

中国驻大阪总领事馆
550-0004 大阪市西区靱本町3-9-2
06-6445-9481 传真：092-713-1183

中国驻福冈总领事馆
810-0065 福冈市中央区地行滨1-3-3
092-752-0085 传真：092-713-1183

中国驻札幌总领事馆
064-0913 札幌市中央区南十三条23-5-1
011-563-5563 传真：011-563-1818

中国驻长崎总领事馆
852-8114 长崎市桥口町10-35
095-849-3311 传真：095-849-3312

中国驻名古屋总领事馆
461-0005 爱知县名古屋市东区东樱2-8-37
052-932-1098 传真：052-932-1169

注:大部分机构都有懂英语的人员。*表示只有日语服务人员。

通讯		
电话	国内	115
	国外	(03)3344-5151
与新干线列车联络		107
中央邮政局	国内	*(03)5472-5851
	国际	(03)3241-4891

日常生活咨询服务	
咨询中心(多国语言)	(045)671-7209(日语/英语)

旅游		
旅游服务中心 (TIC)	东京	(03)3201-3331
	京都	(075)371-5649
	成田(第二旅客候机大楼)	(0476)34-5877
	成田(第一旅客候机大楼)	(0476)30-3383
	关西	(072)456-6025

交通问询		
航班问询	羽田机场	(03)5757-8111(日语/英语)
	成田机场	(0476)34-8000(日语/英语)
	关西机场	(0724)55-2500(日语/英语)
JR东日本问询线		(03)3423-0111(日语/英语/中国语/韩国语)
遗失物品	营团地铁	*(03)3834-5577
	JR	*(03)3231-1880
	出租汽车	*(03)3648-0300
	都营巴士/地铁	(03)3812-2011(日语/英语)
道路交通信息	全国统一电话	*(050)3369-6600
	高速公路	*(03)3506-0111
东京METRO 游客中心		(03)3941-2004

邮政

明信片和邮票在日本全国各家邮局都可以买到,另外还可以在方便商店和车站小卖店内买到。

在道路的拐角、大楼和公共设施等各处都设有红色和蓝色的邮筒。要注意的是,邮筒的投入口并不是都一样的,您应该根据自己寄送邮件的大小和不同的寄送方法,将邮件投入到相应的邮筒内。

国内邮件

目的地	全日本
重达25g的信件	80日元
重达50g的信件	90日元
明信片	50日元

正规尺寸的费率(14至23.5cm长、9至12cm宽、1cm厚)

国际航空邮件

目的地	亚洲、关岛	北美、中美洲、大洋洲、欧洲、中东	非洲、南美
明信片	70日元	70日元	70日元
无线电报	90日元	90日元	90日元
重达25g的信件	90日元	110日元	130日元
重达50g的信件	160日元	190日元	230日元

GO!日本交通!

1 航空

日本航空客运便利，日本两大航空公司日本航空（JAL）、全日空（ANA）都有连接全世界各主要城市的庞大航线网络，世界各国的主要航空公司也有飞往日本各大城市的航班，中国春秋航空开设了很多往返日本的廉价航线，亚航等国际知名的廉价航空公司也陆续进入日本市场。中国游客从北京、上海、广州等城市可直飞日本，飞行时间大约3小时30分钟。

2 新干线

新干线是日本的高速铁路客运专线系统，它由JR西日本、JR东日本和JR东海三家公司分管，目前已经开业的线路一共有8条，分别是东北新干线、秋田新干线、山形新干线、上越新干线、长野新干线、东海道新干线、山阳新干线，还有九州新干线。新干线贯穿了整个日本，将日本四岛连接到了一起，它从建成以来，一向以安全、平稳、高速而闻名。

3 航运

日本各大轮船公司都有通往中国港口城市的定期客轮，中国游客可以从天津、青岛乘客轮或观光邮轮前往长崎等城市。

4 长途客运

日本高速公路非常发达，很多日本大城市之间开通有长途客运汽车，票价比飞机和火车便宜许多，尤其夜行巴士更是车票价格便宜，很受背包游客欢迎。

5 地铁&电车

日本首都东京的轨道交通系统是世界上最发达的，密密麻麻的轨道交通线路图会让每一个初到东京的人晕

头转向。东京的轨道交通主要由东京Metro、东京都交通局以及JR3个公司运营。其中东京Metro旗下拥有银座线、千代田线、东西线、南北线、半藏门线、丸之内线、日比谷线、有乐町线和副都心线9条线路。东京都交通局拥有浅草线、三田线、新宿线和大江户线4条地铁线路和轨道交通线日暮里—舍人线,以及电车都电荒川线。JR在东京市内由JR山手线、JR中央线、JR总武线、JR常磐线和JR京叶线等主要线路组成。此外,在东京还有东武、西武、小田急、东急、东叶、临海、百合鸥、京成、京王、京滨、新都市铁道、单轨等不同公司经营的轨道线路。

东京各地铁站内主要设施均有中文、英文和韩文说明,各站站名提供日语和英语对照,在车站换乘时除了东京Metro与都营地下铁之间可以直接换乘,其他线路之间的换乘需要走出检票口进入其他线路的车站。

6 巴士

东京的巴士网非常复杂,车站大多设在铁路车站以及主要道路和重要街区,东京都心部的市区巴士以都营线路为主,也有如涩谷站至六本木新城这样里程较长的线路和短程接驳线路,此外还有适合游人的观光巴士线路。东京都心部以外的地区巴士由于是东武、西武、东急等私铁业者经营,因此车站多设在私铁车站附近。此外,在东京站、新宿站等重要的交通枢纽还设有数条长途高速巴士线路,可以方便前往日本各主要城市。

7 出租车

在东京乘坐出租车主要在出租车站排队等候,出租车站多设在铁路车站附近与主要街道上,东京的出租车前挡风玻璃左下角有信号灯,当信号灯为红色时表示可以搭乘,出租车起步价为710日元/2公里,之后每行驶288米加收90日元。23:00至次日5:00的时间段内费用加收20%。此外,需要注意的是东京的出租车左侧后门是自动门,乘车时,司机会自动把后门打开,乘客上车后自动关门。乘客到达目的地付钱后,后门会自动打开,乘客下车后不用关门。

速报！10大人气好玩旅游热地！

NO.1 明治神宫

华美典雅的明治神宫是为供奉明治天皇及昭宪皇太后而修建的神宫，神宫前立有日本最大的鸟居，颇为醒目。除新年和各种祭典外，日本很多偶像明星的成人礼也在这里举行，吸引了不少影迷前往。

NO.2 皇居

日本天皇居住的皇居在江户时代曾经是幕府将军居住的江户城，明治维新后作为天皇的居所，曾经的江户城也因此成为日本的新首都。平日游人可站在二重桥上拍照留念，而樱花盛开时这里又会成为东京知名的赏樱胜地。

NO.3 浅草寺

作为浅草的标志之一，浅草寺是东京都内历史最悠久的寺庙。浅草寺的大门又称为雷门，门前悬挂的巨大纸灯笼重达130公斤，上书"雷门"二字；第二道寺门宝藏门同样悬挂巨大灯笼，上书"小舟町"三字。

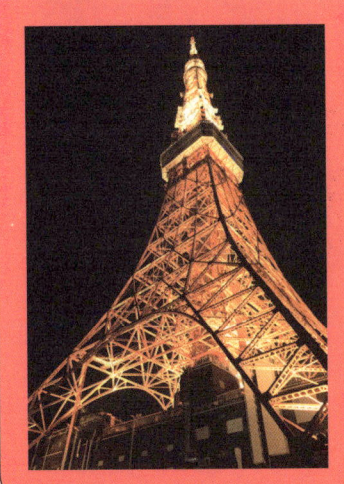

NO.4 东京塔

高333米的东京塔曾是世界最高的建筑，在塔上可一览东京的城市风光，夜幕降临后红色的塔身在灯光装饰下更加璀璨绚丽，是每一个来东京观光的游客必去的标志性景点。

NO.5 歌舞伎町

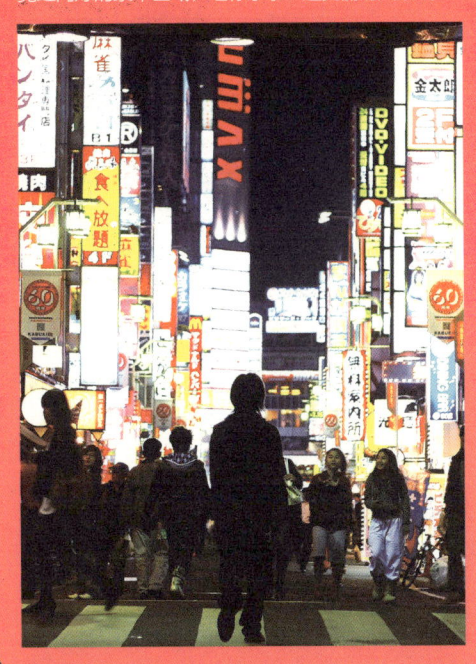

地处新宿的歌舞伎町是一处世界闻名的夜生活闹市，每当夜幕降临时，这里都会变成一处人声喧闹、霓虹闪烁的繁华区域，堪称东京一道亮丽的风景线。

NO.6 东京迪斯尼乐园

位于千叶县舞滨的东京迪斯尼乐园于1983年开放，是亚洲最大的迪斯尼乐园。以睡美人城堡为中心的东京迪斯尼乐园共分为世界市集、探险乐园、西部乐园、动物天地、梦幻乐园、明日乐园和卡通城七大整体区域，是一个梦幻般的童话世界。

畅游日本 推荐

033

NO.7 东本愿寺

东本愿寺是京都最大的木造大寺院。1602年德川家康将军下令，按中国古洛阳城东西寺对立的形式建成本寺。寺内拥有广大的占地面积和巨大的伽蓝，东寺五重塔也被称为日本木造五重塔之冠，高57米，是平安时代的重要古迹。

NO.8 金阁寺

金阁寺是京都的文化名片，原名为北山殿，是幕府将军的别墅，后改为佛寺并在外表贴金，故称为金阁寺，而在被列为世界文化遗产后，正式名为鹿苑寺。

NO.9 有马温泉

有马温泉是日本的"三大名泉"之一，早在8世纪就成为关西地区著名的休闲疗养的胜地。有马温泉的泉水含有丰富的矿物质，有治疗某些疾病的功效。有马温泉周围的旅馆是典型的日本古式建筑，这里沿路的小贩和美味的点心让人不禁会想起过去的风情。

NO.10 小樽运河

小樽运河是小樽市的地标，曾经是小樽市作为北海道工业和经济中心的象征，甚至一度被人称作"北方的华尔街"。每当夕阳西下的时候，阳光照射下的河水在石制的河岸上泛出光影，配上路边煤气路灯的灯光，有一种独特的浪漫风情。漫步于石板路上，身边一座座充满了厚重感的仓库好似在向人们诉说着当年的繁华，这种怀旧的感觉使原本只需要半个小时就可以走完的路程变得漫长，游人们在时间的漩涡中流连忘返。

速报！10大无料主题迷人之选！

NO.1 彩虹大桥

全长798米的彩虹大桥是连接东京芝浦和台场两地的大桥，共分上下两层，其造型优美，早已成为东京湾的标志性景点之一，在夜晚的灯光点缀下更是璀璨绚丽。

NO.2 上野公园

上野公园全名上野恩赐公园，是日本最早的公园，同时也是东京都内面积最大的公园。公园内栽植有上千棵樱花树，每年春季樱花盛开时，上野公园内都会聚集众多游人欣赏樱花，是东京都内知名的赏樱胜地。

NO.3 隅田川

全长23.5公里的隅田川两岸风景秀美，游人可以乘坐这里独特的屋型船欣赏沿岸风景和横跨隅田川的各式桥梁，在樱花盛开的季节，还可以亲身体验江户时代被视为风雅之事的乘屋型船赏樱、赏月、垂钓虾虎鱼等。

畅游日本 推荐

035

NO.4 东京车站

建成于1914年的东京车站是一幢充满维多利亚风格的红砖建筑,迄今已有近百年的历史,作为日本首都的交通枢纽之一,东京车站每天接发列车4000余次,新干线等多条线路也在此会合。

NO.5 仲见世通り(大街)

以江户下町风情保存最完好的街区而闻名的东京都仲见世通り因其洋溢着独特的活力而闻名,沿街两侧鳞次栉比地排列着大量经营武士刀、和伞、木屐和江户时代玩具以及制作人形烧、和菓子等江户美食的商铺,堪称江户时代下町风情的活标本。

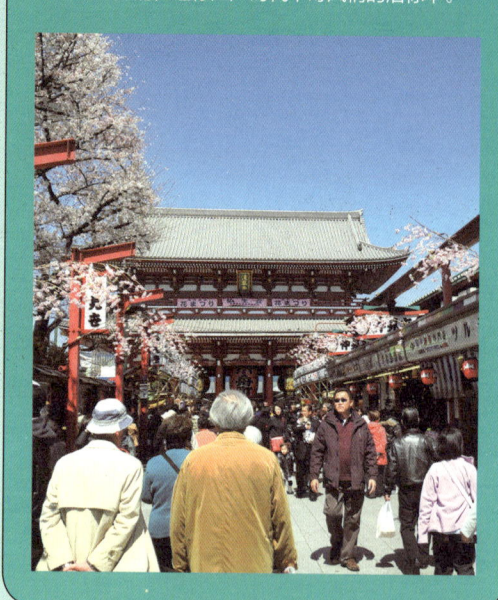

NO.6 东京都厅展望台

东京都厅由日本知名建筑师丹下健三设计建造,曾是东京最高的大楼。位于都厅顶层的南北展望台免费开放给民众参观,乘电梯仅需数十秒即可到达离地面200余米高的展望台一览东京美景,在天气晴朗时还可远眺富士山,享受东京360度全方位的动人美景。

NO.7 函馆夜景

函馆夜景与香港夜景、那不勒斯夜景并列世界三大夜景。函馆被津轻海峡和函馆湾包围，站在函馆山上可以俯瞰壮观亮丽的万家灯火。

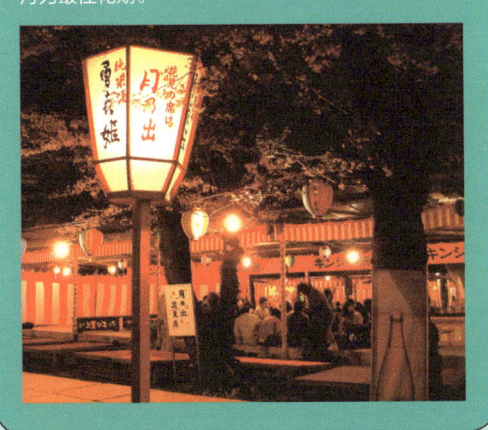

NO.9 法善寺

法善寺是喧嚣的大都市大阪城中难得的一处清静之地，山号是天龙山，供奉的主神是阿弥陀如来佛。这个寺院因为进行过连续一千日念佛的法事而被称作千日寺。

NO.8 平野神社

平野神社曾为平安时期迁都京都的桓武天皇所移筑的古老神社，每年4月上旬百余株樱花齐放，特别是夜间樱花观赏与祇园的夜樱同样齐名，极为美丽。此外，神社内还有1500余株紫式部花，每年10月为最佳花期。

NO.10 Meriken Park

Meriken Park翻译成日语就是美国公园的意思，在公园中除了红色的神户塔外，还建有神户海洋博物馆。东侧则是纪念阪神大地震的地震纪念公园，游人可以通过各种资料了解灾难的破坏，和神户重建与复兴的过程。

畅游日本 推荐

美食！10大人气魅力平民餐馆！

1 餐馆 永坂更科布屋太兵卫

拥有200余年历史的永坂更科布屋太兵卫是一家在东京颇为知名的荞麦面馆，由于一直坚持使用北海道产的荞麦面粉制作面条，永坂更科布屋太兵卫被赞誉为"坚持品质保证的名店"。

2 餐馆 野田岩

已有160余年历史的野田岩现今已经传承到第五代继承人金本兼次郎，是东京传统鳗鱼料理的代名词，在这里可以品尝用传统料理手法先烤后蒸，之后再蘸上酱汁烤出来的鳗鱼，不仅香气浓郁，同时还可搭配20多种不同的红酒一起品尝。

3 餐馆 面屋武藏

地处新宿的面屋武藏被誉为全东京知名度最高的人气拉面店，可以品尝到用石卷做的秋鱼干、罗臼昆布等数十种材料精制而成的汤头做出的拉面。面屋武藏在东京拉面王的票选中多次独占鳌头，堪称东京拉面界的第一。

4 餐馆 驹形どぜう

创立于1801年的驹形どぜう在川端康成的小说中也曾出现，是一家可以品尝自江户时代流传至今的东京下町传统美味泥鳅锅的老字号餐厅。

5 餐馆 料理旅馆白梅

料理旅馆白梅位于白川畔，因门口种有八棵白梅而得名。走入这家已经延续了130余年的旅馆中，不论窗棂、矮柜以及房屋内各处的装饰都可以看到梅花图案。入住白梅的客人除了可以体验旅馆独有的京都风韵，还可以品尝这里美味精致的怀石料理。

6 餐馆 大原女家

位于园町的大原女家是一家创业于明治三十年（1897），迄今已有110余年历史的京菓子专卖店。大原女家最有名的招牌菓子是名为"かま风吕"的温泉馒头，有着柚子风味的白豆馅和黑糖风味的红豆馅都非常受食客欢迎。

7 餐馆 本家大たこ道顿堀店

作为大阪知名小吃的章鱼烧在大阪拥有极高人气，位于道顿堀的本家大たこ则号称拥有日本第一好吃的章鱼烧，现今已有30余年的历史，成为道顿堀名物之一，每日吸引了大量食客专程来这里品尝。本家大たこ的章鱼烧号称所用的章鱼块是全日本最大的，装在船形木盘上弥漫着诱人的香气，是来到道顿堀后绝对不可错过的美食。

畅游日本 推荐

039

8 餐馆 筑地玉寿司

创业于大正十三年（1924）的筑地玉寿司进军大阪已有20余年的历史，是将关东风的江户前寿司推广至关西地区的先锋。现今在筑地玉寿司内依旧可以品尝到味道正宗的传统江户前寿司，每月8日还会推出只卖100日元的手卷寿司，是一家拥有极高人气的寿司老店。

9 餐馆 伊藤グリル

创业于大正十二年（1923）的伊藤グリル是一家洋溢着老味道的炭烤牛排馆。第一代店主在远洋邮轮上学会料理技艺，第二代店主改进为炭烤手法，第三代店主则远赴法国进修并设计出精彩的酒单，延续三代的伊藤グリル在90余年来一直坚持原味但不乏流行的气质，拥有众多回头客。

10 餐馆 かに本家

札幌かに本家是一家以烹饪螃蟹为主的海鲜料理店。这里使用的食材都是直接从渔港运来，而不是经过冷冻的，所以非常新鲜。而菜式也全部都是由店里自己开发研究的，除了传统的蟹肉刺身和寿司外，还有各种锅类料理。此外，这里的龙虾和鲍鱼刺身也是相当不错的招牌菜。除了正统的螃蟹料理外，油炸蟹壳等儿童套餐也相当受小朋友们的欢迎。

带回家！特色伴手好礼！

1 日本酒
纪念品

日本酒最知名的就是清酒，这种用秋季收获的大米，在冬季经发酵后酿成的酒被誉为"是米、水以及酒曲子的艺术结晶"。

2 和菓子
纪念品

和菓子是日式点心的总称，如常见的团子、麻薯、大福、羊羹、铜锣烧、鲷鱼烧、仙贝等，制作工艺复杂的和菓子外观精致，多在茶会上食用，是日本精致文化的体现。

3 动漫游戏周边
纪念品

日本的动漫游戏产业世界闻名，甚至催生出独特的"御宅文化"，位于东京的秋叶原拥有大量经营动漫游戏周边产品的商店，是"宅文化"爱好者不可错过的淘宝地。

畅游日本 推荐

041

4 纪念品 护身符

日本传统宗教神道教信奉万物皆有神灵，号称有八百万诸神。在东京各地建有大量神社，经常可以在神社内看到信徒祈求神保佑，而各神社的护身符也成为众多游人来到东京旅游必不可少的一件纪念品。

5 纪念品 和服

作为日本的传统服装，和服的制作需要精细的染工技术、刺绣和编织技术，一件正宗和服的价钱可以达上万元人民币。在东京有很多江户时代开业传承至今的和服老店，可以购买到纯正的日式和服。

7 纪念品 折扇、漆器

大多数人并不知道，平日常见的折扇其实源自日本，由高手匠人纯手工制作的折扇在日本售价颇贵。此外，日本的漆器工艺品制作精细，具有很强的耐久性，而且美观大方，是馈赠亲朋好友的绝佳纪念品。

6 纪念品 东京塔周边

作为东京的标志性景点之一，东京塔红色的塔身在各国游客中颇为知名，在东京塔内2层开设的东京**おみやげたうん**里，游人可以购买各种与东京塔相关的纪念品，如钥匙链、拼图、明信片、玩偶等。

8 纪念品 电器和电子产品

早在20世纪80年代，日本制造的家用电器就在中国掀起一股热潮，电视机、CD播放机、电脑、摄影机、袖珍计算器、照相机、摄像机以及望远镜和显微镜等以高质量和高性能闻名世界的产品在中国受到追捧，而且很多型号只在日本发售，别无分号，很多发烧友甚至专程前往日本采购。

9 纪念品 日本人形

日本人形又被称为日本娃娃，在日本，不同的娃娃表现了一个地区以及一定历史时期的特点，其精致的做工和美轮美奂的外观宛如一件艺术品，颇受游客欢迎。

10 纪念品 日文图书杂志

日本的图书市场非常繁荣，各种杂志在便利店、车站和书店的书架上琳琅满目，其中年轻人喜爱的日文时尚潮流杂志甚至在中国都有很多读者，是了解日本时尚信息的一扇窗口。

畅游日本 推荐

043

热地！购物瞎拼买平货10大潮流地！

1 表参道Hills

表参道Hills呈螺旋状缓坡设计的内部空间新颖别致，众多首次登陆日本的国际知名时尚品牌和日本原创品牌纷纷入驻其中，古老与现代在这里融汇交织，一开业就成为最受年轻人喜爱的话题中心。

2 涩谷109

开业于1979年的涩谷109地处道玄坂入口，30余年来，涩谷109一直引领着不同时期日本年轻人的流行趋势，店内的柜台针对的客户群体也全是15岁到25岁的年轻女性，甚至催生出"涩谷109辣妹"这一全新的流行元素和独特的涩谷文化。

3 诗の小路

作为京都年轻人最喜爱的潮流大楼，在河原町地区拥有三家分店的诗の小路内进驻了X-LARGE、STUSSY等大量年轻人喜爱的时尚品牌，位于寺町通的诗の小路则以个性小店为主，除了时尚的潮流服饰外也有美发沙龙和咖啡厅等设施。

4 ヨドバシカメラ
热地

位于新宿西口的ヨドバシカメラ最早以相机起家，现今已经发展成为一家超大规模的电器卖场，除相机外，卖场内还可以买到家用电器、电脑、影音产品、书籍、手机、玩具等各种商品。值得一提的是，在ヨドバシカメラ，即使是外国游客也可以申请办理会员卡，在购物时可以享受优惠额度。

5 四条河原町阪急百货
热地

四条河原町阪急百货被誉为京都的繁华地标之一。以女性顾客为主要消费群体的四条河原町阪急百货内有5层楼都是贩卖各种女性服饰的区域，而6层的生活区也同样吸引了众多主妇的目光。此外，这里还有大量日本本土品牌的首饰、化妆品以及国际知名品牌入驻。

6 西班牙坂
热地

西班牙坂是一条从井头通到涩谷公园的缓坡。作为一条颇受东京年轻人喜爱的街道，西班牙坂拥有大量餐馆、商店和服饰店，琳琅满目的商品和鳞次栉比的商铺都吸引了大量游人来这里逛街购物。

畅游日本 推荐

045

7 热地 西武百货

　　西武百货是世界各地游人来到札幌后不可不逛的一家大型百货店。西武百货汇集了Burberry、Blue Label、Agnes b.等众多男女时装品牌，同时提供退税服务，因而深受外国游客欢迎。

8 热地 三宫中心街

三宫中心街长约550米，是神户地区最大的商店街。从"鲜花之路"到"鲤川筋"之间的商业街两侧共计有大小商铺200余家，以及综合购物大厦"San Plaza"（阳光广场）和"Center Plaza"（中心广场），是人们购物休闲的好去处。

9 热地 荣町

濒临海岸的荣町旧时曾进驻了大量贸易公司，是神户港最繁荣的区域，经常在一间小小的公寓内就会挤满数十家公司的办公室。如今的荣町早已不复昔日繁忙的贸易景象，而是蜕变成一处遍布时尚个性商铺的街区，深受年轻人和享受生活的人们欢迎。

10 热地 心斋桥筋商店街

位于大阪中心的心斋桥筋商店街，一直以来是引领大阪饮食潮流的著名购物美食街。这里诞生于江户时代，是一条拥有近400年历史的商店街。心斋桥筋商店街也是大阪市内目前规模最大、各地风味最多、最具特色的一条集餐饮、休闲、娱乐为一体的大型美食商业街，汇集了很多典雅而有趣的小商店、杂货店、药品店和饮食店等，就连平日也是游人如织，是"食在大阪"这句俗语的最好诠释。

畅游日本 推荐

047

超IN！7天6夜计划书！

DAY 1
原宿＋涩谷

原宿是东京最流行的逛街区域，沿街两侧林立着众多充满个性的商铺和话题餐厅，此外还有众多世界知名品牌开设的旗舰店，被誉为"精品名店街"，是一条吸引年轻人和时尚爱好者的话题之街。

作为东京年轻人最喜爱的街区之一，涩谷最为游人熟知的是忠犬八公铜像，而"涩谷文化"则是现今全新的涩谷流行元素，涩谷109辣妹和各种流行信息都已经随着涩谷文化的传播而闻名世界。

NIGHT 1
东京塔

高333米的东京塔曾是世界最高的建筑，夜幕降临后红色的塔身在灯光装饰下更加璀璨绚丽，是东京的标志之一。

DAY 2
东京车站 + 银座 + 彩虹大桥 + 台场海滨公园

建于1914年的东京车站外观典雅，是日本重要的交通枢纽之一，也是东京的地标性建筑。

素有"步行者的天堂"称号的银座本是江户时代幕府铸币厂，现今则是东京最繁华的高档商业区。

彩虹大桥全长798米，桥身造型优美，是东京湾的标志之一。建于一处人工沙滩之上的台场海滨公园内高高矗立着一尊自由女神像，是东京最具休闲情调的地方。

NIGHT 2
歌舞伎町

新宿的歌舞伎町是世界闻名的夜生活闹市，霓虹闪烁的繁华区域堪称东京一道亮丽的风景线。

DAY 3
上野公园 + 浅草

早在1873年辟为公园之前，上野公园就已经是江户人游玩赏景的好去处。作为东京第一座公园，上野公园除了秀美的景色之外，还有许多历史悠久的文化古迹。每到春天樱花开放的时节，人们在樱花树下席地而坐喝酒赏樱。上野公园以其绚丽的樱花成为东京赏樱的最佳选择之一。

浅草是一处具有江户风情的老街区，以拥有1300余年历史的浅草寺为核心，是东京都内最具江户下町风情的地区之一，同时也是世界各地游人来东京观光不可错过的地方。

畅游日本 推荐

049

NIGHT 3
大摩天轮

台场标志之一的大摩天轮高380米，可以远眺富士山和东京塔等景观，夜幕降临时更是灯火璀璨，分外美丽。

NIGHT 4
薄野

薄野是札幌夜生活的代名词，一入夜整个薄野区域灯红酒绿，道旁尽是居酒屋、餐厅、拉面屋，在这里能够品尝到正宗的札幌风味。狸小路也是十分值得一游的商店街。

DAY 4
札幌

札幌是北海道最大的城市，由于这里有北海道唯一的国际机场，所以也是来北海道旅游的第一站。札幌的发展始于明治年间，时逢日本大量吸收西洋文化，所以现在札幌还留存有许多典雅华丽的西洋建筑。札幌时计台、风平馆、北海道厅旧本厅舍等是这类建筑的典型代表，此外还有艺术之森、大通公园等绿草如茵、林木青翠的露天公园，每年的白色灯彩节、YOSAKOI索朗节、札幌雪祭等节庆祭典活动更是札幌最吸引人的看点。

DAY 5
大阪

大阪古城是大阪的标志性景点，城内主体建筑为金碧辉煌的天守阁，其宏伟壮观的气势感染着来往的游客。天神桥筋商店街是日本最长的一条商业街，也是大阪市民日常生活购物的主要街道，来到这里更能近距离感受日本人的普通生活和乐趣。

NIGHT 5

道顿堀

道顿堀是大阪最著名的商业街区，每到夜晚，这些绽放出各种鲜艳色彩的招牌与霓虹灯光和道顿堀川水面上的反射光交相辉映，把大阪城点缀得更加华丽。站在难波桥上可以俯瞰中之岛上的美丽夜景。

DAY 6

神户

六甲山是神户最著名的旅游景区，这里不但有宽广辽阔的牧场区，也是日本攀岩和登山等户外运动的胜地。三宫、元町地区位于神户中心，这里是神户最繁华的商业街区，可以看到西方文化与东方文明的相互融合，区内的关帝庙是把关帝这位武圣当做财神来供奉的。

NIGHT 6

有马温泉区

神户的有马温泉区是洗去一天疲劳的好地方，在这里漫步也能感受到温泉街的万般风情。

DAY 7

京都

京都的古迹众多，又是许多风云人物聚会之地，是日本最负盛名的旅游地区，有本愿寺、金阁寺、东寺、清水寺、平安神宫、八坂神社、伏见稻荷大社等古迹。京都御所是一组巍峨雄伟的建筑群，日本皇室在明治维新前就一直居住在此。极具特色的二条城是江户时期的典型建筑，也是世界文化遗产。

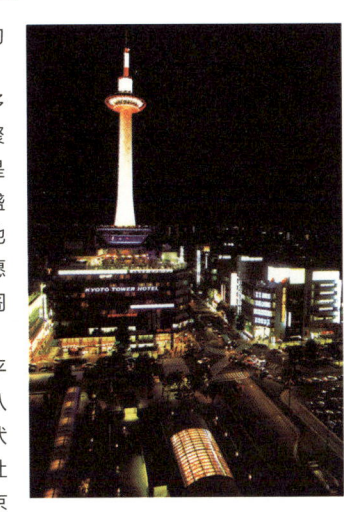

NIGHT 7

起程踏上归途

畅游日本 推荐

051

JAPAN GUIDE

Japan

畅游日本 ①

东京涩谷区

涩谷区是日本东京都的特别区之一。涩谷车站忠犬八公出口处，著名的百货店、时装专卖店、饮食店、咖啡店、休闲设施、特种行业等密集如云，是与新宿并列为"24小时不眠之街"的地区。另外，以西武百货、东急百货与109百货为中心再加上周边小商店所构成的商店街，是最受东京年轻消费族群喜爱的购物胜地，向来拥有"年轻人之街"的美称，也使得涩谷成为日本国内外各种流行风尚的发源地。涩谷区大型五叉路口，由于超高的行人穿越量经常被誉称为"全世界最大的交叉路口"，以其庞大的行人流通量成为许多观光客参访与摄影、拍照的圣地，也经常出现在电视或电影剧情中，作为东京的象征。

01 明治神宫
日本皇室的神社 赏

作为日本皇室专用的神社，建成于1915年的明治神宫却并不像"万世一系"的天皇家一般历史悠久。为供奉明治天皇及昭宪皇太后而修建的明治神宫内有南、北、西三条参拜甬道，两侧种植了10余万株300多种各式树木，在一片绿色掩映下是华美典雅的殿堂，其中最引人注目的是神宫桥前的大鸟居，据说是全日本最大的鸟居，也是明治神宫的标志之一。除了元旦外，每年的新生儿命名仪式、成人礼、毕业典礼和婚礼等各种人生重要仪式也会选在明治神宫举行，众多日本偶像明星的成人礼也在此举行，吸引了无数游人的目光。

TIPS
东京都涩谷区代代木神园町1-1　地铁JR山手线原宿站表参道出口正后方，千代田线、副都心线明治神宫前站1号或2号出口过马路可到　03-3379-5511　宝物馆￥500　★★★★★

02 Design Festa Gallery
参观现代艺术 赏

外墙充斥着五颜六色各式涂鸦装饰的Design Festa Gallery给游人的第一印象就是杂乱无章，各式铁管如同鸟巢一般错综交织，与五彩缤纷的外墙涂鸦一同吸引了众多行人的目光。在Design Festa Gallery馆内共有12个展览室，甚至在室外花园内都可以看到大量风格特殊的艺术作品，这些不同风格的艺术品都由日本年轻艺术家创作，创意十足，因此这里堪称一座现代艺术的展出空间。

TIPS
东京都涩谷区神宫前3-20-18　地铁千代田线、副都心线明治神宫前站5号出口出站即可　03-3479-1442　★★★★

03 竹下通り（大街） 逛
原宿的时尚潮地

竹下大街只有数百米长，但沿街两侧却鳞次栉比地排列着大量经营首饰、服装、鞋子、小玩具和大头贴等年轻人感兴趣的小店，所有日本当红的明星商品都可以在这里一网打尽。此外，还可以从周围过往行人的穿着服饰上了解日本年轻人的流行趋势，被誉为日本青少年流行文化的风向标，堪称哈日迷来到原宿后不可错过的一处"朝圣地"。

TIPS
东京都涩谷区神宫前一丁目　地铁千代田线、副都心线明治神宫前站5号出口沿明治通向东北步行200米　03-3403-2525　★★★★★

04 原宿教会 赏
时尚简约的教堂

拥有波浪形穹顶的原宿教会是一座纯白色外观、充满简约时尚设计风格的建筑，堪称东京宗教建筑的经典之作。被誉为"东京光之教堂"的原宿教会拥有奇妙的光影特效，光线在穿过教堂穹顶时会因为不同角度折射而产生美妙圣洁的光影交织效果，使得置身教堂之中的人们内心充满庄严神圣的感觉，令人印象深刻。

TIPS
东京都涩谷区神宫前3-42-1　地铁千代田线、副都心线明治神宫前站5号出口沿明治通向北到神宫前三丁目　03-3401-1887　★★★

畅游日本：东京涩谷区

05 涩谷八公铜像
涩谷的地标 【赏】

八公铜像被誉为全日本最著名的狗铜像，相传这只名叫八公的狗曾是东京大学一位教授饲养的秋田犬，忠诚的八公每天傍晚都会在车站等候自己的主人回家，风雨无阻，后来教授因在乘电车回来的路上心脏病发去世，而八公竟然坚持每天来等主人，直至七年后燃尽自己的生命。为了纪念忠诚的八公，人们选择在涩谷的JR车站出口前修建了八公铜像。作为涩谷的地标之一，就连外国游客也会纷纷在忠诚的八公前合影留念。

TIPS
东京都涩谷区JR涩谷站八公口前　地铁半藏门线涩谷站出8号出口，或JR涩谷站出八公口　★★★★★

06 表参道Hills
最受瞩目的表参道地标 【买】

表参道Hills的前身是同润会公寓，其呈螺旋状缓坡设计的内部空间新颖别致，随处可以看到由伦敦艺术家朱利安设计、充满动感时尚元素的行人艺术图像。表参道Hills的Logo参照附近的明治神宫前大鸟居设计，众多首次登陆日本的国际知名时尚品牌和日本原创品牌纷纷入驻其中，古老与现代在这里融汇交织，一开业就成为最受年轻人喜爱的话题中心，现在更是成为表参道的地标性建筑，吸引了众多游人慕名而来。

TIPS
东京都涩谷区神宫前4-12-10　地铁半藏门线表参道站A2号出口向西步行200米　03-5856-7120　★★★★★

07 青山学院大学
贵族级的天主教学校 【赏】

位于青山这个寸土寸金之地的青山学院大学拥有大片绿地，校内环境幽雅，是日本一所闻名的贵族大学。青山学院大学以基督教学校为其传统，其前身是美国的美以美教会向日本派遣的传教士创立的学校，在1949年更名为青山学院大学后依旧贯彻其一贯理念，致力于培养学生追求真理、拥有爱和奉献的精神。

TIPS
东京都涩谷区涩谷4-4-25　地铁千代田线、半藏门线、银座线表参道站B1出口沿青山通向前步行300米　03-3409-8111　★★★

08 涩谷109
涩谷109辣妹的发源地 买

TIPS
🏠东京都涩谷区道玄坂2-29-1　🚇地铁银座线涩谷站出A3出口　☎03-3477-5111　★★★★

开业于1979年的涩谷109地处道玄坂入口，迄今已有30余年的历史，但其铝板包装的圆柱形外观依旧充满时尚现代的元素。此外，在商场外还常有化妆品和当红歌手的大幅广告挂出，在涩谷地区颇为醒目。30余年来，涩谷109一直引领着不同时期日本年轻人的流行趋势，店内的柜台针对的客户群体也全是15岁到25岁的年轻女性，甚至催生出"涩谷109辣妹"这一全新的流行元素和独特的涩谷文化。

09 宫益坂
幽雅的翠绿坡道 逛

宫益坂是一条连接涩谷和毗邻的青山地区的坡道，顺着这条绿树成荫的坡道漫步，可以一路欣赏沿街风景，不论涩谷、青山还是表参道的众多精品店都可一网打尽。而沿街两侧还有大量餐厅和咖啡店，假日午后漫步休闲之余，还可以在路边的咖啡座小憩片刻，细细品味这别具情调的休闲之旅。

TIPS
🏠东京都涩谷区涩谷　🚇地铁JR山手线涩谷站出宫益坂口向东步行即可到达　★★★★

10 涩谷迪斯尼专卖店
迪斯尼品牌专卖店 买

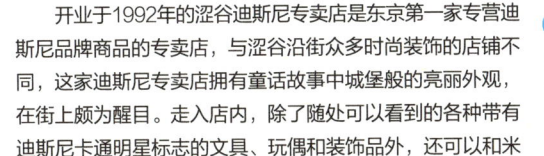

开业于1992年的涩谷迪斯尼专卖店是东京第一家专营迪斯尼品牌商品的专卖店，与涩谷沿街众多时尚装饰的店铺不同，这家迪斯尼专卖店拥有童话故事中城堡般的亮丽外观，在街上颇为醒目。走入店内，除了随处可以看到的各种带有迪斯尼卡通明星标志的文具、玩偶和装饰品外，还可以和米老鼠等迪斯尼卡通明星合影，是迪斯尼迷不可错过的一处淘宝胜地。

TIPS
🏠东京都涩谷区宇田川町20-15　🚇地铁JR山手线涩谷站八公口或副都心线涩谷站6号出口出站向北步行5分钟　☎03-3461-3932　★★★★

11 电力馆
了解与电相关的知识　　赏

TIPS

📍 东京都涩谷区神南1-12-10　🚇 地铁JR山手线涩谷站八公口或副都心线涩谷站6号出口出站向北步行5分钟　☎ 03-3477-1191　⭐⭐⭐

地处涩谷的电力馆共有八层，是东京唯一一座电力馆。拥有银色外观的电力馆是一座充满未来风格的建筑，在涩谷地区颇为醒目。电力馆内的展厅拥有众多科技设备供游人操作，在娱乐过程中就可以了解各种与电力相关的知识，是一处以科普教育为主，寓教于乐的电知识博物馆。

12 TOWER RECORDS
音乐迷不可错过　　买

地处涩谷的TOWER RECORDS外观颇为醒目，众多来到涩谷观光的音乐迷都会慕名前来。这里除了日本艺人的音乐CD外，还有不同国家出版的音乐CD，除了流行歌曲外还有各种爵士乐和版本稀少的古典音乐CD，绝对是音乐迷不可错过的一处淘宝胜地。

TIPS

📍 东京都涩谷区神南1-22-14　🚇 地铁JR山手线涩谷站八公口或副都心线涩谷站6号出口出站向北步行3分钟　☎ 03-3493-3661
⭐⭐⭐⭐

13 西班牙坂
涩谷地区的热门街道　　逛

西班牙坂位于涩谷区宇田川町，是一条从井头通到涩谷公园的缓坡，漫步在西班牙坂，一路前行的尽头是广播电台的涩谷西班牙录播厅和Cinemarise电影院。作为一条颇受东京年轻人喜爱的街道，西班牙坂两侧拥有大量餐馆、商店和服饰店，琳琅满目的商品和鳞次栉比的商铺都吸引了大量游人来这里逛街购物。

TIPS

📍 东京都涩谷区宇田川町　🚇 地铁副都心线涩谷站至井头通，向西步行2分钟　⭐⭐⭐

14 公园通り（大街）
热门的人气美食街 　　逛

与涩谷区神南和宇田川町交界的涩谷公园大街是一条通往代代木公园的道路，除了绿意盎然、供人休闲娱乐的代代木公园外，在公园大街两侧的人行道上也栽植有大量花草和树木，充满盎然生机。公园大街沿街两侧除了香烟和食盐博物馆、涩谷区役所、涩谷C.C.Lemon Hall等设施外，最为闻名的是这里有很多美味的餐厅，是周末假日逛街休闲的好去处。

TIPS
🚇 东急田园都市线涩谷站6号出口出站向北　★★★★

15 Shiespa温泉塔
传统日式庭园的温泉SPA馆 　　玩

位于涩谷的Shiespa温泉塔是一幢9层高楼，内部装饰布置宛如日本庭园的温泉中心。除了一般常见的足汤、冷泉、芬兰浴等供客人选择外，在Shiespa温泉塔内最为特殊的就是被称为"天空之汤"的温泉。天空之汤位于温泉塔9层，这里的温泉都是从地下1500米深处抽出，来这里泡温泉堪称令人身心都得到放松的极致享受。

TIPS
🏠 东京都涩谷区松涛1-28-1　🚇 地铁副都心线涩谷站1号出口出站向西步行3分钟　☎ 03-3477-2100　💰 ¥2880
★★★★

畅游日本·东京涩谷区

059

16 东京体育馆　赏
东京奥运会的体育馆

毗邻国立竞技场的东京体育馆是1964年东京奥运会时体操项目的比赛场馆，迄今已有半个世纪的历史。作为东京著名的体育场馆之一，东京体育馆拥有独特的外观设计，其屋顶尤其充满现代时尚元素，在阳光照耀下散发出夺目光彩，颇为醒目。

TIPS
- 东京都涩谷区千驮谷1-17-1
- 地铁大江户线国立竞技场站A3出口出站向西步行1分钟
- 03-5474-2110
- ★★★★

17 文化学园服饰博物馆　赏
服饰文化博物馆

文化学园服饰博物馆地处新宿文化QUINT大厦1层，是一个以日本及世界其他不同国家的传统服装和装饰品为展览主题的博物馆。馆内除了展示各国家民族的不同服饰外，还收藏了大量资料和图片，并且每年举行4次不同主题的展览。游人可以通过博物馆内的展览，了解不同国家和民族的服饰文化。

TIPS
- 东京都涩谷区代代木3-22-7新宿文化QUINT大厦1层
- 地铁大江户线都厅前站A1出口出站向南步行5分钟
- 03-3299-2387
- ★★★

18 天下一品　吃
绝对美味的拉面

TIPS
- 东京都涩谷区惠比寿西1-1-9
- 地铁日比谷线惠比寿站前站2号出口向西南步行1分钟
- 03-3714-2714
- ★★★

天下一品源自大阪，开业于1971年，经过40余年的发展，现今在日本各地开设有连锁店，其中在东京就开有24家分店。其以鸡骨搭配多种蔬菜文火炖煮而成的拉面汤，在竞争激烈的拉面街上拥有极高人气，店主和常来的食客都对其美味拥有绝对自信，是喜爱拉面的人们不可错过的美味。

19 代官山ADDRESS 〈逛〉
代官山的地标性建筑

TIPS
📍 东京都涩谷区代官山町17-6　🚇 地铁东急东横线代官山站出站步行1分钟　📞 03-3461-5586
⭐⭐⭐⭐⭐

　　代官山ADDRESS毗邻代官山车站北口，除了经营各种品牌服饰的精品店和咖啡店外，代官山ADDRESS还拥有大片休闲空间，其中大型绿色幸运草雕塑更是成为代官山地区的标志之一，仿佛一座包含了大量建筑物的巨大休闲公园一般，深受年轻人的喜爱。

20 惠比寿麦酒博物馆 〈赏〉
百年历史的啤酒博物馆

　　啤酒在日本被称为麦酒，而创立于1887年的惠比寿啤酒则是日本颇为知名的啤酒品牌之一。游人在惠比寿麦酒博物馆内可以参观惠比寿啤酒利用现代化设备的全部制作工艺，参观之余还可以品尝4种不同风味的惠比寿啤酒，或是通过各种展览资料和图片了解日本的啤酒历史，在啤酒香味的陪伴下就可完成一次颇为有趣的知性之旅。

TIPS
📍 东京都涩谷区惠比寿4-20-1　🚇 地铁JR山手线惠比寿站或地铁日比谷线惠比寿站前站1号出口出站向南步行5分钟　📞 03-5423-7111　⭐⭐⭐⭐

21 八幡通り（大街）〈逛〉
适合假日悠闲漫步的小街

　　八幡大街毗邻代官山ADDRESS，在这条小街巷主道路和两侧延伸出的小巷内拥有大量个性十足的小店和休闲气氛浓郁的街边咖啡店。漫步其中，每一家店铺的装饰和经营的商品都充满十足个性，非常适合时间充裕的旅行者在这里体验别样的假日淘宝之旅。

TIPS
📍 东京都涩谷区代官山町　🚇 地铁东急东横线代官山站出站向西步行1分钟　⭐⭐⭐⭐

畅游日本　东京涩谷区

061

JAPAN GUIDE

Japan

畅游日本 ②

东京港区

港区位于东京东南方，紧邻东京湾，是日本东京都内23个特别区之一，是一个聚集着诸多外国大使馆、国际气氛浓厚的地区。区内著名的商圈包括有赤坂、新桥、滨松町等，酒吧云集的六本木、新兴的游乐观光区台场，以及东京最重要地标之一的东京塔也位于此区内。

01 Spiral
现代艺术与商业完美融合

Spiral充满现代元素的外观及其圆弧形的坡道都是由日本知名建筑师桢文彦设计修建，在Spiral内1层挑高的大堂经常会举办各种不同主题的艺术展览，各种新锐时尚的现代艺术与这幢充满现代元素的建筑完美融合。此外，Spiral 2层分为六个不同主题的区域，数万种不同品类的商品共同组成了经营生活用品的Spiral Market。

TIPS
- 东京都港区南青山5-6-23
- 地铁千代田线、半藏门线、银座线表参道站B1出口出站
- 03-3498-1171　★★★★

02 ONE表参道Hills
聚集众多国际名牌

开业于2003年的ONE表参道Hills共三层，其几何图形的黑色框架和玻璃幕墙是由日本知名建筑师隈研吾设计修建，厚重的外观和简易直观的标志令人印象深刻，吸引了众多过往行人的目光。ONE表参道Hills内与其厚重的外观截然不同，不仅路易·威登集团旗下的四大名牌齐聚于此，其他众多国际知名品牌的精品店更是纷纷入驻，成为一处别具魅力风情的时尚胜地。

TIPS
- 东京都港区南青山3-5-29
- 地铁千代田线、半藏门线、银座线表参道站A2出口出站向前200米
- ★★★★★

03 东京Midtown
东京的全新城中城 赏

TIPS
📍东京都港区赤坂9-7-4 🚇地铁大江户线六本木站下车7号出口直达 ☎03-3475-3100 ★★★★★

　　2007年3月开幕的东京Midtown充满浓郁的日式风情，由日本建设巨头三井建设与知名设计师共同设计修建，其前身曾是日本防卫省所在。建筑从内到外都散发着浓郁的日式风情，同时又在无数细节处融入现代设计，令摩登时尚与雅致的日式传统完美融合，堪称东京市内集商业、住宅、艺术、设计于一体的全新标志性建筑。

04 东京Midtown艺术大街
新锐的艺术作品 逛

　　在东京Midtown内有各种日本年轻艺术家创作的艺术品展示在街道两侧，各种新锐作品和艳丽的颜色交相辉映。其中还有很多艺术品掺杂了各种宗教符号的设计，充满神秘的视觉冲击力，吸引了众多游客在这里驻足，纷纷用手中的相机将这条艺术大街拍摄下来。

TIPS
📍东京都港区赤坂9-7-4 🚇地铁大江户线六本木站下车7号出口直达 ☎03-3475-3100 ★★★★

畅游日本　东京港区

05 SUNTORY美术馆 赏
简单、柔和的艺术美感

　　1961年对公众开放的SUNTORY美术馆在2007年迁入开业不久的东京Midtown内，由建筑师隈研吾利用纵横交错的线条设计出的美术馆内拥有柔和的照明光线和展示空间，各种充满艺术美感的收藏品陈列其中供人参观，令人不禁感慨这座秉承着"发觉生活中的美"理念的美术馆对"艺术与美"的独特感悟。

TIPS
东京都港区赤坂9-7-4 Midtown 3层　地铁大江户线六本木站下车7号出口直达　03-3479-8600　★★★

06 21_21 Design Sight 赏
Midtown最引人注目的展馆

　　名字比较拗口的21_21 Design Sight是由日本建筑大师安藤忠雄及服装设计师三宅一生，以及深泽直人和川上典季子四位艺术大师共同设计修建的，在参观者口中被亲切地昵称为"21_21Q"。在林木掩映中的21_21 Design Sight外观充满时尚简约的现代设计风格，作为Midtown最引人注目的一座展馆，这里经常不定期举办不同主题的展览和表演活动。

TIPS
东京都港区赤坂9-7-6　地铁大江户线六本木站下车7号出口穿过Midtown后马路对面　03-3475-2761　￥1000
★★★★

07 东京城市观景台
俯瞰东京城市全景 　　　　　　　　　　　　赏

地处六本木Hills核心——森Tower顶层的东京城市观景台的楼层四周全是10余米高的巨大玻璃落地窗，游人在这里可以一览无余地尽情欣赏东京都区的城市风光，若是晴天甚至可以看到远处的富士山，风景颇为壮观。而在夕阳西下时，置身250米高观景台上的游人更可以欣赏西边半空被夕阳染红的壮美景色，夜幕降临后的璀璨夜景也令无数游人印象深刻。

TIPS
东京都港区六本木6-10-1森Tower　地铁大江户线六本木站下车3号出口步行约4分钟，日比谷线六本木站1C出口出站直达　03-6406-6652　¥1500　★★★★★

08 六本木Hills
六本木的地标 　　　　　　　　　　　　逛

2003年4月25日开业的六本木Hills是六本木地区的地标性建筑，其中高54层的超高摩天楼——森Tower是其核心建筑，周围呈放射状分布着购物中心、美食餐厅、电影院、日式花园、展望观景台、商务中心、电视台、高级公寓和豪华饭店等设施，宛如一座小型城市一般，充满各式各样的闪光点等待游人发掘。

TIPS
东京都港区六本木6-10-1　地铁大江户线六本木站下车3号出口步行约4分钟，日比谷线六本木站1C出口出站直达　03-6406-6000　★★★★★

09 毛利庭园
江户时代的精致庭园 　　　　　　　　　　　　赏

位于六本木Hills的毛利庭园精巧雅致，在现代时尚的六本木Hills中颇为醒目。作为江户时代长州藩藩主毛利氏历代家主在江户城内的居所，毛利庭园栽植有大量茂密的植被，绿荫掩映下正中有一池碧绿的池水。而更为人称道的是，庭园内秀美雅致的景观通过毗邻的朝日电视台玻璃外墙的反射，成为一幕巨大的庭园外景，吸引了众多过往行人的目光，古典雅致与现代时尚也因此被巧妙地结合在一起。

TIPS
东京都港区六本木6-10-1六本木Hills下　地铁大江户线六本木站下车3号出口步行约4分钟，日比谷线六本木站1C出口出站直达　03-6406-6000　★★★★

畅游日本 | 东京港区

10 森美术馆
六本木的艺术胜地

TIPS
🏠东京都港区六本木6-10-1森Tower　🚇地铁大江户线六本木站下车3号出口步行约4分钟,日比谷线六本木站1C出口出站直达　☎03-5777-8600　💴￥500　★★★★

地处六本木Hills核心——森Tower顶层的森美术馆以展出内容十分前卫并且充满原创力而闻名。森美术馆以现代艺术为展览主题,大力发掘和支持日本以及亚洲其他各国的年轻艺术家和设计师,如奈良美智、村上隆等著名插画家及知名艺术家,他们的作品都在这里展出。此外,这里还经常举办各种建筑、设计、摄影和时装展览,被誉为六本木地区知名的艺术胜地。

11 国立新美术馆
现代设计美学的经典

2007年1月对公众开放的国立新美术馆毗邻六本木Hills,由日本著名建筑师黑川纪章设计建造。此馆拥有波浪般充满流动曲线的玻璃外墙,是日本第五所国立美术馆。有着浓郁艺术氛围的国立新美术馆内展示有各式各样、品类繁多的绘画和雕塑作品。除了精致的现代艺术品外,美术馆内附设图书馆和咖啡厅、博物馆、商店等。

TIPS
🏠东京都港区六本木7-22-2　🚇地铁大江户线六本木站下车7号出口步行约4分钟　☎03-5777-8600　★★★★

12 六本木维珍Toho电影城 娱
假日娱乐放松的最佳选择

TIPS
东京都港区六本木6-10-1六本木Hills　地铁大江户线六本木站下车3号出口步行约4分钟，日比谷线六本木站1C出口出站直达　03-5775-6090 ★★★

六本木维珍Toho电影城位于六本木Hills，是一幢拥有玻璃外墙、外观充满现代时尚元素的电影院，阳光照耀下，影院的玻璃外墙更是醒目。在六本木维珍Toho电影城内共拥有9个配备有最新的THX音响系统的放映厅，每到假日时，影院内舒适的座椅上都会坐满欣赏电影的人们，而现代化的声光效果也使得人们能够沉醉在影片之中。

13 朝日电视台 赏
《哆啦A梦》的放映地

因放映《哆啦A梦》和《蜡笔小新》、《白色巨塔》等剧目而在中国也有极高知名度的朝日电视台，是一幢高6层的玻璃外墙建筑。由于《哆啦A梦》的超高人气，在朝日电视台附设的

TIPS
东京都港区六本木6-9-1　地铁大江户线六本木站下车3号出口步行约4分钟，日比谷线六本木站1C出口出站直达　03-6406-2189 ★★★★

The Shop TV 朝日中除了可以买到各种与朝日电视台有关的纪念品外，哆啦A梦的各式纪念品尤其受到不同年龄层的游人喜爱，周围摆放的哆啦A梦塑像更是吸引游人竞相拍照合影。此外，在朝日电视台1层的朝日Umu还经常举办各种联谊活动。

畅游日本 东京港区

069

14 青山灵园
东京知名的赏樱名所 赏

作为日本最早设立的公共灵园，明治七年（1874）设立的青山灵园迄今已有百余年历史，拥有总数超过10万人的灵位，其中不乏明治时期的政治家和文学家长眠于此。与国内常见的公墓不同，青山灵园同时还是东京知名的赏樱名所，灵园内栽种有大量樱花树。每年春季樱花盛开的时节，这里都是一片人流熙攘的盛况，熙攘的人流和漫天落樱也已成为青山灵园的标志而为人传诵。

TIPS
东京都港区南青山2-32-2　地铁千代田线乃木坂站向西200米　03-3401-3652　★★★★★

15 东京塔
东京的标志之一 赏

建于1958年的东京塔高333米，曾经是世界最高的建筑，建造之初是为了实现各电视台和广播台电波发射一体化的构想，将其建设成综合发射塔，现今则已经成为东京的标志之一，吸引了众多游人慕名而来。东京塔在离地面150米处设有展望台，250米处则建有特别展望台，游人在这里可以一览东京的城市街景，在天气晴朗时还可以远眺富士山和筑波山的壮美风光。夜幕降临后，东京塔红色的塔身在灯光点缀下更加迷人，宛如一座光影交织的梦幻之塔。

TIPS
东京都港区芝公园4-2-8　地铁大江户线赤羽桥站赤羽桥口出站向北步行5分钟　03-3433-5111　￥224
★★★★★

16 东京塔水族馆
世界各地的珍贵水生动物

东京虽然离海不远，但仅有为数不多的几座水族馆。位于东京塔内的水族馆非常丰富，这座建在铁塔内的水族馆拥有来自美洲、欧洲、非洲、亚洲包括日本本土等世界各地的珍贵水生动物，品种近千种，游人可以在这里欣赏不同种类的水生动物在水中嬉戏悠游的曼妙身姿。

TIPS
- 东京都港区芝公园4-2-8东京塔1层
- 地铁大江户线赤羽桥站赤羽桥口出站向北步行5分钟
- 03-3433-5111
- ￥1000 ★★★★

17 东京芝公园
赏樱名胜之地

TIPS
- 东京都港区芝公园
- 地铁大江户线赤羽桥站赤羽桥口出站向东步行3分钟
- 03-3431-4359 ★★★★★

毗邻东京塔的芝公园在1873年与上野、浅草、深川和飞鸟山同时被设为日本第一批公园，是日本最古老的公园之一。此外，芝公园还是东京热门的赏樱胜地之一，每年春季樱花盛开时，芝公园内都会挤满前来赏樱的人们。

畅游日本 · 东京港区

071

18 野田岩
历史悠久的鳗鱼饭老铺 吃

迄今已有160余年历史的野田岩创立于江户时代，现今已经传承到第五代继承人金本兼次郎。在漫长的发展变迁之中，野田岩已经成为东京传统鳗鱼料理的代名词，在这里可以品尝用传统料理手法先烤后蒸，之后再蘸上酱汁烤出来的鳗鱼，不仅香气浓郁，同时还可搭配20多种不同的红酒一起品尝。

TIPS
🏠 东京都港区东麻布1-5-4 🚇 地铁大江户线赤羽桥站赤羽桥口出站向西北步行5分钟
☎ 03-3583-7852 ★★★★

19 增上寺
关东地区净土宗的七大总寺院之一 赏

历史悠久的增上寺由酉誉圣聪上人创建于1393年，在江户时代由于与德川将军家结缘而逐渐发展壮大，现今已成为日本关东地区净土宗七大总寺院之一。虽然经过战乱，寺院部分建筑曾被战火烧毁，但依旧保存有众多珍贵的历史文物，是一处深受游客喜爱的东京古老名胜。

TIPS
🏠 东京都港区芝公园4-7-35 🚇 地铁JR滨松町站步行10分钟，三田线在御成门站或芝公园站出站步行3分钟，浅草线、大江户线大门站出站步行5分钟 ☎ 03-3432-1431 ★★★★

20 麻布十番商店街
异域风情浓郁的商店街 逛

麻布十番商店街有宽阔的街道和圆弧状排列的红砖马路，充满别样风情。在这条商店街两侧鳞次栉比地分布着各式各样的商铺，每年8月都会举行"麻布十番纳凉祭典"，与一般祭典不同的是，在麻布十番纳凉祭典上会有超过30个国家设立摊位，别具特色，吸引了众多游人的关注。

TIPS
🏠 东京都港区麻布十番大街 🚇 地铁大江户线麻布十番站下车4号出口出站即可 ☎ 03-3451-5812
⭐★★★★

21 麻布十番温泉
美容养生的都市温泉 玩

作为全日本外国人活动最频繁的街区之一，麻布十番的街上经常可以看到高鼻深目、金发碧眼的外国游客。但这里的温泉却是充满传统日式风情，不论温泉入口还是储物柜、浴池都充满复古风情，令人印象深刻。麻布十番的温泉取自地下500米的深泉，据说泡这里的温泉不仅有益身体健康，就连皮肤也会变得光洁滑嫩，因而颇受欢迎。

TIPS
🏠 东京都港区麻布十番15-22 🚇 地铁大江户线麻布十番站下车7号出口出站向前步行4分钟 ☎ 03-3404-2610
💰 ¥1260 ⭐★★★★★

22 浪花家总本店
地道的东京鲷鱼烧 吃

鲷鱼烧是一道外形为鱼形的日本传统甜点，香浓的红豆搭配酥脆的外皮，一口咬下颇为美味，是深受日本人喜爱的一种甜品。以制作鲷鱼烧而闻名的浪花家总本店采用北海道产的红豆做馅制作出口感极佳的鲷鱼烧，是一家在东京颇为知名的人气鲷鱼烧名店。据说如果不排上1小时的队，根本就无法买到，可见其受欢迎的程度。

TIPS
🏠 东京都港区麻布十番1-8-14 🚇 地铁大江户线麻布十番站下车7号出口出站向前步行3分钟 ☎ 03-3583-4975
⭐★★★★

畅游日本·东京港区

073

23 东京电视塔 赏
日本电视台所在地

TIPS
🏠 东京都港区东新桥1-1-6-1　🚇 地铁浅草线新桥站出2D出口　☎ 03-6215-4444　★★★★

东京电视塔在日本人气颇高，电视台大楼就位于新桥地区，除了大大小小的摄影棚和电视剧制作小组的办公室外，东京电视塔内楼下的露天广场还开设了数家咖啡厅和日本电视纪念品店与餐厅。由于东京电视塔的节目在中国也有大批观众，因而经常可以看到中国游客慕名来到这里。在露天广场的咖啡厅还经常可以看到知名制作人和艺人出入其中，是日剧迷来到新桥后不可错过的地方。

24 东京电视塔大时钟 赏
宫崎骏设计的卡通大钟

在东京电视塔楼下广场上有一座由日本知名动画大师宫崎骏耗时五年亲自设计的东京电视塔大时钟，这座在2006年圣诞节前完工的时钟中央是钟面，左右两侧的活动机关在整点报时时，会有32个人偶在3分钟时间内做出各种动作。它是日本最大的一座时钟，同时也是汐留地区的地标之一，吸引了众多宫崎骏迷慕名而来。

TIPS
🏠 东京都港区东新桥1-1-6-1　🚇 地铁浅草线新桥站出2D出口　☎ 03-6215-4444　★★★★

25 汐留意大利街 逛
意大利风情浓郁的街道

汐留意大利街是一处意大利风情浓郁的都市街道，街道两侧全都是意大利风格的建筑，洋溢着色彩鲜艳的南欧风情。尤其是2007年，为促进日本和意大利交流的创意中心Shiodomeitalia开幕后，更是将这股亚平宁风情发扬到了极致，游人除了游览这里的欧洲风街道外，还可以在街道两侧众多意大利精品店逛街购物或是品尝这里正宗的意大利风味料理，是一处融合了艺术、商业和文化的新兴地区。

TIPS
🏠 东京都港区东新桥2-9-5　🚇 地铁大江户线汐留站7号出口出站向西南步行3分钟　☎ 03-3433-6727　★★★★

26 汐留City Center 逛
摩天大楼中的观景餐厅

汐留City Center高43层，有多家日本知名的大型企业入驻，是汐留SIO-SITE非常醒目的一幢摩天大楼。汐留City Center内开设有大量人气餐厅和商铺，尤其大厦41层和42层的美食餐厅内，更是可以在尽情享用美味料理的同时观赏窗外的都市风光，是上班族经常光顾的一处新兴的时尚商业区。

TIPS
🏠 东京都港区东新桥1-5-2　🚇 地铁大江户线汐留站出4号出口　☎ 03-5568-3215　★★★★

27 Caretta汐留
美味餐厅大楼

Caretta汐留分为地下1层至2层的Caretta购物中心、1层至3层的山谷式露台，以及东京知名的剧团四季专用的"海"四季剧场。

Caretta汐留内经常举办各种主题的活动，游人在逛街购物游览之余，还可以在顶层的天空餐厅品尝精致美味的料理，在就餐的同时还可以一览从彩虹大桥直到银座的东京景致。

TIPS
- 东京都港区东新桥1-8-2
- 地铁大江户线汐留站出6号出口
- 03-6218-2100
- ★★★★★

28 剧团四季专用剧场"海"
世界级演出专用剧场

"海"剧场位于Caretta汐留1层，是东京闻名的舞台剧表演团——剧团四季的专用剧场。这座可容纳1200名观众的剧场内舞台和观众席之间距离很近，宛若一个整体般紧密契合在一起，其别致的设计和高水平的声光音响设备为观众提供了一个近乎完美的观赏空间。各种世界名作和新剧纷纷在此上演，是一处欣赏世界级演出的绝佳场所。

TIPS
- 东京都港区东新桥1-8-2 Caretta汐留1层
- 地铁大江户线汐留站出6号出口
- 03-5776-6730
- ★★★

畅游日本 · 东京港区

075

29 Caretta OCEAN Xmas 赏
美丽的灯光夜景

Caretta OCEAN Xmas 是一个宛如梦幻般美丽的灯光夜景，每年圣诞节期间都会在Caretta汐留广场上演。伴随着优美的音乐，五彩缤纷的LED灯光会演绎出海潮般壮美的光影景象，而在这片光影和音乐交织的海潮中还有一座灯塔，会用钟声伴随着海潮营造出一种浪漫迷人的节日气氛。

TIPS

东京都港区东新桥1-8-2 Caretta汐留前广场　地铁大江户线汐留站出6号出口　03-6218-2100
★★★

30 永坂更科布屋太兵卫 吃
200余年历史的荞麦面馆

拥有200余年历史的永坂更科布屋太兵卫是一家在东京颇为知名的荞麦面馆，由于一直坚持使用北海道产的荞麦面粉制作面条，永坂更科布屋太兵卫在众多慕名而来的食客口耳相传中被赞誉为"坚持品质保证的名店"，是众多游客来到麻布十番后不可错过的一道美味。

TIPS

东京都港区麻布十番1-8-7　地铁大江户线麻布十番站下车4号出口出站向前步行2分钟　03-3585-1676
★★★★★

31 DECKS Tokyo Beach 逛
休闲主题的海港娱乐城

TIPS

东京都港区台场1-6-1　地铁新交通临海线百合鸥号台场站出站向北步行2分钟　03-3599-6500　★★★★

DECKS Tokyo Beach位于台场，是一处汇集了**アイランドモール、シーサイドモール**和东京JOYPOLIS三处大型购物中心的海港主题休闲城。DECKS Tokyo Beach内除了三大购物中心外，最吸引人的是这里大量独具特色、个性十足的小店。在逛街购物之余，游人还可以在观海餐厅用餐，同时欣赏窗外独具魅力的海港景色。

32 Mediage
台场的综合购物中心 〔逛〕

Mediage由知名的SONY集团经营，因而其最大的特色就是展示各种SONY最新科技和电子产品，可令人感受最新科技的独特魅力。此外，Mediage还是一处集购物、餐饮、休闲、娱乐于一体的大型综合购物中心，除了商场和餐厅外，Mediage内还拥有一间电影院，是东京规模最大的影院。这里是年轻人喜爱的热门假日休闲胜地。

TIPS
🏠 东京都港区台场1-7-1　🚇 地铁新交通临海线百合鸥号台场站出站向北步行2分钟
☎ 03-5531-7800　★★★★★

---

33 彩虹大桥
造型优美的台场地标大桥 〔赏〕

TIPS
🏠 东京都港区海岸与台场之间　🚇 地铁百合鸥线芝浦埠头站、台场海滨公园站步行5分钟即可到达　☎ 03-5442-2578
★★★★★

全长798米的彩虹大桥建成于1993年，是连接东京芝浦和台场两地的大桥。彩虹大桥分为上下两层，上层是首都高速11号线，下层是一般道路和百合鸥线行驶道路，此外还设有步行道，其造型优美，早已成为东京湾的标志性景点之一，在夜晚灯光的点缀下更是璀璨绚丽。同时，彩虹大桥也是大量日剧和电影拍摄外景时的首选之一，在国内的日剧影迷中也拥有相当高的人气，是来到台场旅游不可错过的景点。

---

34 台场海滨公园
东京最具休闲情调的地方 〔玩〕

毗邻彩虹大桥的台场海滨公园建于一处人工沙滩之上，第一次来到台场海滨公园的游人一定对这里高高屹立的一尊自由女神像大感诧异。其实这是由于1998年日本法国年时巴黎市内的自由女神像曾经被借出安置在这里，原物归还后在这里摆放了一尊复制品，现今已经成为台场的标志性景点之一，而与自由女神像及背后的彩虹大桥合影也成为众多游客必不可少的观光项目。每到周末，台场海滨公园都有大量游人和情侣相约漫步在沙滩上享受海风吹拂，堪称东京最具休闲情调的地方。

TIPS
🏠 东京都港区台场1-4-1　🚇 地铁百合鸥线台场海滨公园站出站即可到达　☎ 03-5531-0851　★★★★★

畅游日本 · 东京港区

077

JAPAN GUIDE

Japan

畅游日本 ❸

东京中央区

中央区由于位于23区的正中央位置,因而得名。中央区不仅地理位置处于东京的中心地,更是日本经济的中心。著名的日本银行、东京证券交易所等日本经济核心机构都位于中央区。除此之外,包括银座、大型百货公司总社聚集的日本桥,以及以鱼货市场闻名的筑地皆位于本区范围之内。

01 银座名店街 逛
汇集世界知名品牌

银座是东京最为繁华的购物胜地，这里汇集了如LV、CHANEL、HERMES、DIOR等世界知名的众多一线品牌旗舰店。每当夜幕降临后，名店聚集的银座就会灯火辉煌，在夜幕下璀璨生辉，是逛街购物的绝佳去处。

TIPS
东京都中央区银座　地铁日比谷线银座站出站　★★★★★

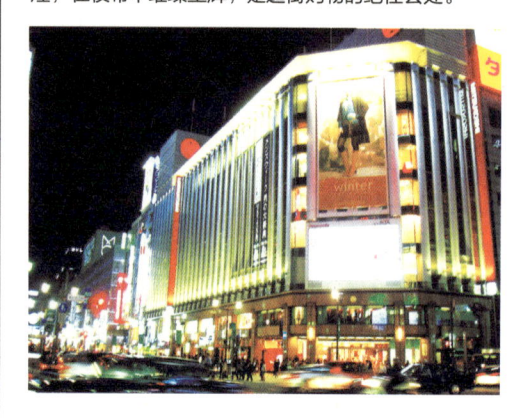

02 中央通り（大街） 逛
步行者的天堂

银座中央大街被誉为"步行者的天堂"，每到周末这里都会沿街摆上座椅，游人在逛街之余可以尽情享受更加惬意休闲的周末风情。中央大街作为银座的主要街道，沿街两侧鳞次栉比的众多百货公司和国际知名品牌旗舰店为这条街道带来繁华时尚的情调。此外，在中央大街不乏历史悠久的百年老店的身影，为这条现代时尚的购物街点缀了几分传统的日式风情。

TIPS
东京都中央区银座一至八丁目　地铁日比谷线银座站B1出口步行2分钟，银座线银座站出站直达　★★★★★

03 HOUSE OF SHISEIDO 赏
记载资生堂历史的博物馆

在世界各国爱美女性中颇为闻名的资生堂成立于1872年，其最初起家的地方就位于银座，迄今已有百余年历史。现今早已发展成为世界知名品牌的资生堂，其总部依旧设在银座，公司大楼的1层和2层开设了一间名为"HOUSE OF SHISEIDO"的资生堂博物馆，通过这里的各种展品可以了解资生堂化妆品百余年来的发展历史，或是在附设的迷你剧院中欣赏资生堂从20世纪60年代到21世纪所有的广告。

TIPS
东京都中央区银座7-5-5　地铁日比谷线银座站B4、B5、B6出口出站即可到达　03-3571-0401　★★★

04 日本桥长门 吃
德川将军家的御用和菓子店

已有300年历史的日本桥长门开业于享保元年（1716），是丸之内地区一家颇为知名的老字号和菓子店。据说在江户时代，这家店开创者还曾经是幕府将军德川家的御用和菓子师傅，其美味可想而知。现今游人可以在位于长门大厦1层的日本桥长门买到用美丽图案的千代纸包裹的和菓子、半生菓子和抹茶菓子，不仅美味可口，其本身就宛如艺术品一般，是馈赠家人亲朋的最佳礼品。

TIPS
东京都中央区日本桥3-1-3长门大厦1层　地铁东西线、银座线日本桥站B3出口出站，向西南步行2分钟　03-3271-8966　★★★★★

05 银座松坂屋
电梯小姐的发源地 买

1924年开业的银座松坂屋迄今已有近百年的历史，是一间历史悠久的老字号百货商厦，经营传统品牌和高级妇女用品，开设银座地区最大妇女专卖场的银座松坂屋还以其首创的"电梯小姐"而闻名全球百货行业。此外，值得一提的是，银座众多大型商厦中，松坂屋还是第一间设有中文指南，并且导购小姐也会讲中文的商厦，因而吸引了众多来自中国的游客。

TIPS
东京都中央区银座6-10-1　地铁日比谷线银座站A4出口出站，向南步行2分钟　03-3572-1111　★★★★

06 银座天国
美味可口的炸虾饭 吃

位于繁华商业街的银座天国开业于明治十八年（1885），是一家以经营天妇罗而闻名的百年老店，周末及节假日，经常可以看到慕名来到这家小店品尝美味炸虾饭的食客身影。银座天国最受食客欢迎的天妇罗碗中有两尾炸得酥脆的大虾，散发着浓郁的香气，非常美味。

TIPS
东京都中央区银座8-9-11　地铁银座线银座站A3出口步行10分钟　03-3571-1092　★★★★

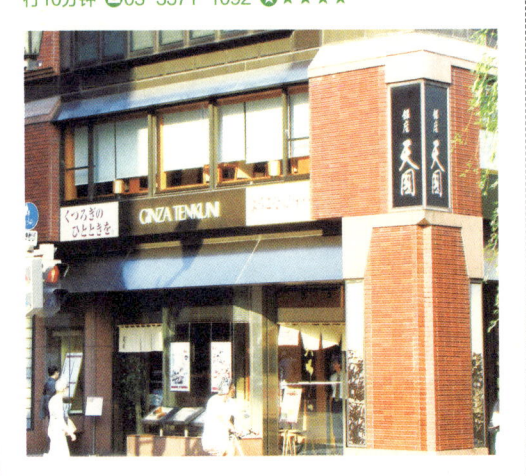

07 日本桥
江户时代的东京繁荣中心 赏

由开创江户幕府的德川家康在1603年修建的日本桥最初是木桥，现今呈现在游客面前的是1911年架设的两连拱石桥。日本桥曾经是江户时代整座城市的繁荣中心。这座位于东京都中央区日本桥川上的日本桥在江户时代就被勘定为五街道的基点，现今在桥中央依旧埋有日本国道起点路标。

TIPS
东京都中央区日本桥1-1　地铁银座线、东西线、都营浅草线的日本桥站，地铁银座线、半藏门线的三越前站下车步行即可到达　★★★★★

畅游日本 东京中央区

081

08 水天宫
祈愿母子平安的神社 赏

毗邻人形町的水天宫神社采用日本神社传统的"权现造"建筑式样，神社正殿的屋顶曲线呈现出韵律美感。早在江户时代，水天宫就已经成为保佑平安生产和供奉送子之神的神社，现今依旧有大量信众来到水天宫进行祈求母亲平安和孩子顺利出生的"安产祈愿"，或是祈求送子的"送子祈愿"。

TIPS
🏠 东京都中央区日本桥蛎壳町2-4-1　🚇 地铁半藏门线的水天宫前站出站，步行10分钟即可到达
📞 03-3666-7195　★★★★

09 日本银行
日本金融机构的中枢 赏

在江户时代，作为城市中心，日本桥一带因为铸造金币而兴旺繁荣。开业于1882年的日本银行也在1896年迁往日本桥本石町这处当时日本的"华尔街"所在地，由日本当时知名设计师辰野金吾设计建造的日本银行带有文艺复兴的新巴洛克风格，迄今已有百余年历史。游人可以在这里参观当年日本银行的地下金库和设在馆内的货币博物馆，进而了解日本的金融历史和各种货币知识。

TIPS
🏠 东京都中央区日本桥本石町2-1-1　🚇 地铁半藏门线、银座线的三越前站步行1分钟，或从JR山手线神田站出站后步行10分钟均可到达　📞 03-3277-2815　★★★★

10 人形町
下町风情的老街

逛

人形町是一条街道狭窄的江户老街，沿街两侧林立着众多修建于不同时代的商务楼、餐厅、住宅和众多老字号食肆、传统工艺品店等。在这条充满独特的江户下町风情的老街上，游人可以尽情体验纯正的江户风情，而每年8月在这里举行的"瓷器市"和10月的"人形市"、"BETTARA市"也都非常热闹，不可错过。

TIPS
🏠 东京都中央区日本桥人形町1-2　🚇 地铁日比谷线、都营浅草线的人形町站，地铁半藏门线的水天宫前站出站即可　☎ 03-3666-9064（人形町商店街协同组合）　★★★★

---

11 明治座
历史悠久的传统剧场

娱

创立于明治时期的明治座迄今已有130余年的悠久历史，由歌舞伎演员初代市川左团次创立。随着时代的发展变迁，明治座也经过不断装修翻新，现今剧场内不仅拥有高水平的舞台设施，同时还经常有偶像歌手在这里举行公演，是日本桥附近一处知名的传统剧场。

TIPS
🏠 东京都中央区日本桥滨町2-31-1　🚇 地铁新宿线滨町站出站即可　☎ 03-3660-3900　★★★★

畅游日本：东京中央区

083

12 高岛屋　买
日本桥地区的标志性建筑

虽然不如三越百货历史悠久，但毗邻三越百货的高岛屋也同样是一家百年老店。最初经营京都和服衣料店的高岛屋创业于1831年。1933年，在日本桥地区开设了这间日本桥高岛屋，这是一幢充满复古风情的欧式建筑，现今已经与毗邻的三越百货本店一同成为日本桥地区的地标性建筑。

TIPS
东京都中央区日本桥2-4-1　地铁浅草线、银座线日本桥站B1出口即可到达　03-3211-4111　★★★★

13 滨离宫恩赐庭园　赏
日本皇室的后花园

滨离宫恩赐庭园位于隅田川河口，最初在江户时代曾是甲府藩的别院，之后成为德川将军的宅第，在明治维新后又作为日本皇室的行宫，并改名为滨离宫，1956年成为东京都都立公园并对游人开放。滨离宫恩赐庭园内的水池建有水闸，可调整水面高度，素有"潮入之庭"的别称。每年春季樱花盛开时，公园内还有无数白色樱花绽放并随风飘落，是东京有代表性的一处赏樱胜地。

TIPS
东京都中央区滨离宫庭园1-1　地铁大江户线筑地市场站、汐留站、红嘴鸥汐留站步行7分钟　03-3541-0200　¥300　★★★★★

14 波除神社　赏
保佑出海平安的神社

位于筑地的波除神社内供奉了一座巨大的狮子塑像，相传狮子的吼声可以震慑云中的龙和风中的虎，因而在保佑出海平安的波除神社内供奉狮子，以此衍生出的筑地狮子祭更是波除神社内的传统节日之一。

TIPS
东京都中央区筑地6-20-37　地铁大江户线筑地市场前站A1出口出站，向东南步行3分钟　03-3541-8451
★★★★

15 筑地本愿寺
关东地区规模最大的佛教寺院之一 赏

筑地本愿寺始建于1617年，是整个关东地区最大规模的佛教寺院之一。曾作为京都西本愿寺江户别院的筑地本愿寺，在近400年的历史中曾经经历了关东大地震和多次战火的摧残，现在呈现在游客面前的寺院是1934年重新修建的，寺内本堂则依旧是当年传统的桃山样式建筑，规模宏大气派。

TIPS
东京都中央区筑地3-15-1　地铁日比谷线筑地本愿寺前站1号出口出站步行1分钟　03-3541-1131　★★★★★

16 筑地市场
世界最大的海产品市场 逛

筑地市场是世界最大的海产品市场，据说早在20世纪20年代，这里就逐渐形成了规模庞大的鱼类水产品交易市场。经过近百年的发展变迁，现今的筑地市场每天5:00就有鱼贩前来贩卖新鲜的鱼类产品，东京各地的知名料理店都会在一大清早就赶来这里选购一天所需的新鲜食材。在这座世界上最大的水产品市场内拥有数百家商铺，除了各料理店前来采购，每天还有来自世界各地的游客慕名来观光拍照，亲身感受这里繁忙的交易景象。此外，在筑地市场还有众多经营美食的料理店，可以第一时间品尝用新鲜水产品制作的寿司等料理。

TIPS
东京都中央区筑地5-2-1　地铁日比谷线筑地本愿寺前站1号出口出站向西南步行5分钟，或者都营大江户线中央市场前站A1出口出站　03-3541-9466　★★★★★

17 场外市场
庶民风情的美味小吃 吃

场外市场位于晴海大街与信达桥大街交会处，是一处由近500家连在一起的狭小店铺组成的市场。在场外市场内，每天空气中都弥漫着浓郁的食物香气，游人在这里的摊铺前可以品尝各种从筑地市场采购的新鲜鱼类制成的鳗鱼烧、生鱼片、海鲜盖饭等小吃，还可以买到腌渍品和各种干货。

TIPS
东京都中央区筑地4-10-6　地铁日比谷线筑地本愿寺前站1出口出站，向西南步行2分钟　03-3541-9466　★★★★★

畅游日本·东京中央区

085

JAPAN GUIDE

Japan

畅游日本
④

东京千代田区

千代田区是日本东京都内特别区之一。日本天皇的住所——皇居、日本国会——永田町、最高裁判所——最高法院等政治中枢皆位于千代田区内，除此以外，日本诸多著名公司的本社（总公司）也设在该区，而闻名海外的电器街秋叶原也在千代田区。这里是日本名副其实的政治、经济中心。

01 东京宝塚剧场
世界闻名的宝塚歌剧

娱

TIPS

东京都千代田区有乐町1-1-3　地铁日比谷线日比谷站A13出口出站，向东步行1分钟　03-5251-2001　★★★★

宝塚是日本乃至世界闻名的一个剧团，这个全部由女性组成的剧团分为花、月、雪、星、宙5组，以色彩鲜艳的服装和全部女性角色出演，以及华美的演出场面而闻名。建于1934年的宝塚剧场是宝塚在东京的专用演出剧场，2001年重新翻修后可容纳2000多名观众，游人在这里可以欣赏《凡尔赛玫瑰》和《源氏物语》等剧目，或是在剧场附设的纪念品商店购宝塚公演的DVD等纪念品。

02 日比谷公园
风景秀美的城市公园

玩

日比谷公园建于1903年，迄今已有百余年的历史，是根据日本第一个城市规划方案而修建的西式现代化城市公园。由于地处银座，日比谷公园一直作为商业街中的绿洲而受到人们的喜爱。在日比谷公园内有大喷泉、绿色草坪、多彩花坛、大小不一的树木中掩映着的白色喷泉，同时还有室外音乐堂、日比谷大会堂、图书馆、网球场等设施，以及自江户时代就保存至今的心字池和银杏树林，风景颇为雅致。

TIPS

东京都千代田区日比谷公园　地铁JR有乐町站步行8分钟，日比谷线或从千代田线日比谷站步行2分钟　03-3501-6428　★★★★★

03 东京车站
典雅的红砖老车站

赏

TIPS

东京都千代田区丸之内1-9-1　地铁丸之内线东京站出2号出口　03-3231-5652　★★★★★

由辰野金吾博士设计的东京车站是一幢充满维多利亚风格的红砖建筑，自1914年投入使用迄今已有百年的历史。作为日本首都的交通枢纽之一，东京车站经过不断发展变迁，现今已成为新干线等多条线路会合点，每天接发列车4000余次，是重要的交通枢纽。外观古典雅致的东京车站内部随处可以看到液晶荧幕和咖啡馆、餐厅、书店等，古老的建筑与现代元素在这里完美交织，使得整座车站都充满活力。

088

04 丸之内大厦 逛
高档精致的百货商厦

始建于1923年的丸之内大厦位于东京站丸之内南口，俗称丸大厦。据说最初的丸之内大厦仅有8层，是20世纪20年代东京规模最大的大厦，现今则成为一处由国内外精选的商店和服务设施汇集的购物区、日本料理与西餐及中华料理一应俱全的美食区、大厅，以及会场和办公区构成的综合大厦。

TIPS
东京都千代田区丸之内2-4-1　地铁丸之内线东京站出4b号出口　03-5218-5100 ★★★★

05 モリタ屋 吃
百年历史的特调寿喜烧

TIPS
东京都千代田区丸之内2-4-1丸大厦35层　地铁丸之内线东京站出4b号出口　03-5220-0029 ★★★★★

拥有百余年悠久历史的**モリタ**屋于明治二年（1869）开业，是一家经营京都风味牛肉料理的餐厅。**モリタ**屋在竞争激烈的东京餐饮界百余年屹立不倒的诀窍，就是在这里可以品尝到用肉质细腻的京都牛做成的牛排和特调的酱汁烹调出来的寿喜烧，据说**モリタ**屋为了保证牛肉的质量，甚至拥有自己的专用牧场，也难怪这里会吸引众多美食爱好者慕名而来。

畅游日本：东京千代田区

06 SKY BUS 行
火红色的东京观光巴士

从东京火车站出站就可看到火红色的双层露天观光巴士——SKY BUS，乘坐SKY BUS游览东京可以经过皇居、银座和丸之内等东京都心的景区，全程共50分钟。在车中还附有全程景点详细介绍的解说机，方便语言不通的外国游客，堪称观光东京都心的最佳选择。

TIPS
🏠 东京都千代田区丸之内2-5-2三菱大楼前   🚇 地铁丸之内线东京站丸之内南口出站，向西南步行3分钟   ☎ 03-3215-0008   ￥1200   ★★★★

07 拉面激战区东京编 吃
日本各地美味拉面大集合

日本人爱吃拉面世界闻名，而位于东京车站附近的拉面激战区东京编更是令每一个刚走出东京站的游客感到震惊。在这里汇集了北起北海道、南至九州的日本各地人气拉面店，不用离开东京，就可以在这里品尝到白味噌汤加入牛奶的北海道拉面、广岛的超辣拉面，或是九州风味的熊本拉面，当然还有正宗的东京拉面。来到东京后不妨在这里逛上一圈，依次吃下去，可以对日本人独有的拉面情节增加几分感触。

TIPS
🏠 东京都千代田区丸之内1-9-1   🚇 地铁丸之内线东京站丸之内北口出站，向东北步行3分钟   ★★★★★

08 皇居
天皇的居所

皇居，顾名思义就是天皇居住的地方。平时对游人开放的皇居外苑和东御苑清静幽雅，站在二重桥上，仿佛瞬间离开了繁华喧嚣的现代都市，来到宁静秀美的庭园之中。此外，在东御苑内还栽植有数百株樱花树，每年春季樱花盛开时，皇居的东御苑都是人流熙攘，热闹非凡，是东京一处人气颇高的赏樱胜地。

TIPS

- 东京都千代田区
- 地铁丸之内线东京站丸之内南口出站，向西步行5分钟
- 外苑03-3213-0095，东御苑03-3213-1111
- ★★★★★

畅游日本·东京千代田区

09 千鸟渊
最震撼的樱花美景

TIPS
东京都千代田区九段南2-3番地　地铁新宿线半藏门站出站，向东北步行5分钟　03-3264-2111　乘船每30分钟　￥800　★★★★★

　　毗邻皇居不远处的千鸟渊风景秀美，每年3月底至4月初樱花盛开时，游人都可以在这里欣赏到优美迷人的落英美景。在千鸟渊赏樱不同于一般席地而坐的赏樱，而是可以选择乘坐小船在水面上顺流而下，沿途欣赏四周盛开的樱花和随风飘落的缤纷落英，被誉为东京最震撼的赏樱名所。

10 武道馆
日本演唱会的圣地

TIPS
东京都千代田区北之丸公园2-3　新宿线九段下站2号出口出站向西步行2分钟，地铁东西线和半藏门线、都营新宿线的九段下站步行5分钟即可到达　03-3216-5100　★★★★★

　　位于北之丸公园内的日本武道馆最初是为1964年东京奥运会柔道比赛而建，是一幢充满流动美感的建筑，其中大屋顶上的"拟宝珠"更是引人注目，已经成为武道馆的标志之一。武道馆建筑规模极大，共分为地上3层、地下2层，总共可容纳14000名观众。在这里经常举办各种公演和流行艺人的音乐会，是日本音乐界的一处演出胜地。

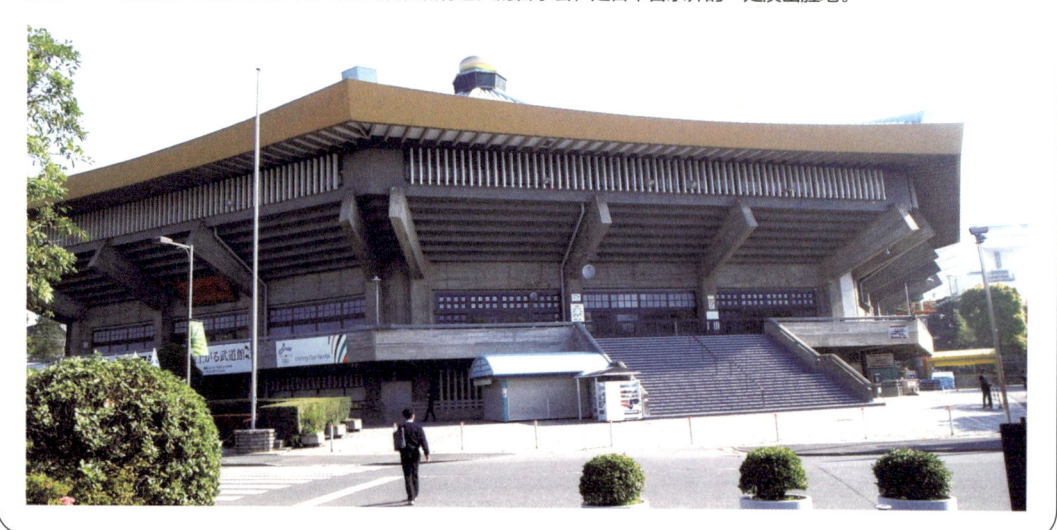

11 AKB48剧场
日本当红的偶像艺人团体

几年前从秋叶原起步发展、一路走红的AKB48是一个全部由青春靓丽的超级美少女组成的偶像团体，凭借甜美的嗓音和清纯靓丽的形象在日本大红大紫，甚至在NHK电视台相当于中国"春晚"的年终红白歌会演出，其知名度可见一斑。作为AKB48的发源地，在秋叶原的AKB48剧场堪称其追星族所向往的朝圣地，除了可以欣赏AKB48的定期演出外，还可以在这里购买CD和DVD等纪念品。

TIPS
东京都千代田区神田4-3-3 ドンキホーテ秋叶原8层　地铁JR总武线秋叶原站下车出电器街口，向北步行5分钟　03-5298-8648　3000日元　★★★★★

12 ASOBIT CITY
大型游戏动漫卖场

ASOBIT CITY位于秋叶原中央大街，是一家超大型动漫与电玩主题的连锁卖场。共有5层的ASOBIT CITY内摆有琳琅满目的CD、DVD以及游戏机、玩具、食玩、手办等大量游戏动漫相关的商品，深受"御宅族"的欢迎。

TIPS
东京都千代田区神田1-13-2　地铁JR总武线秋叶原站下车出电器街口，向西步行2分钟　03-3251-3100
★★★★

13 Sofmap
游戏软件大本营 买

以经营3C电脑、电器以及动漫相关商品为主的Sofmap在秋叶原拥有多家分店。位于中央大街的Sofmap则主要以深受"御宅族"喜爱的娱乐性很强的动漫游戏周边商品为主，除了各种最新款的电子游戏软件外，Sofmap内还提供中古产品的买卖，堪称是游戏爱好者的淘宝胜地。

TIPS
🏠 东京都千代田区外神田4-1-1　🚇 地铁JR总武线秋叶原站下车出电器街口，向西北步行3分钟　☎ 03-3253-1111
⭐ ★★★★

14 laOX
3C电器连锁总店 买

拥有从地下1层到地上7层的laOX是一家专门经营3C电器的卖场，地处秋叶原，这家laOX的总店也提供各种动漫相关商品。由于laOX对外国游客提供免税服务，因而受到了众多专程来到秋叶原的外国游客的欢迎，看到结账柜台前排着的众多外国"御宅族"，不仅令人感慨动漫游戏的强大影响力。

TIPS
🏠 东京都千代田区外神田1-2-9　🚇 地铁JR总武线秋叶原站下车出电器街口，向西步行3分钟过中央大街后第一个路口右转步行1分钟　☎ 03-3252-7111　⭐ ★★★★

15 COMIC TORNOANA 买
女性动漫专区

"御宅族"的群体也分男女,而COMIC TORNOANA正是一家以女性读者为主的书店,该店以漫画和同人志为招牌。除了一般流行音乐的CD和DVD等商品外,COMIC TORNOANA真正吸引追捧者的是这里拥有大量女性读者喜欢的漫画和同人志,其中不乏大量青少年喜欢的同人志。选好自己喜欢的漫画和同人志去往2层的咖啡厅边喝咖啡边看,是一种颇为惬意的休闲方式。

TIPS
东京都千代田区外神田4-3-1　地铁日比谷线秋叶原站下车出2号出口,步行15分钟　03-3526-5551　★★★★

16 GAMERS 买
新兴的秋叶原动漫专区总店

GAMERS在全日本各地拥有超过20家分店,而位于秋叶原的这家GAMERS则是其中的总店。共有8层的秋叶原GAMERS拥有各种最新上市的游戏软件、最新出版的漫画、女性漫画、同人志、动画DVD,以及大量模型、食玩等动漫周边商品,并且还经常举办各种动漫相关的主题活动,堪称是秋叶原"御宅族"的一个聚集点。

TIPS
东京都千代田区外神田1-14-7　地铁JR总武线秋叶原站下车出电器街口,向西步行1分钟　03-5298-8720　★★★★★

17 海洋堂 买
动漫模型的圣殿

位于RADIO会馆4层的海洋堂开业于1984年,虽然面积不大,但门口的高大模型却颇为引人注目。作为知名的玩具制造商海洋堂在日本开设的唯一一家直营店铺,海洋堂经营的所有商品都是高品质的海洋堂自家生产出品的模型和手办,对于喜爱动漫模型和手办的"御宅族"来说,海洋堂堪称圣殿一般的存在,绝对不可错过来"膜拜朝圣"的机会。

TIPS
东京都千代田区1-15-16 RADIO会馆4层　地铁JR总武线秋叶原站下车出电器街口,向南步行1分钟　03-3253-1951　★★★★

畅游日本 · 东京千代田区

095

18 animate 买
秋叶原的"御宅族"圣地

animate总店位于池袋,而秋叶原的这家分店则汇集了漫画、同人志、PC GAME、漫画杂志以及大量动漫周边等商品,还可以买到animate封面的限量版漫画,堪称秋叶原的一大"御宅族"胜地。此外,在animate的入口处还有很多扭蛋机,吸引了众多过往行人的目光,是动漫爱好者来到秋叶原后不可错过的地方。

TIPS
东京都千代田区外神田4-3-2　地铁JR总武线秋叶原站下车出电器街口,向北步行5分钟　03-5209-3330
★★★★

19 RADIO会馆 买
动漫和模型大本营

位于秋叶原电器街出口的RADIO会馆虽然外观老旧,但一直是在秋叶原地区出没的宅男、电脑和模型爱好者最熟悉的地方。RADIO会馆黄色的招牌下,是一个汇集了经营电脑、音响、模型、手办、娃娃、同人志、漫画等众多店铺的会馆,宛如动漫模型大本营一般吸引了众多"御宅族"的光顾。

TIPS
东京都千代田区外神田1-15-16　地铁JR总武线秋叶原站下车出电器街口,向南步行1分钟　★★★★★

096

20 VOLKS秋叶原展示厅 买
人形玩偶的换装店

位于RADIO会馆6层的VOLKS秋叶原展示厅内有各种人偶模型的服装、食品、鞋帽等，毗邻的分店内还有各式各样的工具和小巧可爱的SD娃娃配件，除了给玩偶换装，在这里还可以买到DIY玩偶造型需要的各种商品，是喜欢人形玩偶的玩家不可错过的一家商店。

TIPS
- 东京都千代田区1-15-16 RADIO会馆6层
- 地铁JR总武线御茶之水站出站，向东步行1分钟过河即达
- 03-5295-8160
- ★★★★

21 @home café 吃
秋叶原特产的超"萌"女仆咖啡厅

女仆咖啡厅作为秋叶原的原产文化之一而深受"御宅族"的欢迎，甚至不乏外国游客慕名而来。位于秋叶原的这间@home café在"御宅族"之间颇为知名，店内布置成教室一般，坐在吧台位置的服务生都穿着女仆装，不仅对客人用亲切的声音称呼为"御主人"，还会在客人点的蛋包饭上用番茄酱画各种可爱图案和写上"御宅族"最喜欢的"萌"字，或是同客人玩各种女仆游戏和拍照。

TIPS
- 东京都千代田区外神田1-11-4
- 地铁JR总武线秋叶原站下车出电器街口，向西北步行3分钟
- 03-5294-7708
- ★★★★

22 集英社 赏
日本漫画的圣殿

集英社创立于1926年8月，最初曾经是毗邻的小学馆下属的娱乐杂志部门，在1949年正式改组成为独立的株式会社集英社，经过半个多世纪的发展，现今已经成为日本最大规模的出版发行公司。大多数中国人认识集英社是从其旗下主打的《少年JUMP》周刊上连载的众多漫画开始的，尤其中国80后一代在成长过程中更是接触了大量集英社的漫画。集英社甚至在欧美等地也有大批Fans，堪称一座日本漫画的圣殿。

TIPS
- 东京都千代田区神田神保町2-17-10
- 地铁新宿线神保町站A6出口出站，向南步行3分钟
- 03-3262-6751
- ★★★★

畅游日本：东京千代田区

097

JAPAN GUIDE

Japan

畅游日本 ⑤

东京新宿区

　　新宿区位于东京市区内中央偏西的地带，区内的新宿车站是东京市区西侧最重要的交通要冲之一，包括JR山手线、JR中央本线、JR总武线与私人铁路公司京王电铁、小田急电铁的总部都位于新宿车站，周围还有数条地下铁路线行经。以新宿车站为中心，以西的西新宿是东京政府新规划的行政与商业新都心，东京都的行政中心东京都厅舍就位于此处。相对于西新宿的现代化与整齐，新宿车站以东的东新宿地区，则是最热闹的传统商业街地区，其中，闻名海外的红灯区——歌舞伎町，就是位于东新宿区之内。

01 轻子坂
江户风情的坡道

逛

以缓缓斜坡而闻名的轻子坂是神保町地区一条保存完好、充满江户风情的古老街道。在江户时代，当时在神田川上搬运货物的人被称为轻子，轻子坂就是这些人常去的一条街道。现今漫步在轻子坂上，沿街的商铺依旧流露出古老的历史风韵，随手推开某间店铺的大门，就可以感受到这种纯正的江户风情。

TIPS
🏠 东京都新宿区神乐坂　🚇 地铁JR山手线、有乐町线饭田桥站B4出口出站 ★★★★

02 毗沙门天善国寺
神乐坂地区的信仰中心

赏

毗沙门天善国寺地处神乐坂地区，因寺中供奉着佛教中守护北方天界的毗沙门天王神像，故而得名毗沙门天善国寺。据说早在江户时代这里就有着大量信徒，是神乐坂地区的信仰中心。每个月的5日、15日、25日三天都是毗沙门天王的缘日，这三天内寺中会举办庙会活动，汇集了众多摊贩经营各种小吃和商品，堪称江户风情的路边摊发源地。

TIPS
🏠 东京都新宿区神乐坂5-36　🚇 地铁JR山手线、有乐町线饭田桥站B4出口出站步行3分钟　📞 03-3269-0841 ★★★★★

03 面屋武藏
全东京知名度最高的拉面店

吃

日本人爱吃拉面世界闻名，而地处新宿的面屋武藏则被誉为全东京知名度最高的人气拉面店，其美味程度可想而知。在面屋武藏，食客可以品尝到用石卷做的秋鱼干、罗臼昆布等数十种材料精制而成的汤头做出的拉面，作为闻名东京的招牌，其美味程度在东京拉面王的票选中多次独占鳌头，堪称东京拉面界的第一，是喜爱日式拉面的人到新宿后绝对不可错过的一家美味拉面店。

TIPS
🏠 东京都新宿区西新宿7-2-6 K1大楼1层　🚇 地铁丸之内线新宿西口站出D5出口，向北步行3分钟　📞 03-3363-4634 ★★★★★

04 神乐坂
现代都市内的幽雅净土 逛

TIPS
📍 东京都新宿区神乐坂　🚇 地铁JR山手线、有乐町线饭田桥站B3出口出站　★★★★★

毗邻轻子坂的神乐坂同样是一条江户风情浓郁的老街，在江户时代，神乐坂是风流雅士经常流连的花街。漫步在神乐坂的街道上，沿街的众多商铺之间不时可以看到保存完好的料亭和艺伎的身影，是东京为数不多依旧可以欣赏到传统艺伎表演的地方。

05 赤城神社
江户时代的石鸟居 赏

位于赤城元町的赤城神社从江户时代就以大门前的鸟居而闻名，现今则成为众多新人举行婚礼的首选地之一。在神社内有一条古老的石板道，道路左侧是江户时代修建，为前来参拜的信众提供休憩场所的一座茶亭，在茶亭附近还建有一处为新人举行婚礼用的赤城会馆。

TIPS
📍 东京都新宿区赤城元町1-10　🚇 地铁JR山手线、有乐町线饭田桥站B3出口出站步行10分钟，或东西线神乐坂站出1号出口步行1分钟　📞 03-3260-5071　★★★★

06 本多横丁
江户时代的繁华街道 逛

TIPS
📍 东京都新宿区神乐坂　🚇 地铁JR山手线、有乐町线饭田桥站B3、B4出口出站步行3分钟　★★★★★

在江户时代，本多横丁曾经是本多家的属地，在这条依旧保持江户时代石板路风情的街道两侧林立着大量古色古香的店铺商家，整条街道仿佛时间凝滞一般，洋溢着浓浓的古风，堪称神乐坂地区最有特色的一条古老街道。

畅游日本　东京新宿区

101

07 新宿中村屋
日本第一间咖喱店 吃

TIPS
东京都新宿区新宿3-26-13　地铁丸之内线新宿站出A6出口　03-3352-6161　★★★★

新宿中村屋开业于1901年，是日本历史上第一间咖喱店，迄今已有百余年历史。不同于一般的咖喱餐厅，新宿中村屋本店拥有6层营业面积，可以品尝到口味浓郁的印度咖喱牛肉饭和海鲜蔬菜咖喱饭等美味。此外，在新宿中村屋门口的外卖窗口，还可以买到中村屋品牌的咖喱面包，经常可以看到背包的游人也排在队中，品尝这源自昭和年代的独特口味。

08 东京都厅
东京都政府所在地 赏

TIPS
东京都新宿区新宿2-8-1　地铁大江户线都厅前站下车出A2、A3出口　03-3352-6161　★★★★★

地处新宿核心区的东京都厅由日本知名的建筑师丹下健三设计修建，共有48层，总高243.4米，由第一本厅舍、第二本厅舍和围绕都民广场而建的都议会议事堂共3栋建筑组成，曾是东京最高的大楼，同时也是东京都政府日常办公地所在。值得一提的是，东京都厅顶层的南北观望台免费开放给游客观光，乘电梯来到200多米高的观望台可360度全方位一览东京的城市风光，若天气晴朗还可远眺壮美的富士山。

09 新宿LOVE雕塑
日剧中经常出现的雕塑

在新宿有一个LOVE外形的街头雕塑，由于经常出现在各大日剧中而颇为知名。这个位于新宿住友大厦后门，毗邻东京都厅的红色街头雕塑约2人高，在四周林立的高楼大厦中非常醒目。2005年富士电视台播放的《电车男》中出现LOVE雕塑后更是使其在中国日剧迷中也拥有相当知名度，现今已经成为新宿的地标之一，经常可以看到有情侣慕名而来在雕塑前拍照合影。

TIPS
东京都新宿区西新宿2-6住友大厦后门　地铁大江户线都厅前站A6出口出站，向北步行1分钟　★★★★

10 平和祈念展示资料馆
祈祷和平的纪念馆

位于新宿住友大厦31层的平和祈念展示资料馆是一处以祈求世界和平为主题的纪念馆，在馆内展示有大量第二次世界大战时的照片、资料和文件，此外还有军队列车、战场上的通信电话、军服和募军令，以及大量战后各地的照片等文物和资料，将战争的残酷一幕幕展现给游客，参观后令人不禁感慨现今世界和平的来之不易。

TIPS
东京都新宿区西新宿2-6-1新宿住友大厦31层　地铁大江户线都厅前站A1出口出站，向北步行1分钟　03-5323-8709
★★★★

畅游日本·东京新宿区

103

11 歌舞伎町 娱
日本最有名的夜生活娱乐地

地处东京都新宿区的歌舞伎町是一处世界闻名的夜生活闹市，在这里不仅有酒吧、餐厅，还有KTV、电影院、咖啡厅、漫画茶室等众多娱乐设施，每当夜幕降临，这里都是灯火辉煌，闪烁的霓虹灯下交织出一个人声喧嚣的不夜城。除了慕名来到这里享受夜生活的人们，每天还有来自世界各地的旅行团专程来这里观光拍照，堪称东京一道别样亮丽的风景线。

TIPS
东京都新宿区歌舞伎町一丁目、二丁目　地铁丸之内线新宿三丁目站出B5出口步行1分钟　★★★★★

12 末广亭 娱
欣赏传统的日本艺术表演

开业于1964年的末广亭迄今已有半个世纪的历史，虽然地处繁华时尚的新宿中央，却是一处充满浓郁日式传统风情的表演剧场。半个世纪以来，有无数表演落语、漫才、魔术的知名艺人在这里登台演出，令人在这个现代都市中依旧可以领略到源自江户时代的传统艺术魅力。

TIPS
东京都新宿区新宿3-6-12　地铁新宿线新宿三丁目站C3出口出站，向北步行1分钟　03-3354-4591　￥2700
★★★★

13 中央公园 玩
现代大都市中的森林

毗邻东京都厅的中央公园位于新宿中心，园内栽植有数万株不同品种的绿树，在大片绿荫的掩映下散落着各种休闲游乐设施，是一处深受东京市民喜爱的休闲放松场所。此外，值得一提的是，中央公园内也栽植有大量樱花树，每年春季樱花盛开时，园内落英缤纷的壮美景色也吸引了众多游人来此赏花。

TIPS
东京都新宿区西新宿2-11-1　地铁大江户线都厅前站A5出口出站　03-3342-4509　★★★★★

14 思い出横丁
享受日本平民美食 吃

新宿站西口附近的思い出横丁是一条狭窄的小巷，巷内聚集了近百家经营传统日式料理的小店，不论上班族还是来自各地的游人一走出新宿站就可以就近来到思い出横丁品尝寿司、串烧、拉面和牛肉石锅拌饭等日本平民料理，堪称新宿地区最具特色、规模最大的特色美食街区。

TIPS
🏠 东京都新宿区西新宿　🚇 地铁大江户线新宿站西口出站　⭐★★★★

15 花园神社
城市高楼间的宁静花园 赏

TIPS
🏠 东京都新宿区新宿5-17-3　🚇 地铁新宿线新宿三丁目站E2出口出站，向西步行1分钟　📞 03-3209-5265　★★★★

花园神社地处现代繁华的新宿，在江户时代曾经是幕府将军德川家族的宅第。花园神社宛若新宿的一处避风港，静谧的氛围中是广阔的空间和宁静的气氛，每一个在现代都市繁忙生活节奏中疲惫不堪的人都将这里当成一处都市绿洲，令精神小憩片刻。此外，在每年11月的大酉祭期间，花园神社都会吸引大量信众专程来这里祭拜，人头攒动的场景也成为新宿一道别样的风景线。

16 新宿御苑
新宿的赏樱名所 赏

TIPS
🏠 东京都新宿区内藤町11　🚇 地铁新宿线新宿三丁目站下车出C5出口步行8分钟　📞 03-3350-1511　★★★★★

被誉为东京都中心绿洲的新宿御苑是东京都内知名的赏樱胜地，共栽植有75个品种共计1500余株樱花树，每年春季樱花盛开时吸引了众多游人来到这里赏樱。此外，前身曾是日本江户时代信州高远藩藩主内藤家宅第的新宿御苑，在明治维新后曾作为日本皇室的私家庭园，直到第二次世界大战后才对外开放成为国民公园，栽植有大量法国梧桐，与大面积的草坪和传统的日式庭园景观完美地融为一体。

畅游日本　东京新宿区

105

JAPAN GUIDE

Japan

畅游日本 ❻

东京台东区

中心车站上野站自古以来就是北关东、东北地方进入东京的玄关口，新干线也在此停靠。面积是东京23区中最小的一个。台东区在江户时代为元禄文化的重镇，明治时代建造的美术馆与博物馆，和东京艺术大学等成为艺术的发信地。经历关东大地震与二战后幸存的浅草桥批发街等地，保留了大正、昭和初期的市街风貌。因宽永寺、上野公园周边、谷中地区保留了江户风情，获选为古都保存财团的"优美日本历史风土百选"。

01 浅草寺
江户下町的千年古刹

赏

浅草寺历史悠久，据说建于推古天皇三十六年（628），迄今已有近1400年的历史，是东京都内历史最悠久的一座千年古刹。浅草寺本堂又被称为观音堂，历史上不断被战火焚毁，江户幕府的开创者德川家康重建浅草寺后，其逐渐在江户时期发展成为该地区最大的寺院，而浅草地区也因此成为江户时期江户城最繁华的地区。此外，每年元旦前后，浅草寺都会聚集各地前来朝拜的香客，各国游客也纷纷将浅草寺作为来东京必去的观光景点。

TIPS
东京都台东区浅草2-3-1　地铁银座线浅草站出1号出口步行2分钟，或浅草线浅草站下车出A4出口步行5分钟　03-3842-0181 ★★★★★

看点 01 | 雷门　浅草的风雷神门

建于942年的浅草寺大门又被称为风雷神门，简称雷门，最初是为祈求天下太平和五谷丰登而建。在雷门前最引人注目的是这里悬挂着一个重达130公斤的巨大纸灯笼，灯笼上写着"雷门"二字，左右两侧分别立有风神和雷神的立像，颇为醒目。游人穿过雷门，映入眼帘的就是一条长140多米的参拜神道，可一直前往供奉观音像的正殿。

看点 02 | 宝藏门　日本国宝玄关

与雷门相同，位于仲见世大街尾端的浅草寺宝藏门同样悬挂着一个巨大的红灯笼，灯笼上写有"小舟町"三个大字。被定为日本国宝的宝藏门在历史上经过三次大规模重建，现今呈现在游客面前的是昭和三十九年（1964）重建的，与雷门一同成为各地游客来到浅草不可错过的景点。

看点 03　五重塔
浅草的标志性建筑

浅草寺内的五重塔是除京都五重塔外日本第二高塔，迄今已有千余年的悠久历史，同时也是浅草地区最引人注目的标志性景点之一。五重塔的五层塔身分别象征最古老的地、火、风、水四大元素，而根据日本的传统理念，第五层是最高层，象征空，因而供奉有舍利子供人参拜。

看点 04　仲见世通り（大街）
到浅草后必逛的老街

浅草地区作为江户下町风情保存完好的街区而深受游客欢迎，而仲见世大街更是因其独特的浅草下町风情而闻名。仲见世大街沿街两侧鳞次栉比地排列着大量经营武士刀、和伞、木屐、江户时代玩具，以及制作人形烧、和菓子等江户美食的商铺，洋溢着独特的活力，堪称江户时代下町风情的活标本。

02　浅草观音温泉　玩
浅草的天然温泉

开业至今已有50余年的浅草观音温泉分为男汤和女汤两部分，虽然不像东京随处可以看到的现代豪华SPA那般时尚，却以其古朴风情和富含钠的纯天然温泉吸引了众多客人专程而来，在泡温泉的同时还可体验浅草独特的下町风情，堪称一次别具特色的温泉之旅。

TIPS
东京都台东区浅草2-7-26　地铁银座线浅草站2号出口出站向东步行3分钟　03-3844-4141　★★★★

03　驹形どぜう　吃
美味的传统泥鳅锅

驹形どぜう名字中的どぜう在日语中是泥鳅的意思，驹形どぜう是一家经营下町传统美味泥鳅锅的老字号餐厅，创立于1801年，自江户时代流传至今，已有200余年的历史，这里的泥鳅锅浓郁的香味在川端康成的小说中也曾经提到过。

TIPS
东京都台东区驹形1-7-12　地铁银座线浅草站出4号出口向南步行5分钟，或浅草线浅草站下车出A2出口步行2分钟　03-3842-4001　★★★★

畅游日本　东京台东区

04 传法院通り（大街） 逛
江户风情的街道

和仲见世大街垂直相交的传法院大街与仲见世大街的江户老街古风略有不同，这里的每家商铺都是统一装饰的，外墙和大门装饰着各种江户风情的图案，就连街道都是复古风情，仿佛来到江户时代的下町街巷中，别具一番风味。

TIPS

🏠 东京都台东区浅草一丁目　🚇 地铁银座线浅草站出1号出口向西步行3分钟　⭐⭐⭐⭐⭐

05 浅草松屋 买
浅草车站的百货店

浅草松屋是银座松屋位于浅草地区的分店，位于东武线浅草站和银座线车站相连的地方。虽然地处江户风情浓郁的老街，但浅草松屋与银座松屋百货一样，这里也可以买到众多日本知名品牌，商场7层的美食街还有众多美味餐厅，在逛街购物之余可以来到这里小憩片刻。

TIPS

🏠 东京都台东区浅草花川户1-4-1　🚇 地铁银座线浅草站内　📞 03-3482-1111　⭐⭐⭐

06 梅园 吃
老街的甜蜜滋味

开业于安政元年（1854）的梅园因创立之初位于浅草寺别院的梅园院中而得名，迄今已有160余年的历史。作为浅草名产之一，梅园甜品ぜんざい甜而不腻，是自江户时代流传至今的美味甜品，而这无数来浅草观光游览的人们记忆中的甜蜜滋味也一直未变，深受欢迎。

TIPS

🏠 东京都台东区浅草1-31-12　🚇 地铁银座线浅草站出1号出口步行5分钟　📞 03-3841-7580　⭐⭐⭐⭐

07 浅草演艺ホール 娱
保存至今的江户剧场

TIPS
🏠 东京都台东区浅草1-43-12　🚇 地铁银座线浅草站2号出口出站步行15分钟　📞 03-3841-6545　💴 ¥2500
⭐⭐⭐⭐⭐

　　从江户时代直至昭和时代，浅草地区一直非常繁华，在浅草的街上也兴建有大量剧场和表演场所，随着时代发展，浅草地区逐渐没落，只有浅草演艺ホール保存至今。游人在浅草演艺ホール内可以欣赏落语、漫才、模仿或魔术秀等表演，此外，这里还经常表演传自关西地区的日本相声或是放映电影，是浅草地区一处颇为知名的江户剧场。

08 浅草花やしき 玩
日本第一座游乐园

TIPS
🏠 东京都台东区浅草2-28-1　🚇 地铁银座线浅草站出6号出口步行10分钟　📞 03-3842-8780　💴 ¥900　⭐⭐⭐⭐⭐

　　开业于1853年的浅草花やしき毗邻浅草寺，作为日本最早开业的游乐园，这里已有160余年历史。旧时的浅草花やしき周围曾经非常繁华，各种游乐设施也吸引了众多游人光顾。随着时代发展，现今的浅草花やしき虽然不如各种现代化游乐设施齐备的大型主题游乐场受欢迎，但依旧以其特色吸引众多游人光顾。其中可以眺望整个浅草地区的Bee Tower更是被许多情侣作为约会地点，是浅草地区的标志性建筑之一。

09 大黑家 吃
历史悠久的美味天妇罗饭

TIPS
🏠 东京都台东区浅草1-38-10　🚇 地铁银座线浅草站出1号出口向西步行3分钟，或浅草线浅草站下车出A5出口步行5分钟
📞 03-3844-1111　⭐⭐⭐⭐

　　大黑家是浅草地区经营天妇罗的饭店中最有名的一家，创立于明治二十年（1887）的大黑家外观充满江户时代的古朴风韵，走进装饰古色古香的店内，可以品尝淋上独门秘制酱汁的招牌海老天丼，其香浓美味令人回味无穷。

畅游日本　东京台东区

111

10 上野公园
东京最大的公园 玩

作为日本最早的公园之一，上野公园全名上野恩赐公园，是东京都内面积最大的公园，拥有上野东照宫、上野动物园、东京国立博物馆、国立西洋美术馆、国立科学馆、东京都美术馆、上野之森美术馆、下町风俗博物馆等众多文化设施和古迹，其中高4米的西乡隆盛像更是公园的标志之一。此外，上野公园内栽植有上千棵樱花树，每年春季樱花盛开时，上野公园内都会聚集众多游人欣赏樱花，是东京都内知名的赏樱胜地。

TIPS
东京都台东区上野公园　地铁银座线、日比谷线上野站下车出7号出口步行4分钟　03-3828-5644　★★★★★

看点01 上野动物园
日本最著名的动物园

1882年开始对外开放的上野动物园是日本第一座动物园，迄今已有130余年历史，全日本第一头大象就是在上野动物园展出。现今园内饲养着近500种、2600多只动物，游人在上野动物园可以观赏到狮子、大象、斑马、大猩猩、苏门答腊虎、企鹅等来自世界各地的动物，其中最受游人喜爱的明星动物是来自中国的大熊猫。

TIPS
东京都台东区上野公园9-83　地铁JR山手线、银座线和日比谷线的上野站，京成线的京成上野站步行5分钟即可到达　03-3828-5171　￥600　★★★★★

看点02 平成馆
日本考古文物展馆

位于上野公园内的平成馆建于平成十一年（1999），最初是为纪念皇太子结婚而建的一处展馆。馆内共有两层，通过日本各地发掘出土的文物向游人展示了从绳文时代至今日本的历史文化，此外还经常举办各种临时主题展览，是一处可悠闲游览、了解日本历史文化的好去处。

TIPS
东京都台东区上野公园13-9　地铁京成本线京成上野站出站向北步行1分钟　03-5777-8600　￥600　★★★★

看点 03 上野东照宫 — 供奉德川家康的神社

上野东照宫建于1627年，是根据江户幕府开创者德川家康遗言而建，在1651年三代将军德川家光又大规模改建了东照宫，形成今天展示在游人面前的样子。上野东照宫入口处建有石造的明神鸟居，还有正殿、拜殿、唐门等建筑，在参拜道两侧还立有总计200个石灯笼和50个铜灯笼，颇为威严肃穆。此外，值得一提的是，上野东照宫内的牡丹苑还是东京唯一一处可以欣赏冬牡丹的园林，吸引众多爱美的游人在冬日专程来这里欣赏娇艳照人的牡丹。

TIPS
- 东京都台东区上野公园9-88
- 地铁JR山手线、银座线和日比谷线的上野站，京成线的京成上野站步行5分钟即可到达
- 03-3822-3455
- ￥200
- ★★★★

看点 04 国立西洋美术馆 — 欣赏西洋画的博物馆

上野公园内的国立西洋美术馆于1959年6月对公众开放，馆内以法国政府寄赠返还的法国美术收藏为基础，专门收藏展示西方的美术作品。在国立西洋美术馆内，游人可以欣赏到大量19世纪中叶到20世纪初期的法国近代绘画作品，以及中世纪末期和20世纪初欧洲各国的绘画和雕塑作品，充满浓郁的艺术氛围。

TIPS
- 东京都台东区上野公园7-7
- 地铁JR山手线上野站出站步行1分钟，或从京成线的京成上野站步行7分钟、银座线和日比谷线的上野站步行10分钟均可到达
- 03-5777-8600
- ￥420
- ★★★★

看点 05 不忍池 — 水鸟嬉戏的都市绿洲

TIPS
- 东京都台东区上野公园内
- 地铁JR山手线、银座线和日比谷线的上野站步行5分钟，或从京成线的京成上野站出站后步行3分钟均可到达
- 03-3828-5644
- ★★★★

上野公园内的不忍池是一处风景优美的天然水池，池水中生长着大片荷花，每到夏季都会被荷花与荷叶覆盖，景致颇为优美。此外在不忍池中还栖息着大量野鸭、鹈鹕等水鸟，在池水正中的弁天岛上建有供奉弁财天的弁天堂，夏季时这里还经常会举办各种音乐会，是一处充满十足休闲氛围的都市绿洲。

看点 06 上野之森美术馆 — 展示当代日本美术

于1972年对公众开放的上野之森美术馆以其简约时尚的玻璃外观为特色，其建筑风格充满时尚的现代美感，是一幢专门展示日本当代艺术的美术馆。上野之森美术馆自开馆以来，陆续举办了许多重要展览，现为日本美术协会的展示馆，是喜爱日本当代艺术的游人不可错过的一处展馆。

TIPS
- 东京都台东区上野公园1-2
- 地铁银座线、日比谷线上野站下车出7号出口向西步行4分钟
- 03-3833-4191
- ★★★★

畅游日本 东京台东区

看点 07 东京文化会馆
功能齐备的音乐殿堂

东京文化会馆于1961年开馆，最初是为纪念东京开都500周年而建，其建筑外观时尚简约，是一座功能齐备的音乐殿堂。游人在东京文化会馆可以欣赏各种古典音乐、歌剧、交响乐等西洋音乐，被誉为东京最富文化情调的场所。

TIPS
东京都台东区上野公园5-45　地铁银座线、日比谷线上野站下车出7号出口向西步行4分钟　03-3828-2111
★★★★

看点 08 东京国立博物馆
文艺气息浓郁的大美术馆

地处上野公园内的东京国立博物馆共分为主馆、东洋馆、平成馆、法隆寺宝物馆和表庆馆几部分，是日本历史最悠久的国立博物馆。在东京国立博物馆内展示有从绳文时代到江户和明治时代的大量绘画、佛像、雕刻、武士甲胄和刀剑，以及中国、朝鲜半岛、东南亚、印度、西亚、埃及等国家和地区的展品，是了解日本及多国历史文化的好去处。

TIPS
东京都台东区上野公园13-9　地铁银座线、日比谷线上野站下车出7号出口步行4分钟　03-5777-8600　￥600
★★★★★

看点 09 东京都美术馆
琳琅满目的艺术画展

TIPS
东京都台东区上野公园8-36　地铁银座线、日比谷线上野站下车出7号出口向西步行4分钟，进上野公园向北步行10分钟　03-3823-6821
★★★★

东京都美术馆于大正十五年（1926）建成开馆，近百年的时间内经常被各个不同美术团体作为公开展出的会场。现在呈现在游人面前的是1975年改建的美术馆，馆内展示有大量自明治时代以后的日本画与西洋画作，同时还设有美术专门图书馆和美术品专卖店供人参观购买。

看点 10 法隆寺宝物馆
参观日本皇室文物

上野公园内的法隆寺宝物馆于1964年对公众开放，1997年由建筑师谷口吉设计改建后重新开馆。馆内空间设计简约，展示有大量日本皇室文物，其中尤以明治初期日本古都奈良法隆寺捐献给日本皇室的大量奈良时期的文物最为珍贵，堪称无价之宝。

TIPS
东京都台东区上野公园13-9　地铁银座线、日比谷线上野站下车出7号出口向西步行4分钟，进上野公园向北步行10分钟　03-5777-8600　￥600
★★★★

11 旧岩崎邸庭园
三菱财团创始人的私家庭园 **赏**

TIPS
- 东京都台东区池之端1-3-45
- 地铁千代田线汤岛站下车出1号出口步行3分钟
- 03-3823-8340
- ￥500
- ★★★★

旧岩崎邸庭园建于1896年，是三菱集团创始人岩崎弥太郎的私家住宅。土佐藩出身的岩崎弥太郎在江户时代末期还是一文不名的下级武士，在短短数十年间积累巨大财富创立三菱财团成为日本首富。这处位于上野的旧岩崎邸庭园是一幢文艺复兴风格的洋馆，共有洋馆、和馆和撞球馆等建筑，以其精巧的平衡布局成为东京知名的私家庭园，令参观的游人印象深刻。

12 宽永寺
建于江户时代的大寺院 **赏**

TIPS
- 东京都台东区上野樱木1-14-11
- 地铁JR山手线、银座线和日比谷线的上野站，京成线的京成上野站步行10分钟，或从JR莺谷站步行5分钟均可到达
- 03-3821-4440
- ★★★★★

现今的上野公园、东京艺术大学美术系和音乐系所在的地方在江户时代几乎全是宽永寺的寺产。建于1625年的宽永寺在1886年的上野战争时被战乱摧毁，现存的弁天堂、清水观音堂、报时钟、旧本坊表门、五重塔、根本中堂、书院等建筑都是当时经过战火后保存至今的，是东京一处历史悠久的古迹。

13 谷中灵园
在灵园中欣赏樱花 **赏**

TIPS
- 东京都台东区谷中7-5-24
- 地铁千代田线千驮木站出站向东步行5分钟
- 03-3821-4456
- ★★★★★

因葬有江户幕府最后一位将军德川庆喜公爵而闻名的谷中灵园平日是一处气氛幽静的灵园。每年春暖花开，东京各处樱花盛开时，这里就会摇身一变成为游人赏樱的胜地，墓碑前铺开的席子上围坐着饮酒唱歌的游人，而四周不断飘落的樱花更是令人印象深刻，堪称日本独特的赏樱文化。

JAPAN GUIDE

Japan

畅游日本 ⑦

东京其他

除了前文介绍的景点,东京还有不少值得探访的去处。迄今已有300余年历史的根津神社,每到春季杜鹃花姹紫嫣红,竞相开放。享受足汤的大江户温泉物语,是一处江户时代风情的主题温泉乐园。亚洲规模最大的东京迪斯尼乐园,会给每个游人带来终生难忘的梦幻回忆。

01 小石川后乐园
江户时代的水乡庭园 玩

小石川后乐园建于江户初期的宽永六年（1629），庭园的名字出于北宋范仲淹在《岳阳楼记》中"先天下之忧而忧，后天下之乐而乐"的千古名句，其前身曾是德川将军家以泉池为主景营造的一处都内庭园。在小石川后乐园内，风景秀美雅致，清静典雅，是东京都内一处知名的水乡庭园。

TIPS
东京都文京区后乐1-6-6　中央本线水道桥站西口出站向北过马路　03-3811-3015　￥300
★★★★★

02 东京巨蛋
棒球迷的神圣殿堂 赏

东京巨蛋是日本职业棒球联盟读卖巨人队的主场，这座建于1988年的体育场可容纳56000名观众观看比赛，建成时曾经一度成为日本的热门话题之一，是全日本第一座蛋形室内棒球场，现今更是成为东京的地标性建筑。作为棒球爱好者的圣殿，东京巨蛋可以欣赏高水平的日本职棒比赛，在休赛期内还会举办如格斗赛、艺术家演唱会等不同种类的文体活动。

TIPS
东京都文京区后乐1-3-61　地铁丸之内线或南北线后乐园站出站步行2分钟　03-3811-3600　★★★★★

03 菊见鲜贝总本店
百年历史的仙贝店 吃

菊见鲜贝总本店创立于明治八年（1875），迄今已有百余年历史。在菊见鲜贝总本店内，除了可以品尝到日本传统口味的酱油仙贝，还有抹茶、唐辛子和砂糖等多种口味的仙贝。

TIPS
东京都文京区千驮木3-37-16　地铁千代田线千驮木站1号出口出站，向东步行2分钟　03-3821-1215　★★★★

04 新井药师梅照院 赏
祈祷眼睛健康的寺庙

TIPS
东京都中野区新井5-3-5　地铁东西线、中央本线中野站北口出站向北步行10分钟在新井一丁目右转　03-3386-1355　★★★★★

位于中野的新井药师梅照院是一座充满宁静清幽氛围的古老神社，在这座神社中供奉着可以保佑信徒双眼健康的神明，因而经常可以看到附近居民和慕名而来的信众参拜后在院中寻求涌出来的供神用水的身影。此外，值得一提的是，由于神社供奉的神明可以保佑人的双眼，因而新井药师梅照院的绘马祈愿牌上也画着两个代表眼睛的"め"，颇具特色。

05 根津神社 赏
壮丽的杜鹃花海

修建于1706年的根津神社由江户幕府第五代将军德川纲吉修建，神社共有本殿、币殿、拜殿、唐门、透塀、楼门等建筑，迄今已有300余年历史。每年春季，根津神社内栽植的数百株杜鹃花也会竞相开放，姹紫嫣红。以杜鹃花为主的花祭颇为知名。

TIPS
东京都文京区根津1-28-9　地铁千代田线根津站、千驮木站，南北线东大前站出站即可到达　03-3822-0753　★★★★★

06 SUN MALL 逛
历史悠久的商店街

已有70余年历史的SUN MALL是中野地区的一条老字号商店街，在这条200余米的街道上铺着的依旧是磨石地面，沿街两侧汇集着上百家商户。充满活力的老街每天都让人印象深刻，充满温馨感觉，丝毫让人感觉不到这里已经有了70余年的漫长时光。

TIPS
东京都中野区中野5-65-12　地铁东西线、中央本线中野站北口出站向北步行1分钟　03-5345-5767　★★★★★

畅游日本 东京其他

119

07 SUN PLAZA 逛
中野车站的地标性建筑

位于中野北口的SUN PLAZA是一幢外观醒目的白色建筑，在其内部有饭店、保龄球场、婚礼会场和图书馆等不同设施。其中位于22层的观景餐厅更是可以让人在品尝美味料理的同时欣赏中野和毗邻的新宿街区美景，现今已经成为中野车站附近的地标性建筑，SUN PLAZA大门前的广场也成为很多人约会见面的首选地。

TIPS
🏠 东京都中野区中野4-1-1　🚇 地铁东西线、中央本线中野站北口出站，向北步行2分钟　☎ 03-3388-1151　★★★★★

08 青叶 吃
JR中央线最有人气的拉面店

每天早上一开门就会排起长长大队的青叶拉面店被誉为JR中央线上最受欢迎的人气拉面店。青叶拉面的汤底是用鲭鱼、鲣鱼、猪骨、鸡等多种材料制成，食客可以选择品尝中华拉面、渍物拉面、特制中华拉面和特制渍物拉面四种口味，其浓郁的香气令人回味无穷。此外，值得一提的是，青叶的拉面每天开门后不到傍晚就会售罄，要想品尝这里的美味还需要提早赶来排队。

TIPS
🏠 东京都中野区中野5-58-1　🚇 地铁东西线、中央本线中野站北口出站，向北步行2分钟在第三个路口右转　☎ 03-3388-5552　★★★★★

09 两国国技馆 赏
欣赏最高水平的日本相扑比赛

两国国技馆建成于1909年，迄今已有百余年时间，其间经历众多战乱和搬迁，现今呈现在游人面前的是建于1984年的建筑。作为举办日本国技——大相扑的场馆，可容纳11500人的两国国技馆周边有很多相扑部屋，游人还可以前往什锦火锅店品尝相扑力士日常的代表食物——什锦火锅。此外，在两国国技馆1层还附设相扑博物馆，除了欣赏相扑比赛外，还可以在这里参观各种展品，了解相扑运动的历史。

TIPS
🏠 东京都墨田区横网1-3-28　🚇 JR总武线两国站出西口步行2分钟，或地铁大江户线两国站A3出口步行5分钟　☎ 03-3623-5111　￥9200　★★★★★

10 隅田川
东京代表性的河流

全长23.5公里的隅田川由石神井川、神田川等支流汇合形成。隅田川两岸风景秀美，游人可以乘坐这里独特的屋型船欣赏沿岸风景和横跨隅田川的各式桥梁，在樱花盛开的季节，还可以亲身体验江户时代被视为风雅之事的乘屋型船赏花、赏月、垂钓虾虎鱼等，从另一个独特的视角欣赏东京的美丽景色。

TIPS
地铁JR总武线两国站出西口向西步行1分钟　0120-977-311　屋型船约10000日元　★★★★★

11 池袋西口公园
日剧最佳外景地

池袋西口公园毗邻东京艺术剧场，公园内有象征和平的雕塑作品。池袋西口公园拥有大型喷泉，每到夜晚都会聚集众多年轻人，喷泉闪烁着绚丽璀璨的七色光彩，成为众多日剧拍摄外景的首选地，其中直接以公园名命名的《池袋西口公园》就是代表之一，即使在遥远的中国也有相当多的影迷。

TIPS
东京都丰岛区西池袋1-28-6　地铁丸之内线、有乐町线、JR山手线池袋站出南口，向西步行1分钟　03-5928-0789　★★★★★

12 阳光城
池袋的标志性建筑 逛

TIPS
东京都丰岛区东池袋3-1-1　地铁丸之内线池袋站出3、5号出口，步行3分钟　03-3989-3331　★★★★★

　　高240米的阳光城建于1978年，共有60层，拥有水族馆、天文馆、NAMJA TOWN的World Import Mart大厦、内有300家店铺商店饮食街的Alpa购物中心、文化会馆和王子饭店等设施，是池袋地区的地标性建筑。游人在阳光城60层的展望台可以一览秩父山脉、房总半岛以及东京都心的城市风光，夜幕降临后更可以一览灯光交织的璀璨夜景，因而深受年轻情侣的欢迎。而直接沐浴在阳光和风中的开放式屋顶SKY Deck更是令情侣间的浪漫更上一层楼。

13 江户东京博物馆 赏
下町风情博物馆

　　江户东京博物馆毗邻两国国技馆，其建筑外观独特，馆内分为江户展区、东京展区和第二企划展示室，以保护逐渐消失的江户历史遗迹和展示未来东京图景，通过浮世绘、绘卷、和服、古地图以及大型模型等展品令游人可以亲身感受江户和东京都的历史文化。

TIPS
东京都墨田区横网1-4-1　地铁JR总武线两国站出西口步行5分钟，或地铁大江户线两国站A4出口步行2分钟　03-3623-5111　￥600　★★★★★

14 平和祈念展示资料馆 赏
祈祷和平的纪念馆

　　位于新宿住友大厦31层的平和祈念展示资料馆是一处以祈求世界和平为主题的纪念馆，在馆内展示有大量第二次世界大战时的照片、资料和文件，此外还有军队列车、战场上的通信电话、军服和募军令，以及大量战后各地的照片等文物和资料，将战争的残酷一幕幕展现给游客，参观后令人不禁感慨现今世界和平的来之不易。

TIPS
东京都新宿区西新宿2-6-1新宿住友大厦31层　地铁大江户线都厅前站A1出口出站，向北步行1分钟　03-5323-8709　★★★★

15 东京艺术剧场
东京艺术胜地

娱

TIPS
- 东京都丰岛区西池袋1-8-1
- 地铁丸之内线池袋站出A2、B2出口步行1分钟
- 03-5391-2111
- ★★★★

毗邻池袋西口公园的东京艺术剧场在展馆外摆放有众多大型雕塑，挑高5层的大厅令空间宽敞明亮，而剧场的建筑本身则是充满十足现代感的玻璃外墙。剧场内共有4个不同规模的表演厅，其中可同时容纳2000人的表演大厅经常上演舞台剧和音乐剧，是东京文化艺术圣地。

16 少女之路
女"御宅族"的天堂

逛

秋叶原虽然是"御宅族"的胜地，但光顾那里的"御宅族"大多是男性，而女性"御宅族"的天堂则是位于池袋的少女之路，有"腐女天堂"之称。少女之路早在20世纪80年代就汇集了大量经营动漫相关产品的店铺，在30多年时间里逐渐发展成为以女性"御宅族"为主要顾客的动漫一条街。此外，值得一提的是，相对于秋叶原发源的女仆咖啡厅，少女之路则拥有以执事抹茶为主的个性咖啡馆。

TIPS
- 东京都丰岛区东池袋阳光城西侧道路
- 地铁丸之内线池袋站出3、5号出口步行3分钟
- ★★★★★

畅游日本 东京其他

17 熊野神社 赏
自由之丘地区的信仰中心

熊野神社隐匿在住宅区之间，经常可以看到信众在这里祈福成年礼、生产、婚姻或是祈求考试平安通过的身影，尤其是这里特有的保佑旅途平安的青蛙御守，颇受旅行者的欢迎。每逢重要祭典和节日，熊野神社内都会吸引大量信众和观光客，场面非常热闹。

TIPS
东京都目黑区自由之丘1-24-12　地铁东急东横线自由之丘站出站，向北步行10分钟　03-3717-7720　★★★★★

18 自由之丘甜品森林 吃
幸福的甜蜜滋味

自由之丘甜品森林开业于2003年，分为甜品森林和甜品精品区两部分，是日本第一座以甜品为主题的美食乐园。自由之丘甜品森林最受年轻人喜爱的是宛如童话世界一般的粉红色甜品森林，置身其中仿佛周围的空气中都弥漫着淡淡的甜味，甜蜜幸福的滋味和琳琅满目的美味甜品令人印象深刻，是喜爱甜食的人们绝不能错过的一处美味甜食王国。

TIPS
东京都目黑区自由之丘2-25-7　地铁东急东横线自由之丘站出站，步行3分钟　03-5731-6600　★★★★★

19 目黑川
樱花飘落的河畔街道 赏

长近8000米的目黑川河畔的并木大街栽植着大片樱花树，在每年春季樱花盛开时，漫步在这条街道上都可欣赏随风飘落的漫天樱花花瓣，体验落英缤纷的美丽景色。此外，在目黑川沿岸的街道上还鳞次栉比地排列着大量经营各种商品的店铺，是休闲逛街的绝佳去处。

TIPS
东京都目黑区　地铁东急东横线出站，向东北步行2分钟　★★★★★

畅游日本：东京其他

20 电车之家
充满休闲风情 逛

TIPS
东京都世田谷区奥泽5-42-3　地铁东急东横线自由之丘站出站，向西南步行3分钟　03-3477-0109　★★★★

毗邻自由之丘电车站的电车之家，其前身是电车车库，由东急投资，在2006年秋天开幕并取名为电车之家，是一个汇集了10余家充满时尚个性的商店和餐厅的地方。假日时吸引大量年轻人和观光客在这里逛街购物，或是就餐小憩，是一处充满休闲风情的逛街场所。

21 东京都写真美术馆 赏
欣赏时尚前卫的摄影作品

共有4层楼的东京都写真美术馆外观充满时尚现代要素，在美术馆内展示了大量日本艺术家的摄影作品，此外还有许多世界各地摄影家的优秀作品展示，充满时尚前卫的个人风格。除了欣赏不同的摄影作品外，在东京都写真美术馆内还附设商店，可以购买各种艺术专业书籍和摄影集，以及一些20世纪五六十年代出版的珍贵写真集和二手书籍，是摄影爱好者不可错过的一处展馆。

TIPS
东京都目黑区1-13-3　地铁JR山手线惠比寿站或地铁日比谷线惠比寿站前站1号出口出站，向南步行5分钟　03-3280-0099　★★★★

22 西乡山公园 玩
代官山最受欢迎的休闲去处

拥有广阔草坪的西乡山公园位于旧山手街附近，由于代官山地区经常有外国游客观光或居住，因而在假日的时候，这里经常可以看到金发碧眼的外国游客端着咖啡或坐或躺在大片绿茵上享受午后的休闲时光。而其在日剧中多次出现更是使得中国的众多哈日族对其耳熟能详，是代官山地区最佳的假日休闲去处。

TIPS
东京都目黑区青叶台2-10-28　地铁东急东横线代官山站出站，向西北步行5分钟　03-5721-7287　★★★

23 东京レジャーランド 娱
24小时的室内游乐中心

东京レジャーランド位于调色板城内,共分2层,是一处24小时营业不打烊的大型室内游乐中心。在东京レジャーランド内除了一般游乐中心常见的抓娃娃机、赛车等大型游戏机外,还有诸如室内棒球打击场、乒乓球台、台球桌、保龄球馆以及钓鱼场等休闲设施,是一处深受年轻人喜爱的游乐中心。

TIPS
东京都江东区青海1 调色板城　地铁新交通临海线百合鸥号青海站下车即可　03-3570-5656　★★★★★

---

24 调色板城 逛
台场的地标性建筑

台场调色板城由Venus Fort、Sun Walk、Mega Web、Zepp Tokyo以及各种户外游乐设施组成,是一处集休闲、购物、娱乐于一体的大型综合娱乐中心,拥有各种独具特色的娱乐设施。作为台场的地标性建筑之一,拥有众多娱乐设施的调色板城以其众多娱乐设施吸引了很多年轻人在假日选择来这里约会。

TIPS
东京都江东区青海1　地铁百合鸥线青海站出站后,从临海线东京电信站步行5分钟即可到达　03-3529-1827　★★★★★

畅游日本:东京其他

25 History Garage
复古风格的汽车大街 赏

在Mega Web的1层有一处爱车人不可错过的History Garage，在History Garage内共分为6个不同区域，其中最引人注目的是一条布置成20世纪50年代到70年代风格的街道，其上摆放着来自世界各地的古董汽车，不论流线型的F1赛车还是日本昭和时代所独有的三轮汽车都可以在这里看到，堪称一条复古风浓郁的汽车大街。

TIPS

东京都江东区青海1调色板城　地铁百合鸥线青海站出站后，从临海线东京电信站步行5分钟即可到达　03-3599-0808 ★★★★

26 大摩天轮
闪耀东京的摩天轮 玩

位于调色板城的大摩天轮是台场的标志之一，作为日本最大的摩天轮，大摩天轮高380米，旋转1周需要16分钟，即使在东京市心都可以清楚看到大摩天轮的高大身姿。游人乘坐大摩天轮可以远眺富士山和东京塔，以及东京的城市风光，而夜幕降临后乘坐摩天轮时，伴随着周围超过13000个霓虹灯管和闪烁不断的彩灯装饰，营造出宛如梦幻世界般的璀璨光影，令人印象深刻。

TIPS

东京都江东区青海1调色板城　地铁百合鸥线青海站出站后，从临海线东京电信站步行5分钟即可到达　03-5500-2655　900日元 ★★★★★

27 维纳斯城堡
欧洲风情浓郁的购物城堡 逛

维纳斯城堡位于调色板城内，是一处不论喷泉广场、雕像、教堂广场还是沿街的商铺都以18世纪的欧洲城市街道为原型布置的购物城，主干道和五个广场上的天幕也是不断变幻，蓝天、白云、晚霞、夜空不断在游人头顶演绎变化，充满梦幻色彩。在维纳斯城堡内拥有超过160间店铺，可以购买宝石、服装、饰品、化妆品等众多女性顾客喜爱的商品。

TIPS

东京都江东区青海1 调色板城　地铁百合鸥线青海站出站后，从临海线东京电信站步行5分钟即可到达　03-3599-0700 ★★★★

28 大江户温泉物语
江户主题的温泉乐园 玩

　　为纪念江户幕府开府400周年，于2003年开业的大江户温泉物语是一处江户时代风情的主题温泉乐园。除了大面积的室内温泉、微风吹拂的露天温泉，以及一处可享受足汤的日本庭园外，大江户温泉物语内还忠实再现了江户风情的温泉街，在这里可以享受从地下1400米深处喷涌出来的天然温泉，或是在泡完温泉后换上日式浴衣，参加吹箭、套圈等在江户颇受欢迎的游艺活动。

TIPS
东京都江东区青海2-57　地铁百合鸥线电信中心站步行约2分钟即可到达　03-5500-1126　2827日元　★★★★

29 日本科学未来馆
科学新知展览馆 赏

　　日本科学未来馆由日本宇航员毛利卫担任馆长，展馆以地球环境、生命科学与人类、资讯科技与社会以及技术发展与未来为主题，在馆内高高悬挂着一处可以显示地球各地大气气象和地表温度的地球显示仪，游人通过各种展览和互动操作后，可以亲身体验各种全新的科学技术。

TIPS
东京都江东区青海2-41　地铁新交通临海线百合鸥号电讯中心站下车步行5分钟　03-3570-9151　￥500　★★★★

畅游日本 东京其他

129

30 TOKYO Big Sight
日本规模最大、设备最先进的综合会展中心

　　TOKYO Big Sight位于东京有明地区，由会议楼和东、西两侧展示楼组成，其高层的倒三角形设计颇为醒目，而馆内动态十足的无顶明柱建筑、玻璃屋顶与各处展示的Saw Sawing、Cloud's Objet等艺术作品无不充满时尚创意，还拥有可同时容纳1000人的国际会议大厅，是日本规模最大、设备最先进的综合会展中心。

TIPS
🏠 东京都江东区有明3-21-1　🚇 地铁百合鸥线国际展示场正门站步行3分钟，或从临海线国际展示场站步行10分钟即可到达
☎ 03-5530-1111　★★★★

31 水科学馆
"未来水世界"

　　东京都水道局开设的水科学馆是一幢外观简洁明快的白色建筑，其水波一般的造型非常醒目，在水科学馆内有大量与城市供水相关的实验和游戏，展馆内3层的立体影院内还通过高科技的立体电影和音乐为游人营造了水世界的奇妙景象。此外，在参观水科学馆之余，游人还可以参观东京供水中枢的有明供水所。

TIPS
🏠 东京都江东区有明2-4-1　🚇 地铁百合鸥线国际展示场站、临海线国际展示场站下车步行10分钟即可到达　☎ 03-3528-2366
★★★★

32 井之头恩赐公园 玩
曾经的皇家园林

TIPS
- 武藏野市御殿山1-18-31
- 地铁JR中央线或京王井之头线吉祥寺站出站步行10分钟
- 0422-47-6900
- ★★★★★

井之头恩赐公园的前身曾经是日本皇家园林，以湖水为中心的公园内建有自然文化园、水生物馆、资料馆以及雕刻馆等大量文化氛围浓郁的展馆，是一处踏青郊游的绝佳去处。作为东京近郊一处知名的赏樱胜地，每年春季樱花盛开的时候，井之头恩赐公园都会聚集大量赏樱的游人，此外这里还是众多日剧拍摄外景的首选地，因而也成为很多日剧迷颇为熟悉的公园。

33 驮菓子问屋横丁 吃
怀旧风情的昭和时代零食街

驮菓子问屋横丁毗邻JR日暮里站，在昭和时代，这条不长的街巷曾经因为聚集了上百家糖果店而闻名东京。现今问屋横丁虽然早已不复当年盛况，但仍有大量游人慕名来到这里，或是追寻旧日自己的足迹。沿街的糖果店中依旧如同几十年前一般摆满琳琅满目的各色糖果，吸引着每一个踏入店门的游人。

TIPS
- 东京都荒川区西日暮里
- JR日暮里站出站向北
- ★★★★

34 ハーモニカ横丁 逛
吉祥寺风情商店街

只有1米宽的ハーモニカ横丁位于平和街上。这条狭窄的小巷充满当地独有的特色风情，沿街两侧和四周众多纵横交错的巷道内都林立着大量商铺小店，经营各种杂货饰物的小店颇有特色，还有各种鲜鱼和蔬果，以及美味的街边小吃店，是一条逛上一天也不会感到厌烦的繁华商店街。

TIPS
- 武藏野市吉祥寺本町1-1
- 地铁JR中央线或京王井之头线吉祥寺站出站步行2分钟
- ★★★★★

畅游日本·东京其他

35 三鹰之森吉卜力美术馆
宫崎骏迷的朝圣地 赏

宫崎骏制作的动画不论在日本国内还是世界各地都有大批影迷。这间位于吉祥寺与三鹰市之间的三鹰之森吉卜力美术馆是一座收集有大量宫崎骏的动画珍藏和经典作品的手稿，还可以欣赏动画短片，重温经典场景的展馆。馆内展示的《天空之城》中的巨人像和龙猫巴士都会令无数前来朝圣的宫崎骏迷感动，是宫崎骏迷不可错过的绝佳景点。

TIPS
东京都三鹰市下连雀1-1-83　地铁JR中央线三鹰站出站步行5分钟　0570-055-777　￥1000　★★★★★

36 东京迪斯尼乐园
亚洲最大的迪斯尼乐园 玩

与一般人所想的不同，东京迪斯尼乐园虽然名中带有"东京"二字，却地处千叶县舞滨。园内分为世界市集、探险乐园、西部乐园、动物天地、梦幻乐园、明日乐园和卡通城七大整体区域，是亚洲规模最大的迪斯尼乐园。在东京迪斯尼乐园内，游人可以与白雪公主、米老鼠、唐老鸭等迪斯尼的经典角色一同畅游，身边不时出现装饰华丽的花车和迪斯尼动画中出场的著名角色，宛如梦幻世界一般。夜幕降临后，迪斯尼乐园还会举办各种主题的盛装花车游行和烟火表演，光影交织下璀璨绚丽的夜空会带给每个游人终生难忘的梦幻回忆。此外，靠近迪斯尼乐园的迪斯尼大使饭店亦是游客绝好的住宿选择。

TIPS
千叶县浦安市舞滨1-1　地铁JR京叶线舞滨站下车或地铁东西线浦安站下车，换乘巴士约25分钟即可到达　0479-310-0733　￥5800　★★★★★

37 东京迪斯尼海洋
大海传奇的冒险世界 玩

TIPS

📍千叶县浦安市舞滨1-1　🚇地铁JR京叶线舞滨站下车或地铁东西线浦安站下车，换乘巴士约25分钟即可到达　☎0479-310-0733　💰¥5800　⭐⭐⭐⭐⭐

东京迪斯尼海洋毗邻迪斯尼乐园，是迪斯尼在全世界开办的第一个海洋主题的大型游乐场，由地中海港湾、神秘岛、美国海滨、发现港、失落河三角洲、美人鱼礁湖和阿拉伯海岸七个主题区域组成，游人可以搭乘蒸汽船游览不同区域，是一处集浪漫、温馨、神秘、科幻于一体的"梦幻之海"，充满无穷魅力。

38 船科学馆
热爱航海的游人不可错过的展馆 赏

1974年开馆的船科学馆是台场地区最早的建筑之一，其外观形似在日本颇有人气的豪华客轮"伊丽莎白女王二世"号，在船身的烟囱和桅杆部位还设置了展望台，可眺望整个东京湾的美丽海景。这座以海洋和船舶文化为主题的展馆除了各种与远洋航海相关的展品和资料外，尤为引人注目的是展馆外海面上停泊的日本南极科考船"宗谷"号以及在北海道和青森之间行驶的羊蹄丸联络船。

TIPS

📍东京都品川区东八潮3-1　🚇地铁百合鸥线船科学馆站下车即可，或从临海线东京电信站步行10分钟即可到达　☎03-5500-1111　💰¥700　⭐⭐⭐⭐

畅游日本 · 东京其他

133

JAPAN GUIDE

Japan

畅游日本 ❽

神奈川

神奈川县县治所在的横滨市是日本第一大海港城市，同时也是亚洲重要的海港之一。作为江户时代末期日本最早开放的港口，横滨市内林立着众多百余年历史的西洋风格建筑，此外还有日本三大中华街之一的横滨中华街等繁华热闹的景点。

01 横滨皇后广场
港区未来的标志

TIPS

🏠 神奈川县横滨市西区港未来2-3　🚇 铁路港未来线港未来站出站后可直达，或从JR横滨市营地铁樱木町站出站后步行8分钟即可到达　☎ 045-222-5015　★★★★

横滨皇后广场毗邻横滨地标塔大楼，是一处与港区未来线相连，汇集了时装店、饰品店、购物中心、各式美食餐厅、音乐厅、豪华饭店和写字楼的大型综合商业区。在横滨皇后广场内，各种国际知名的时尚名品纷纷入驻，逛街购物之余，还可以在餐厅和咖啡厅休憩，颇受年轻人喜爱。

02 横滨红砖仓库
红砖建筑改建的怀旧百货广场

横滨红砖仓库的前身是横滨港边的旧仓库，这些洋溢着浓郁欧陆风情的红砖建筑现今被改建成为年轻情侣喜爱的购物广场，分为1号馆和2号馆两部分。其中1号馆内有10余家横滨原创品牌的商铺入驻，并作为展览馆开放；2号馆则汇集了大量时尚现代的商品，并提供装饰典雅的咖啡厅，供人在购物之余小憩片刻，是一个洋溢着怀旧风情和时尚休闲韵味的逛街好去处。

TIPS

🏠 神奈川县横滨市中区新港1-1-1、1-1-2　🚇 地铁路港未来线日本大通站出站向北步行5分钟　☎ 045-211-1515　★★★★

03 ヨドバシカメラ 买
关东规模最大的电器量贩店

拥有时尚外观的横滨ヨドバシカメラ是关东地区规模最大的电器量贩店，不论大型电器还是电脑、相机、手表、手机等最新的IT产品，都可以在这里寻觅到，甚至被称为日本国民品牌的UNIQLO服装专卖店都入驻其中。

TIPS
🏠 神奈川县横滨市西区北幸1-2-7 🚇 地铁横滨线横滨站出西口，向西北步行1分钟 ☎ 045-313-1010 ★★★★

04 横滨地标塔大楼 赏
日本最高的大楼

横滨地标塔大楼高296米，是日本最高的大楼及第三高建筑，在大楼内的Landmark Tower Plaza内入驻了大量装饰典雅的时尚精品店和美味料理餐厅。在楼顶的Sky Garden可以一览横滨城市风光，天气晴朗时还可远眺东京都心和富士山。夜晚游人可选择住在地标塔大楼内装饰豪华的顶级饭店Royal Hotel，除了可以享受舒适的住宿环境，还可从窗口欣赏横滨夜晚的街景与灯光璀璨的海港。

TIPS
🏠 神奈川县横滨市西区みなとみらい2-2-1 🚇 铁路港未来线至港未来站，步行3分钟 ☎ 045-222-5030 ★★★★★

畅游日本·神奈川

05 横滨COSMO世界 玩
惊险刺激的游乐场

横滨COSMO世界位于横滨新港，拥有近30项大型游乐设施，是一处时刻洋溢着欢笑声的游乐场。其中最引人注目的就是标志着时间的摩天轮，乘坐其中，可以将整座游乐场尽收眼底，一边观赏一旁冲出水面的云霄飞车，一边欣赏横滨的港口风光，耳畔不时传来游乐场内的阵阵惊声尖叫，是情侣共享浪漫时刻的绝佳去处。

TIPS
神奈川县横滨市中区新港2-8-1　铁路港未来线至港未来站，步行2分钟　045-641-6591　★★★★★

06 神奈川县厅本厅舍 赏
红砖欧洲风情塔

神奈川县厅本厅舍建成于1926年，是一幢采用大量红砖与石块营造出大正时代的建筑，中央高48.6米的高塔被昵称为"Jack之塔"，是大正时代的建筑象征，同时也是横滨的地标之一。其浓郁的日本帝国风情引领了随后昭和时代初期日本各地的建筑风格。

TIPS
神奈川县横滨市中区日本大通1　铁路港未来线马车道站出站，向北步行1分钟　045-210-1111　★★★★

07 神奈川县立历史博物馆
横滨和神奈川的历史

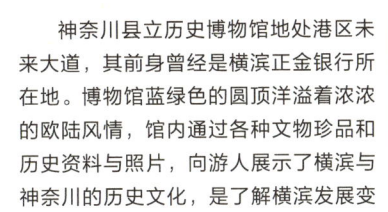

神奈川县立历史博物馆地处港区未来大道，其前身曾经是横滨正金银行所在地。博物馆蓝绿色的圆顶洋溢着浓浓的欧陆风情，馆内通过各种文物珍品和历史资料与照片，向游人展示了横滨与神奈川的历史文化，是了解横滨发展变迁的绝佳去处。

TIPS
神奈川县横滨市中区南仲大街5-60　铁路港未来线马车道站出站，向南步行1分钟　045-201-0926　★★★★

08 横滨税关本关厅舍
伊斯兰风格的横滨地标

TIPS
神奈川县横滨市中区海岸街1-1　铁路港未来线日本大通站出站，向北步行1分钟　045-212-6053　★★★★

横滨税关本关厅舍建于1943年，与横滨众多古老建筑不同的是，横滨税关本关厅舍是一幢伊斯兰风格的建筑。正中被称为"Queen塔"的翠绿色高塔高51米，在塔内展示有包括《华盛顿公约》在内的大量历史资料和文件，是横滨的地标性建筑之一。

09 横滨市开港纪念会馆
纪念横滨开港的建筑

TIPS
神奈川县横滨市中区本町1-6　铁路港未来线日本大通站出站，向西步行3分钟　045-201-0708　★★★★

横滨市开港纪念会馆是1917年为纪念横滨开港由当时横滨各界市民捐款修建的，是一幢洋溢着大正时代建筑风格的欧陆式建筑，1959年横滨市定名后更是成为具有纪念意义的横滨标志性建筑，现今经常有新人选择在这里迈入婚姻殿堂。

10 日本丸纪念馆
介绍海港与轮船的博物馆 赏

停泊在日本第一大港——横滨港内的日本丸全长97米，是1930年为了培养新一代船员建造的一艘可乘坐138人的实习帆船，从1985年就停泊在这里并被辟为介绍海港与船舶的博物馆。在纪念馆内游人还可以通过各种展示资料和文物了解横滨的历史，而船身洁白的帆船和帆影更是成为横滨港的标志之一，吸引了众多游人拍照留念。

TIPS
神奈川县横滨市西区2-1-1　地铁根岸线樱木町站出站，向北步行3分钟　045-221-0280　¥600　★★★★

11 日本邮船历史博物馆
了解邮轮相关的知识 赏

日本邮船历史博物馆位于海岸街，其前身是海运公司日本邮务横滨分公司所在地。在博物馆内，游人可以欣赏到大量20世纪20年代的豪华客轮模型和各式各样的纪录影片，而展馆内展示的大量展品和照片也都令人印象深刻，是一处了解邮轮相关知识的好地方。

TIPS
神奈川县横滨市中区海岸通3-9　铁路港未来线马车道站出站，向东步行3分钟　045-211-1923　¥5600　★★★★

12 横滨美术馆
壮观的艺术展示场

由知名建筑师丹下健三设计建造的横滨美术馆地处港区未来21世纪街区，美术馆的阶段状设计营造出舒适宜人的空间，馆内展示有各式各样的美术品和艺术品，此外还经常举办不同主题的展览和各种演艺活动，是游人来横滨观光不可错过的一处艺术展馆。

TIPS
- 神奈川县横滨市西区港未来3-4-1
- 铁路港未来线港未来站出站，向西步行2分钟
- 045-221-0300
- ￥600
- ★★★★

畅游日本 神奈川

141

13 横滨八景岛海岛乐园
建在人工岛上的游乐园　　　　　　　　　　　　玩

横滨八景岛海岛乐园毗邻八景岛站，是一处建在人工岛上的大型乐园。横滨八景岛海岛乐园包括游乐园、海洋馆和众多饭店、餐厅。在海岛乐园的Aqua Museum海洋馆内，游人可以欣赏到海洋生物，此外还有白熊、海獭和海豚的精彩表演。而游乐园内则遍布各种惊险刺激的游乐设施，置身其中，各种尖叫和欢笑声不时传来，是一处充满欢声笑语的海岛乐园。

TIPS
神奈川县横滨市金泽区八景岛　JR东海道本线到横滨站，换乘根岸线到新杉田站，再换乘沿海单轨电车线Sea Side Line到八景岛出站　045-788-8888　￥4900　★★★★

14 山下公园
横滨最具传统的临海公园　　　　　　　　　　　玩

山下公园毗邻横滨中华街，开放于关东大地震之后7年，是横滨最具传统的临海公园。在山下公园不仅可以欣赏港区未来和横滨港湾大桥的景色，还可以搭乘海上观光巴士。园内散落着大量雕像和纪念碑，最引人注目的则是停泊在栈桥旁20世纪30年代的豪华客轮冰川丸，是一处颇受欢迎的休闲公园。

TIPS
神奈川县横滨市中区山下町2-7-9　地铁港区未来线的元町、中华街站出站后步行5分钟，或是在JR石川町站出站步行15分钟，JR、横滨市营地铁关内站出站后步行20分钟均可抵达　045-671-3748
★★★★

15 冰川丸
20世纪30年代的豪华邮轮

TIPS
📍神奈川县横滨市中区山下町山下公园 🚇铁路港未来线日本大通站出站,向东北步行3分钟横滨大栈桥旁 ☎045-641-4362 💴¥4900 ★★★★

　　在山下公园内栈桥旁停泊的冰川丸是一艘20世纪30年代的豪华邮轮,作为第二次世界大战期间唯一没有被击沉的日本邮轮,冰川丸漆黑的船身颇为醒目。迄今已有80余年历史的冰川丸船内的装饰依旧是昭和时代初期的风格,置身其中,可领略当年豪华客轮的奢华风范。

16 元町商店街
横滨潮流的发源地

TIPS
📍神奈川县横滨市中区元町1-5 🚇铁路港区未来线的元町、中华街站出站即到,或在JR石川町站出站后步行2分钟也可到达 ☎045-641-1557 ★★★★

　　元町地处横滨外国人聚居地与关内商业区之间,早在明治时代,这里的元町商店街就汇集了大量当时日本少见的咖啡馆、洋服店和西点店等商铺,现今更是鳞次栉比地排列着数百家商铺,其中不乏老字号品牌店铺、咖啡店和各种独具特色的时尚小店,是引领横滨潮流时尚的流行发源地,同时也是一条可让人假日轻松享受逛街购物的休闲商店街。

畅游日本 · 神奈川

143

17 港见丘公园
可眺望横滨的公园

玩

TIPS
📍 神奈川县横滨市中区山手町114　🚇 铁路港未来线元町中华街站出站，向东南步行3分钟　☎ 045-711-7802
⭐★★★★★

　　港见丘公园位于元町商店街东侧坡道上，建于1926年，是英国军队规划修建的山手地区一座大型公园。港见丘公园内最引人注目的是别致的洋馆和大片森林绿地，环境颇为幽雅，此外还可一览港区未来和横滨港湾大桥等壮美景色。

18 山手西洋馆
异国风情浓郁的坡道

赏

TIPS
📍 神奈川县横滨市中区山手町、元町　🚇 铁路港区未来线的元町、中华街站，或JR石川町站下车，步行10分钟即可到达
☎ 045-662-6318　⭐★★★★★

　　1859年横滨开港后，当时来到日本的外国人就选择了山手地区作为聚居地，修建了大量洋溢着异国风情的西洋建筑和教堂，现今这里依旧有7幢保存完好的建筑，有的洋馆内还设有咖啡馆，顺着坡道沿途欣赏之余，还可以在悠闲的氛围中品味香浓的咖啡，是一趟极有魅力的休闲之旅。此外，每年12月的时候，整个山手地区都会举办"世界圣诞节"的主题活动，以英、美、法等各国的圣诞节为特色装饰的各幢洋馆充满浪漫的异国情调。

19 横滨中华街 逛
日本三大中华街之一

1859年横滨开港后，大量从中国广东、上海等地的移民不断前来务工，经过150余年的发展，逐渐形成与神户南京町、长崎新地中华街并列的日本三大中华街之一。横滨中华街沿街的10座牌楼和店铺装饰均带有浓郁的中国传统风情，街道两侧鳞次栉比地排列着600多家中国的餐厅和各式商铺，颇为热闹。此外，值得一提的是，每年中国农历春节时，中华街各处都会用霓虹灯装饰一番，还会举办舞狮等各种热闹的庆祝活动。

TIPS
📍神奈川县横滨市中区山下町 🚇铁路港未来线的元町、中华街站出站即可到达，日本大通站出站步行5分钟，JR石川町站出站后步行5分钟，JR根岸线或横滨市营地铁关内站出站步行7分钟 ☎045-662-1252 ★★★★

20 横滨关帝庙 赏
日本第一座关帝庙

始建于1873年的横滨关帝庙位于中华街，是日本第一座关帝庙。迄今已有140余年历史的关帝庙经过历代华侨不断重修和扩建，雕梁画栋、色彩艳丽的建筑颇为醒目，而且香火旺盛，是来到横滨中华街不可错过的一处景点。

TIPS
📍神奈川县横滨市中区山下町140 🚇铁路港未来线的元町、中华街站出站即可到达，日本大通站出站步行5分钟，JR石川町站出站后步行5分钟，JR铁路横滨市营地铁关内站出站步行7分钟 ☎045-226-2636 ★★★★

21 横滨天后宫 赏
日本华人的妈祖信仰中心

横滨天后宫位于中华街南门シルクロード，虽然外观古色古香，建成至今却不到十年时间，是由日本华侨在2006年3月捐资修建的。横滨天后宫作为日本华人的妈祖信仰中心，在大殿供奉有妈祖神像，每日香火旺盛，经常可以看到日本各地的华侨专程前来这里烧香祈福的身影。

TIPS
📍神奈川县横滨市中区山下町136 🚇铁路港未来线的元町、中华街站出站即可到达，日本大通站出站步行5分钟，JR石川町站出站后步行5分钟，JR横滨市营地铁关内站出站步行7分钟 ☎045-681-0909 💰需付￥500香油钱 ★★★★

畅游日本·神奈川

22 三溪园
纯粹的日式庭园

赏

TIPS
📍神奈川县横滨市中区本牧三之谷58-1　🚉JR根岸站出站后换乘公共汽车10分钟即可到达　☎045-621-0634　¥500
★★★★

　　三溪园由明治时期经营生丝贸易的实业家原三溪建造，1906年对公众开放，1953年按原价将三溪园赠给横滨市政府，迄今已有百余年历史，是一处原汁原味的纯粹日式庭园。三溪园分为外苑和内苑两部分，在园内各处散落有从京都、镰仓等地移建而来的古建筑，以及展示了原三溪的相关资料和各种美术品的三溪资料馆。此外，值得一提的是，三溪园内经常举办茶会、俳句会等活动，是一处体验传统日本文化的绝佳去处。

23 横滨大世界
领略20世纪30年代的夜上海风情

玩

　　横滨大世界地处横滨中华街，穿过气派的大门进入其中，随处可以看到雕梁画栋的亭台楼阁。这里汇集了十几家中华料理餐厅，其中不乏在中国历史悠久的老字号餐厅，在品尝美味的同时，还可以欣赏舞台上正宗的京剧和二胡演出，仿佛20世纪30年代上海滩的奢华风情，令人印象深刻。此外，在横滨大世界内还设有一座大世界博物馆，是一处深受各国游客喜欢、充满浓郁中国风情的地方。

TIPS
📍神奈川县横滨市中区山下町97　🚉铁路港未来线的元町、中华街站出站即可到达，日本大通站出站后步行5分钟，JR石川町站出站后步行5分钟，JR根岸线或横滨市营地铁关内站出站步行7分钟　☎045-681-5588　¥800　★★★★

146

24 新横滨拉面博物馆 逛
拉面主题乐园

日本人对拉面的喜好世界闻名，在东京各处都可以看到日本各地风味的拉面馆，而位于横滨的新横滨拉面博物馆更是将日本人对拉面的喜好做成一处主题乐园。博物馆内真实地再现了昭和年间的下町街道，沿街开业的拉面馆里可以品尝到日本各地严格选拔的不同风味拉面，在品尝美味的拉面之余，游人还可在这条复古的街道中参加各种传统活动，是一处了解拉面历史和独特的拉面饮食文化的主题乐园。

TIPS
神奈川县横滨市港北区新横滨2-14-21 横滨市营地铁新横滨站步行1分钟，或从JR新横滨站出站后步行5分钟即可到达 045-471-0503 ￥300 ★★★★★

25 镰仓鹤冈八幡宫 赏
日本武士的圣殿

建于1180年的镰仓鹤冈八幡宫位于镰仓市中心，是一幢以朱色本殿和大理石台阶为特色的神社，迄今已有近千年的历史。镰仓幕府的创立者源赖朝为祈祷源氏家族的复兴，将京都清水八幡宫搬迁到镰仓，之后经过历代翻修扩建，现存本殿建于1828年，堪称日本武士的一座圣殿。此外，在鹤冈八幡宫的院内，留有舞殿及以春季樱花和夏季荷花著称的源平池，周围林立的古树大多有千年树龄，充满厚重的历史氛围。

TIPS
神奈川县镰仓市雪之下2-1-31 地铁JR镰仓站东口沿若宫大路或小町大街步行10分钟 0467-22-0315 ★★★★★

26 镰仓大佛 赏
古都镰仓的象征

与鹤冈八幡宫同为古都镰仓象征的高德院镰仓大佛建于1243年，最初大佛是一尊木质佛像，1252年用青铜重新铸造，高13.35米，重121吨，是仅次于奈良东大寺大佛的日本第二大佛像，在镰仓素有"没看过大佛，就是没来过镰仓"的说法。游人参观高德院大佛时，可以进入大佛内部，在参观之余还可想象当年铸造大佛的场景。

TIPS
神奈川县镰仓市长谷4-2-28 江之岛电铁长谷站出站步行15分钟 0467-22-0703 ￥200 ★★★★★

27 长谷寺 赏
日本最大木质观音像

以"长谷观音"闻名日本的长谷寺相传由藤原房前邀请大和长谷寺的开山祖师德道上人于736年创建，寺内供奉的观音像是日本最大的木质观音像。除了长谷观音外，长谷寺内开满菖蒲花的庭园也以如画般的美景闻名，每年秋季，满山如火的红叶更是令人印象深刻。在寺中游览之余，游人还可来到位于山上的见晴台一览镰仓的街景和远处三浦半岛的壮美海景。

TIPS
神奈川县镰仓市长谷3-11-2　江之岛电铁长谷站出站步行5分钟　0467-22-6300　￥300　★★★★★

28 净智寺 赏
历史悠久的禅宗古刹

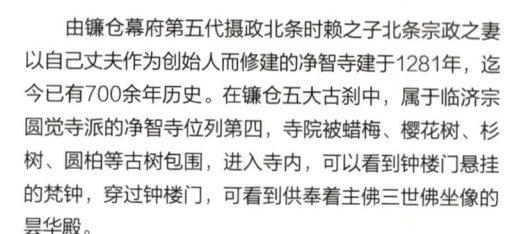

由镰仓幕府第五代摄政北条时赖之子北条宗政之妻以自己丈夫作为创始人而修建的净智寺建于1281年，迄今已有700余年历史。在镰仓五大古刹中，属于临济宗圆觉寺派的净智寺位列第四，寺院被蜡梅、樱花树、杉树、圆柏等古树包围，进入寺内，可以看到钟楼门悬挂的梵钟，穿过钟楼门，可看到供奉着主佛三世佛坐像的昙华殿。

TIPS
神奈川县镰仓市山之内1402　地铁JR横须贺线北镰仓站出站后，步行6分钟即可到达　0467-22-3943　￥200
★★★★

29 湘南海岸
东京郊外的冲浪胜地

玩

湘南海岸风光明媚，以细软的沙滩和蔚蓝的大海而闻名，由于交通便利，地处镰仓的湘南海岸堪称东京郊外一处夏日避暑、戏水娱乐的绝佳去处。每年夏天，大量东京人都会来到湘南海岸度假期，在海中冲浪嬉戏，或是在沙滩上享受明媚阳光和蔚蓝大海的夏日美景。

TIPS
神奈川县镰仓市七里滨到江之岛沿线海岸　江之岛电铁七里滨站到江之岛站出站　0467-58-1473　★★★★

---

30 建长寺
日本最早的禅宗寺院

赏

由中国高僧兰溪道隆作为开山祖师的建长寺由镰仓幕府第五代摄政北条时赖于1253年创立，迄今已有700余年历史，是日本历史最悠久的禅宗寺院。现今建长寺作为日本临济宗建长寺派的总寺院，在镰仓五大古刹中位居第一。融合中日两国建筑特色的建长寺院中供奉有地藏菩萨，寺院内还珍藏有众多佛教珍宝，其中不乏国宝级珍品，是游人来镰仓观光不可错过的景点。

TIPS
神奈川县镰仓市山之内8　地铁JR横须贺线北镰仓站下车往镰仓站方向徒步15分钟　0467-22-0981　￥300　★★★★

畅游日本：神奈川

31 圆觉寺
圆觉寺派的总寺院 赏

TIPS
- 神奈川县镰仓市山之内409
- 地铁JR横须贺线北镰仓站下车步行1分钟
- 0467-22-0478
- ￥300
- ★★★★

毗邻JR北镰仓站的圆觉寺寺名典出佛教的《圆觉经》，是镰仓幕府第八代摄政北条时宗于1282年修建的寺庙，作为临济宗圆觉寺派的总寺院，圆觉寺在镰仓五大古刹之中位居第二。已有700余年历史的圆觉寺现存的山门建于1785年，供奉释迦牟尼舍利的舍利殿则建于1929年，在夏目漱石和川端康成等日本文豪的作品中多次被提到，吸引了众多游人慕名而来。

32 镰仓文学馆
浪漫的日本文学馆 赏

TIPS
- 神奈川县镰仓市长谷1-5-3
- 江之岛电铁比滨站出站步行7分钟
- 0467-23-3911
- ★★★★

1985年开馆的镰仓文学馆收藏了居住在镰仓的作家所写，或是故事舞台为镰仓的所有书籍，其中有大量珍贵的手稿和文学资料，吸引了众多文学爱好者慕名而来。镰仓文学馆外观典雅，在众多日本偶像剧和电影中被选为外景拍摄地，是一处昭和时代浪漫情怀的文学馆。

33 极乐寺 〔赏〕
镰仓知名的赏樱胜地

作为镰仓知名的一处赏樱胜地，历史悠久的极乐寺规模不大，远不如长谷寺等知名古刹般宏大壮观，甚至连寺院山门都需要屈身才能通过。寺内最负盛名的就是长约百米的赏樱步道，每年春季樱花盛开的时候，这条赏樱步道四周都会随风飘落众多樱花花瓣，其华美的景致与古老的寺院交相辉映，令人印象深刻。

TIPS
🏠 神奈川县镰仓市极乐寺3-6-7　🚇 江之岛电铁极乐寺站出站后步行1分钟即可到达　☎ 0467-22-3402　💰 宝物馆￥300
★★★★

34 箱根雕刻之森美术馆 〔赏〕
以室外雕刻为主题的美术馆

雕刻之森美术馆位于箱根，是一座以室外雕刻为主题的美术馆，馆内收藏展示有300余件珍贵的艺术品，其中不乏布朗库西、雷诺阿的名作。而庭园内则陈列着亨利摩尔、罗丹等雕刻大师的作品，是一处将自然风光与艺术珍品完美融合的美术馆。

TIPS
🏠 神奈川县足柄下郡箱根町二之平1121　🚇 箱根登山铁道雕刻之森站下车即可　☎ 0460-82-1161　💰 ￥1600
★★★★

畅游日本·神奈川

151

35 箱根美术馆
日式庭园内的美术馆 赏

　　箱根美术馆创办于1952年，美术馆位于一处日式风情浓郁的庭园之中，随处可以看到古色古香的建筑。步入美术馆内，可以看到馆内展示的上百件江户时代与日本中世时代的陶器，其中甚至还有大约1万年前新石器时代的绳文时代陶器，几乎每一件展品都堪称国宝级的珍品，与古朴的日式庭园相映生辉。

TIPS
神奈川县足柄下郡箱根町强罗1300　箱根登山铁道公园上站步行1分钟　0460-82-2623　￥900　★★★★

36 小町大街
镰仓的特色商店街 逛

　　与镰仓知名的赏樱胜地——若宫大路平行的小町大街毗邻JR镰仓站，从车站前的鸟居顺着街道可以一直前往鹤冈八幡宫大门前，是一处繁忙热闹的商店街。小町大街沿街两侧林立着众多出售镰仓独有的日式小商品和工艺品等的商店，经常可以看到来自各地的游客在这里挑选心仪的纪念品。逛街之余，也可以在街边众多时尚典雅的咖啡馆和点心店或是美味的餐厅小憩片刻，品尝香浓可口的咖啡或美味料理。

TIPS
神奈川县镰仓市小町雪之下　地铁JR线镰仓站出站即可到达　0467-23-3050　★★★★

37 大涌谷
领略独特的火山温泉风景 玩

整个区域一片暗褐色的大涌谷地处箱根山脉海拔1000米的山谷之中，是大约3000年前箱根火山大爆发而形成的一处火山温泉景区。游人可以顺着大涌谷中修建的自然研究路观光游览，沿途伴随着阵阵刺鼻的硫黄味和升腾的白烟，这种独特的火山风情在江户时代被形象地比喻为大地狱，令人印象深刻。

TIPS
神奈川县足柄下郡箱根町大涌谷　箱根登山铁道箱根汤本站搭乘伊豆箱根巴士在大涌谷站下车步行2分钟　0460-84-9605　★★★★

---

38 箱根海贼船
乘仿古战船欣赏湖光山色 赏

箱根海贼船是一艘模仿17世纪欧洲海贼战舰的游船，整艘船外观华丽，色彩鲜艳，在甲板上更是布置有众多栩栩如生的海盗人像，成为游客竞相合影的最佳"布景"。在风光旖旎的湖面上，乘坐箱根海贼船出航可以远眺雄伟的富士山，蓝天白云下的湖光山色更是如画一般，令人印象深刻。

TIPS
神奈川县足柄下郡箱根町　箱根登山铁道箱根汤本站到箱根，搭乘箱根登山巴士到箱根町港、元箱根港、桃源台港　0460-84-8618、0460-83-7550、0460-83-6022　成人￥1460　★★★★

39 芦之湖 赏
倒映富士山美景的湖水

湖面狭长的芦之湖是一处火山爆发形成的火口湖，游人顺着翻越箱根山的山道，可以在游览芦之湖美景的同时顺便探访沿途众多历史悠久的古迹。芦之湖最受欢迎的观光之旅是乘坐游船在湖面观光，平静的湖面如同镜面一般映出不远处壮观的富士山倒影，吸引了来自世界各地的游人和摄影家，用手中的相机记录下这美丽迷人的画中美景。

TIPS
🏠 神奈川县足柄下郡箱根町　🚇 箱根登山铁道箱根汤本站到箱根，搭乘箱根缆车或箱根登山巴士在桃源台下车　☎ 0460-85-5700
⭐ ★★★★★

40 宫之下温泉街 逛
异国风情的温泉街

宫之下温泉街非常有特色，早在100多年前的明治时代这里就吸引了众多外国游客光顾，而日本第一家西式度假酒店——富士屋旅馆也修建在宫之下温泉街上。此外，大量充满日本味道的古董店和陶器店同样可以在温泉街上寻觅到，和洋结合的宫之下温泉街也因此成为一条颇受外国游客欢迎、洋溢着异国风情的特色温泉街。

TIPS
🏠 神奈川县足柄下郡箱根町宫之下　🚇 箱根登山铁道箱根汤本站到箱根，搭乘箱根登山铁道宫之下站下车　☎ 0460-87-0222　⭐ ★★★★

41 箱根神社
芦之湖畔大鸟居

位于日本山岳信阳的圣地箱根山上的箱根神社毗邻芦之湖畔，由万卷上人于天平宝字元年（757）创建。神社中供奉的神园自古就被尊崇为关东总镇守箱根大权现，历史上如源赖朝、德川家康等日本武家首领都曾亲自前往参拜箱根神社，是一处历史悠久，拥有千余年历史的古老神社。现今箱根神社内珍藏有万卷上人坐像和曾其兄弟使用的赤木柄短刀等珍贵文物，神社内的参拜古道两旁还栽植有众多树龄近千年的古老杉树，充满厚重的历史风韵。

TIPS
神奈川县足柄下郡箱根町元箱根80-1　箱根登山铁道箱根汤本站到箱根，搭乘箱根登山巴士元箱根港下车步行10分钟　0460-83-7123　宝物馆成人500日元 ★★★★★

畅游日本：神奈川

42 关根关所
江户时代的关卡

德川家康创立江户幕府后，为防止全国各地的武士谋反，在日本各地的交通要道和重要据点都设置了关所，设置于元和五年（1619）的关根关所更是由于其毗邻江户的地理位置，堪称其中最重要的一处关所，迄今已有近400年历史。明治二年（1869），关根关所终于被废除，前后历时250年，一直是江户西侧的重要门户，是了解江户时代关所历史的重要见证。

TIPS
神奈川县足柄下郡箱根町箱根1　箱根登山铁道箱根汤本站到箱根，搭乘箱根登山巴士关所迹入口站下车步行2分钟　0460-83-6635　￥500 ★★★★

JAPAN GUIDE

Japan

畅游日本 ❾

静冈县

充满独特魅力的伊豆因川端康成的《伊豆的舞女》而闻名世界，位于伊豆的热海是闻名的温泉乡，而冬季还会盛开梅花，是颇受欢迎的度假胜地。

01 野坂自动人偶博物馆 赏
令人啧啧称奇的自动人偶

TIPS
静冈县伊东市八幡野字株尻1283-75　伊豆急行线伊豆高原站下沿樱花并木步行20分钟　0557-55-1800
￥1000　★★★★

　　在17世纪的欧洲，曾经有法国工匠利用齿轮和杠杆原理制作出穿着华丽服饰、会自动行走、做出各种流畅动作的自动人偶，当时这些制作精致、仿佛拥有生命般的人偶颇受欧洲贵族和富豪喜爱，甚至引发了一股收藏热潮。在野坂自动人偶博物馆内，游人就可近距离欣赏这些制作精美的人偶，同时还可以观看穿着华丽的人偶进行种种令人匪夷所思、啧啧称奇的表演。

02 池田20世纪美术馆 赏
以人类为主题的艺术

　　池田20世纪美术馆创立于1975年，此馆名字中带有"20世纪"的字样，因此这座以人类为主题的博物馆内也收藏了大量20世纪知名艺术家的作品，如雷诺阿、毕加索、蒙克、达利等现代画家。还有安迪·沃霍尔创作的《玛丽莲·梦露版画》等超过1500件当代绘画及雕塑作品都在馆内展示，供人参观。

TIPS
静冈县伊东市十足614　伊豆急行线伊豆高原站下沿樱花并木步行20分钟或搭乘东海巴士在池田美术馆站下车　0557-45-2211　￥900　★★★★

03 热海 玩
日本知名的温泉胜地

　　濒临相模湾的热海是日本三大温泉乡之一，早在1250年前，这里就以温泉闻名。17世纪初江户幕府的开创者德川家康将热海纳入幕府的直属领地，在江户幕府统治日本的300年里，日本各地的武士和文人来到热海，不仅促进了热海的温泉街发展，同时也使这里成为闻名日本的度假胜地。此外，值得一提的是，作为知名的温泉乡，热海在日本众多文艺作品中也纷纷作为故事舞台登场，如尾崎红叶的名作《金色夜叉》中贯一和阿宫的爱情故事就以这里为舞台，并立有塑像纪念。

TIPS
静冈县热海市　JR东海道新干线的热海站出站后步行20分钟　0557-85-2222　★★★★★

04 热海城 赏
传统的日本城堡

　　高大的热海城是一座充满日本传统特色的城堡，地处锦ケ浦山顶的热海城内辟有武家文化资料馆和日本城郭资料馆，通过各种实物展品和资料为游人介绍了日本古代武士和城堡的相关知识。在参观之余，游人也可登上热海城最高处的天守阁，一览热海温泉街和相模湾的壮美景色。

TIPS
静冈县热海市曾我山1993　JR东海道新干线的热海站乘东海巴士在锦ケ浦站下车后，步行10分钟即可到达　0557-81-6206　￥900　★★★

05 一碧湖
"伊豆之瞳"

一碧湖是伊豆半岛伊东市内的一个小湖，面积不大，周长大约4公里。一碧湖周围生长着许多枫树、樱花树等树木，在春天是赏樱的去处，在秋天又是观红叶的名胜之地。作为一个火口湖，除了是赏花的著名景点，还可以在湖边垂钓鲤鱼等淡水鱼。一碧湖湖面倒映的天城山脉的美丽景色被人们称为"伊豆之瞳"。

TIPS
静冈县伊东市　伊豆急行线伊豆高原站下车，搭乘东海巴士在一碧湖站下车　0557-37-6105　★★★★

06 伊豆一碧湖美术馆
建在湖畔的美术馆

伊豆一碧湖美术馆地处一碧湖畔，美术馆内收藏展示了以法国画家尚·皮耶尔·卡秀纽尔（Jean Pierre Cassigneul）为主的作品，共计超过150件，其作品多为描述法国贵妇在公园中漫步或在街边的咖啡座中低头沉思的主题，其独特的艺术氛围颇受日本女性的喜爱。

TIPS
静冈县伊东市吉田815-360　伊豆急行线伊豆高原站出站，搭乘东海巴士在一碧湖美术馆站下车后步行1分钟即可到达　0557-45-5500　￥1000　★★★★

畅游日本 · 静冈县

JAPAN GUIDE

Japan

畅游日本 ⑩

山梨县

山梨县位于本州岛的中心位置，东面与东京相邻，被日本第一高山富士山、第二高山白根山以及其他二千米以上的高山包围，自然资源丰富。位于富士山北麓的河口湖海拔831米，最大水深15米，与本栖湖、精进湖、西湖、山中湖共称富士五湖，是面积最大的一处湖泊。

01 河口湖 赏
富士五湖之一

　　毗邻富士山的河口湖位列富士五湖之一，湖畔四周景色宜人，每到夏日大片鲜花竞相怒放时，都会把湖畔染得姹紫嫣红，空气中也弥漫着浓郁的花香，而大片的薰衣草则令这座高原圣территории仿佛遥远的北海道一般令人印象深刻。蓝天白云下，波光粼粼的河口湖与富士山相映生辉，湖光山色的美景伴随着湖畔每年举办的薰衣草节、花火节、萤火虫节、红叶祭等活动，是一处来了就不想离开的人间仙境。

TIPS
📍山梨县南都留富士河口湖町　🚇地铁JR山手线新宿站搭乘特急KAIJI号到大月站，换乘富士急行线到河口湖站　☎055-572-3168　⭐★★★★

02 カチカチ缆车 行
鸟瞰河口湖美景

　　カチカチ缆车是游人前往海拔1104米的瞭望台不可错过的交通工具。在瞭望台上放眼望去，不远处波光粼粼的湖面和巍然屹立的富士山美景是最吸引游人目光的焦点，而天气晴朗时，在这里还可以远眺连绵的南阿尔卑斯山和青木原树海，是河口湖附近的一处绝佳观景点。

TIPS
📍山梨县南都留富士河口湖町浅川1163-1　🚇地铁JR山手线新宿站搭乘特急KAIJI号到大月站，换乘富士急行线到河口湖站步行15分钟　☎055-572-0363　💴700日元　★★★★

03 山梨宝石博物馆 赏
洋溢着"珠光宝气"的博物馆

　　从事宝石加工的大企业开设的山梨宝石博物馆外观温馨典雅，仿佛一座欧洲庄园一般洋溢着浓郁的自然气息。作为日本唯一一座以各色宝石为展览主题的博物馆，馆内的展室以黑色布置为主，展示了大量美丽珍贵的宝石，堪称一处随处洋溢着"珠光宝气"的博物馆。

TIPS
📍山梨县南都留富士河口湖町船津6713　🚇地铁JR山手线新宿站搭乘特急KAIJI号到大月站换乘富士急行线到河口湖站，搭乘河口湖线在山梨宝石博物馆站下车　☎055-573-3246　💴600日元　★★★★

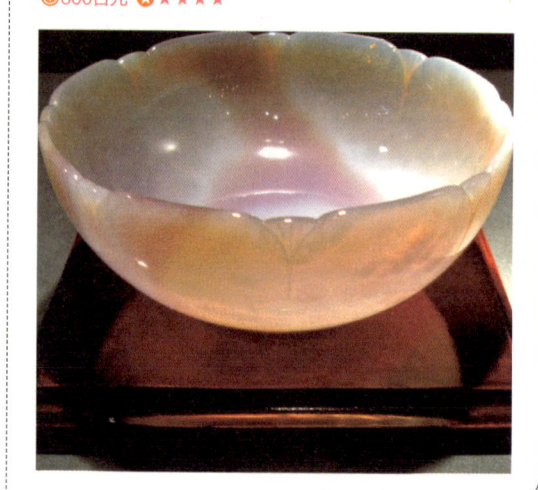

04 猿まわし剧场
欣赏猴子的精彩表演 娱

猿まわし剧场位于河口湖畔，游人在这里可以欣赏日本传统耍猴杂技。在猿まわし剧场内的舞台上表演的演员全都是穿着各式演出服的猴子，这些特殊的演员不论跳舞、踩高跷、跳火圈等节目都颇为拿手，而在表演的同时，舞台上还会提供中、英、韩文的字幕，方便外国游客领会舞台上那些调皮聪明的猴子所表演的剧情内容。

TIPS
🏠 山梨县南都留富士河口湖町河口2719-8　🚇 地铁JR山手线新宿站搭乘特急KAIJI号到大月站换乘富士急行线到河口湖站，搭乘河口湖线在猿まわし剧场站下车　☎ 055-576-8855　💰 1500日元　⭐★★★★

05 河口湖游览船
欣赏富士山美景 行

除了在瞭望台上欣赏河口湖青山绿水的迷人美景外，游人还可以选择搭乘河口湖游览船。充满法国浪漫情调的游船在河口湖绕行一周大约需要30分钟，除了在恬静的湖面上静静航行外，游览船还会从河口湖大桥下穿行而过，蓝天白云下，船身两侧溅起的水花在阳光照耀下幻化成色彩瑰丽的彩虹，宛如画般的美景令人回味无穷。

TIPS
🏠 山梨县南都留富士河口湖町　🚇 地铁JR山手线新宿站搭乘特急KAIJI号到大月站，换乘富士急行线到河口湖站下车步行15分钟　☎ 055-572-0029　💰 900日元　⭐★★★★

06 河口湖红叶祭
欣赏美丽的红叶 赏

河口湖畔除了夏日怒放的各色鲜花外，每年秋季这里满山的红叶也会在一夜之间变成火焰般耀眼的红色。在这期间举办的河口湖红叶祭规模盛大，游人可以在红叶隧道、红叶走廊欣赏美丽的红叶，而随风飘落的红叶也带给人们浓浓的秋日风情。值得一提的是，在河口湖畔，除了可以在白天欣赏红叶，游人还可以在夜晚欣赏红叶在灯光照射下幻化出不同色彩、宛如梦幻般的迷人美景。

TIPS
🏠 山梨县南都留富士河口湖町　🚇 地铁JR山手线新宿站搭乘特急KAIJI号到大月站换乘富士急行线到河口湖站　⭐★★★★★

畅游日本　山梨县

JAPAN GUIDE

Japan

畅游日本 ⑪

日光

位于关东地区北部的日光风景优美，周围群山环绕，有中禅寺湖、汤元温泉、战场原、华严瀑布等知名景点。除了自然景观，日光还有纪念江户幕府开创者德川家康而建的东照宫和已有1000多年历史的日光山轮王寺等历史古迹。

01 东照宫
祭祀德川家康的神社 赏

日光东照宫由江户幕府二代将军德川秀忠于1617年修建，是为祭祀江户幕府开创者德川家康而建，之后三代将军德川家光又进行了大力扩建，其后历代将军也不断修葺，成为日光山上规模最大、最为醒目的地标性建筑。混合了日本传统神社与佛教寺院两种不同建筑风格的日光东照宫规模宏伟，其中阳明门、眠猫和三猿等都是日本国宝级的珍品，是一处绝对不可错过的古迹。

TIPS
栃木县日光市山内2301　地铁JR日光线日光站前搭乘东武巴士在神桥站下车步行8分钟　0288-54-0560　1300日元
★★★★★

02 日光山轮王寺
千年历史的古寺 赏

始建于天平神护二年（766）的日光山轮王寺前身为四本龙寺，是由日光开山圣祖胜道上人创建的寺院。作为天台宗的重要寺院之一，日光山轮王寺内供奉有三尊高达8.5米的巨型金佛，分别象征着日光山上的男体山、女峰山与太郎山。此外，在日光山轮王寺中还收藏有大量上千年历史、堪称国宝的佛像、书画及佛教经典。

TIPS
栃木县日光市山内2300　地铁JR日光线日光站前搭乘东武巴士在神桥圣道上人像前站下车步行2分钟　0288-54-1766　400日元
★★★★

03 华严瀑布

日本三大瀑布之一

华严瀑布位于中禅寺湖畔，与袋田瀑布和那智瀑布合称日本三大瀑布。日本国内多山，瀑布也几乎随处可见，而被誉为三大瀑布之一的华严瀑布如同一条白练般从百米高的半空直坠谷底，伴随着如同雷鸣一般的隆隆声响溅起的大量浪花，在阳光照射下幻化成绚丽的彩虹，其不凡气势令人印象深刻，是一处拍照留念的绝佳胜景。

TIPS

- 栃木县日光市中宫祠
- 地铁JR日光线日光站前搭乘东武巴士在中禅寺湖站下车步行3分钟
- 0288-54-2496
- 观光电梯530日元
- ★★★★★

畅游日本 · 日光

04 二荒山神社 〔赏〕
日光山神灵地

二荒山神社庄严宏伟，其建筑风格充满日本传统神道教的朴实特色，神社中供奉有三位不同的守护神，此外还有一株高大的姻缘御木，经常可以看到有年轻情侣慕名来到二荒山神社，在树前虔诚地祈求恋爱运势，或是用竹签求来签诗。此外，在二荒山神社的灵泉旁，还建有一座茶屋，在神社参拜之余，游人可以在这里饮茶小憩，感受深奥幽玄的平和气息。

TIPS
栃木县日光市山内2307　地铁JR日光线日光站前搭乘东武巴士在西参道站下车步行10分钟　0288-54-0560
200日元　★★★★

05 鬼怒川温泉 〔玩〕
关东屈指可数的温泉乡

鬼怒川温泉历史悠久，在溪谷两侧林立着众多温泉旅馆，每到假日都吸引大量游客慕名而来，是关东地区屈指可数的知名温泉之一。除了传统的温泉之外，在东武铁道鬼怒川公园站一侧的公园内还有一处大众露天温泉，这里每年冬至前的周末都会在温泉中放入柚子，可以体验别有情趣的柚子温泉。

TIPS
栃木县日光市鬼怒川温泉　铁路东武鬼怒川线鬼怒川温泉站下车　0288-77-2052　★★★★★

06 龙头瀑布
壮美的大瀑布

流经战场原的汤川最终汇入中禅寺湖，在这之前会分成两道名为龙头瀑布的壮美瀑布。每年秋季，漫山的红叶在秋霜中一夜尽红，如火焰燃烧般的红叶与白练般的龙头瀑布相映成趣，宛如画卷般的美景充满浓浓的诗意，令人如痴如醉。

TIPS
📍 栃木县日光市中宫祠　🚇 地铁JR日光线日光站前搭乘东武巴士在龙头瀑布站下车　📞 0288-54-2496
★★★★★

畅游日本 · 日光

169

07 战场原
传说中远古战场的遗址 赏

男体山火山爆发后形成的湖泊在湖水逐渐干涸后形成战场原湿地，风景优美，在日本古代传说中，这里曾经是男体山之神和赤城山之神在远古时代决战的场所。游人在战场原观光可以顺着蜿蜒小路缓步前行，沿途除了迷人的湿地风光外，还可在秋季远眺连绵群山之间如火焰燃烧般的大片红叶。

TIPS

栃木县日光市中宫祠　地铁JR日光线日光站前搭乘东武巴士在三本松站下车　0288-54-2496　★★★★

08 日光汤波ふじや
品尝日光特产汤波 吃

汤波是日光的特产，圆圆的外皮，外形像台湾豆皮。ふじや是日光制作汤波的老字号店铺，在旧时曾经是专门提供日光山上两社一寺汤波的御用店铺，迄今已有130余年的历史。ふじや的汤波口感纤细，使用当地名水制作，不论生汤波、油炸汤波还是各种形状的干燥汤波都充满浓郁的大豆香，经常可以看到来自各地的游人到日光后慕名而来，品尝这令人回味无穷的美味汤波。

TIPS

栃木县日光市下钵石町809　地铁JR日光线日光站前搭乘东武巴士在乡土中心站下车　0288-54-0097　★★★★★

09 绵半
日光地区最古老的和菓子店 吃

由绵屋半兵卫于天明七年（1787）创立的绵半迄今已有220余年的历史，现今店主已传承到第八代传人，是日光地区历史最悠久的和菓子老店。在江户时代，绵半制作的和菓子被指定供给日光山轮王寺法亲王御用，附近的大小诸侯也纷纷选择绵半的和菓子作为馈赠礼品，绵半成为江户时代远近闻名的和菓子名店。虽然已有220余年历史，但绵半的味道一直没变，其传统的美味口感令人回味无穷。

TIPS

栃木县日光市安川町7-9　铁路东武日光站出站后步行15分钟　0288-53-1511　★★★★

10 中禅寺湖
美丽的高山湖泊　　　　　　　　　　　　　　　　　　　　赏

日光山主峰男体山是一座活火山，其在7000年前喷发时形成的中禅寺湖湖面湛蓝迷人，湖畔四周的群山倒映在波光粼粼的湖水之中，是一处风景美丽如画的高山湖泊。中禅寺湖畔最引人注目的胜景就是每年秋季时团团似火的红叶，将如镜般的湖水也映得好似火烧一般，是众多日本影视剧拍摄外景的首选地。

TIPS
- 栃木县日光市中宫祠
- 地铁JR日光线日光站前搭乘东武巴士在中禅寺湖站下车
- 0288-54-2496　★★★★★

11 龙王峡
鬼怒川最美的地方　　　　　　　　　　　　　　　　　　　玩

龙王峡是距今约2200万年前海底火山喷发后形成的峡谷，自古至今，来到龙王峡的游人纷纷感叹大自然的鬼斧神工，将这里雕琢得宛如一条巨龙俯卧其中。千万年来，奔腾流过的溪水在龙王峡的嶙峋怪石中穿过，如道道白练，将周围地形不断侵蚀得更加奇岩林立，是鬼怒川最美的地方。

TIPS
- 栃木县盐谷郡藤原町
- 铁路东武鬼怒川温泉站前搭乘东武巴士在龙王峡站下车
- 0288-76-4111　★★★★★

畅游日本　日光

171

JAPAN GUIDE

Japan

畅游日本 ⑫

京都

历史悠久的京都是日本的古都，全日本超过20%的国宝都集中在京都数百间神社和古寺之中，浓郁的日式风情令其被誉为"日本人的心灵故乡"。千余年的历史在京都各处刻下了时代的痕迹，现今在京都古老的街巷之中漫步，不经意间就可以看到延续数百年的老字号。

01 京都塔 赏
京都的标志性建筑之一

始建于1946年的京都瞭望塔位于京都车站正对面，是京都的标志性建筑之一。京都塔高131米，巧妙地融入了佛教寺院中常用的蜡烛状外形。夜晚灯光下的京都塔更能凸现它醒目优美的身姿。在塔顶眺望远方，京都的风貌一览无余，周边的风景区尽收眼底，夜景更是迷人。塔下的综合商业街有礼品店、地下餐厅、温泉、大浴场，是娱乐休闲的好去处。

TIPS
京都市下京区乌丸通盐小路下ル　075-361-3211
￥770　9:00—21:00，最后入场时间20:40　京都车站乌丸口出站即可　★★★★★

02 东本愿寺 赏
京都最大的木造寺院

位于京都下京区的东本愿寺是京都最大的木造大寺院。四周水渠环绕，环境优美。1602年，德川家康将军下令，在西本愿寺独立后，按中国古洛阳城东西寺对立的形式建成本寺。寺内拥有广大的占地面积和巨大的伽蓝，东寺五重塔也被称为日本木造五重塔之冠，高57米，是平安时代的重要古迹。寺内的大多佛像，被收藏为日本的国宝。

最受人瞩目的是东本愿寺的佛尘日，拥有世界上最浩大的清扫场面，数百名义工从早上7时起开始清扫，刷掉一年的尘埃。

TIPS
京都市下京区乌丸七条上ル　075-371-9181　免费
11月至次年2月7:00—16:00，3月至10月5:50—17:30
从京都车站徒步8分钟，自京阪电铁三条站、阪急电铁河原町站乘5、特5、临5路公交车到乌丸七条站下车即可
★★★★★

03 西本愿寺 赏
京都最大的寺院

西本愿寺是净土真宗本愿寺派的总寺院，同时也是日本京都最大的寺院。文永九年（1272）创建于东山，天正十九年（1591）迁至现址。其宏伟壮丽、富丽堂皇的建筑，完好地保存了中国盛唐及宋元时代建筑的艺术风格。寺内拥有唐门、白书院、黑书院等国宝级建筑，以及壁画、庭院等精彩景点。最著名的是列为日本国宝的飞云阁、金阁、银阁，并称为"京都三阁"，"日本妇孺皆知"便可很好地体现出它的重要程度。西本愿寺已被列为联合国世界文化遗产，每年前来参观的人络绎不绝。

TIPS
京都市下京区堀川通花屋町下ル　075-371-5181　自由捐献　11月至次年2月6:00—17:00，5月至8月5:30—18:00，其他时间5:30—17:30　从京都车站徒步16分钟，或在京都车站乘坐9、快9、28、75路公交车在西本愿寺前站下车即可　★★★★★

04 二条城
京都首屈一指的赏樱胜地

　　1603年德川家康下令兴建的二条城是京都首屈一指的赏樱胜地。城内建有樱之园，在此可观赏到有"樱花之王"美誉的八重樱的娇艳身姿。二条城位于当时古城京都的二条通尽头，所以二条城以此街道命名。城围墙高数百米，在内有"鹂鸣地板"走廊，在外挖有壕沟，以防止入侵。目前所见的二条城有着日本桃山时代的样式特色，占地27公顷，主要建筑有本丸御殿和二之丸御殿，内藏许多重点文物，重修后的元离宫被列入世界文化遗产。二条城见证了日本的兴衰与朝代的转移。

TIPS

京都市下京区堀川通御池上ル　075-841-0096
￥600　8:45—17:00，16:00停止入城，二之丸御店9:00—16:00　地铁东西线二条城站下车，或在京都车站乘坐9、快9、50、52路公交车在二条城站下车，在京阪电铁三条站、阪急电铁河原町站乘坐12路公交车在二条城站下车即可　★★★★★

05 涉成园
繁华都市中难得的清幽 赏

TIPS
- 京都市下京区下珠数屋町通间之町东入ル东玉水町
- 075-371-9210 免费 9:00—16:00 从京都车站沿乌丸通步行到东本愿寺后，向东步行3分钟即达 ★★★★

涉成园虽占地面积不大，却是繁华都市中难得的清幽、静谧的景点。漫步园中，位于中心的印月池为游客展示了涉成园一年四季不同的景色。"涉成园十三景"更是不容错过的游览景点。这座清雅的庭院，最早建于9世纪的平安初期，自古就有名人在此隐居，就连其名称也来自中国著名诗人陶渊明的"园日涉以成趣"的诗句，其中忍隐的意味不禁而出。在春季，这里也是个极佳的赏樱之地。

06 二条阵屋
城堡改建的茶室 赏

二条阵屋是江户时代初期诸侯的住所，是1660年建造的茶室式建筑。阵屋内有很多的房间，为了防火在墙壁上涂上灰泥，又为了抵抗敌人的侵略花尽心思。在这里可见多处的精心设计，如天花板的藏武士的地方、吊梯、陷阱的台阶等弥足珍贵之地，被指定为日本的重要文化遗产。

TIPS
- 京都市下京区堀川通御池上ル 075-841-0972 地铁东西线二条城站下车，或在京都车站乘坐9、快9、50、52路公交车在二条城站下车，在京阪电铁三条站、阪急电铁河原町站乘坐12路公交车在二条城站下车，步行2分钟即达 ★★★★

07 京都拉面小路
拉面主题的街道 吃

TIPS
- 京都市下京区东塩小路町京都站 075-361-4401
- 11:00—20:00 京都站出站即达 ★★★★

位于京都站伊势丹10层的京都拉面小路集合了全日本人气最高的七家拉面店，包括：北海道浓厚味噌汤头的拉面店——すみれ、用鲜肉与海鲜为食材的银座魔法拉面店——匠力、富山县的面家いろは、京都拉面激战区的王者——宝物、使用大量濑户内海海鲜干货熬汤的拉面名店——市冈屋、关西拉面战场中的人气面店——上方ざんまい屋，以及九州博多拉面的一幸舍等。甫一开业就吸引了无数热爱拉面的京都人，是品尝最正宗拉面的好所在。

08 平野神社
樱花祭的举办地 赏

TIPS
- 京都市北区平野宫本町1 075-461-4450 免费
- 6:00—17:00 京都车站乘坐101路公交车在北野天满宫前站下车，向西步行3分钟即达 ★★★★★

现在的平野神社建于1624年，曾为平安时期迁都京都的桓武天皇所移筑的古老神社。神社内45种500余棵珍贵樱花每到春天竞相开放，数量之多居京都之首，现已成为众所周知的京都观赏樱花的景点。4月上旬数百株樱花齐放，特别是夜间樱花观赏与祇园的夜樱同样齐名，极为美丽。

著名的樱花祭于每年4月10日在神社内举办，神轿、花山车和武士队列等各种形式的活动引来了无数游客参观。此外，神社内还有1500余株紫式部花，每年10月为最佳花期。

09 金阁寺
京都的文化名片

赏

TIPS

- 京都市北区金阁寺町1　☎075-461-0013　￥400
- 🕘9:00—16:30　🚌京都车站乘坐101、205路公交车在金阁寺道站下车,或者阪急电铁河原町站乘坐12、59路公交车到金阁寺前站下车,向西步行3分钟即达　★★★★★

　　1397年,金阁寺建于京都西北部群山环抱的幽静角落里,是京都的文化名片。金阁寺原名为北山殿,是幕府将军的别墅,后改为佛寺并在外表贴金,故称为金阁寺,而在被列为世界文化遗产后,正式名为鹿苑寺。金阁寺呈正方形,幽然矗立在精致的镜湖正中,倒影与金阁交相辉映,美不胜收。金碧辉煌的金阁,和谐幽雅的美景,销魂夺魄。金阁寺将所在时代的传统文化和新兴的武家文化完美地融为一体,是室町时代的经典之作。

畅游日本·京都

177

10 大德寺 赏
禅宗文化在日本的中心

位于京都北部的大德寺始建于日本江户时代的1319年，是洛北最大的寺院，也是禅宗文化在日本的重要中心之一。寺内的第一个住持是大灯国师，在多年的战乱过后，寺院也被焚毁。后来著名的一休大师重建了大德寺，并以80岁的高龄担任了大德寺的住持，至今大德寺还保存有一休大师的墨宝。寺内总共有21座塔头，还有茶室、庭院、门画等若干文化财产。

TIPS
- 京都市北区紫野大德寺町5353　075-491-0019　免费
- 9:00—18:00　乘坐204、205、206路公交车在大德寺前站下车即达　★★★★

11 光悦寺 赏
精制工艺的传承

德川家康于1615年将鹰峰光悦町一带赐予当时著名的艺术家木阿弥光悦，之后木阿弥光悦带领各种行业的高手职人定居于此，逐步形成了江户时代颇为知名的工艺村。光悦死后，这里变成了日莲宗的寺庙光悦寺。

TIPS
- 京都市北区鹰峰光悦町29　075-491-1399　￥300
- 8:00—17:00　乘坐京都地铁乌丸线北大路站出站，换乘1路公交车在鹰峰源光庵前站下车步行3分钟即达　★★★★

12 上贺茂神社
京都地区最古老的神社 赏

上贺茂神社因"葵祭"这个京都三大祭之一而闻名，这座神社也是京都地区最古老的神社。神社内的建筑，是公元7世纪末修建的。正殿和权殿被指定为国宝级文物。权殿，是在建造正殿时用于临时安置神位的殿堂。神社中还有34栋建筑物被定为国家重点文化遗产。这座神社，有着悠久的历史和独特的文化价值，目前已被联合国教科文组织评为世界文化遗产。

TIPS
- 京都市北区上贺茂本山339
- 075-781-0011
- 免费
- 8:30—18:00
- 在京都车站前乘坐9、快9路公交车在上贺茂御园桥站下车步行5分钟即达
- ★★★★

13 等持院
梦窗国师设计的知名庭园 赏

TIPS
- 京都市北区等持院北町63
- 075-461-5786
- ￥500
- 8:00—17:00
- ★★★★

位于京都市北区的等持院是室町幕府第一代将军足利尊氏请国师梦窗设计建造的，作为足利家族的菩提寺供奉了历代足利将军的木像。庭园内名为清莲亭的茶室以园中的芙蓉池为中心，可一览园内优雅风景和远处衣笠山景。

畅游日本 京都

179

14 源光庵 赏
日本佛教曹洞宗的名刹

　　源光庵始建于1350年，距今已有650多年的历史，原本是临济宗开创的寺院，但后来在17世纪时，改由曹洞宗的大师住持，因此便成为日本佛教曹洞宗的名刹。庵内祭祀着释迦牟尼佛的是本堂，有两扇造型窗，都有禅宗的意义，一扇是丸形的"顿悟之窗"，是表达禅兴圆通的意义，另一扇是四角形的"迷惘之窗"，代表人一生生老病死等四苦八难。修佛有意，两扇造型窗正好将景色映入眼中。

TIPS
京都市北区鹰峰町47　075-492-1858　成人￥400、儿童￥100　9:00—17:00　乘坐京都地铁乌丸线北大路站出站，换乘1路公交车在鹰峰源光庵前站下车，步行3分钟即达　★★★★

15 常照寺 赏
追忆吉野太夫

　　常照寺是京都最为知名的艺伎吉野太夫最后皈依的寺院，游人在常照寺的庭园内可以看到吉野太夫的墓碑。作为当时京都最知名的艺伎，吉野太夫琴棋书画、诗词歌赋样样精通，曾活跃于京都的上流社会中。现今常照寺入口的山门也依旧被称为"吉野的赤门"，此外还有茶室的吉野窗、吉野樱等，游人在常照寺中可以追忆这位曾经风华绝代的艺伎。

TIPS
京都市北区鹰峰町45　075-492-6775　￥300　8:30—17:00　乘坐京都地铁乌丸线北大路站出站，换乘1路公交车在鹰峰源光庵前站下车，步行3分钟即达　★★★★

16 今宫神社
医药之神庇护的神社

TIPS
- 京都市上京区马喰町
- 075-491-0082
- 免费
- 9:00—17:00
- 乘坐46路公交车在今宫神社前站下车即达
- ★★★★

位于今宫町的今宫神社最初是在迁都京都后为防止瘟疫而建，神社中供奉医药之神，现存建筑建于明治三十五年（1902）。每年4月第二个周日，今宫神社内都会举办名为"やすらい祭"的祭奠，扮演恶鬼的人在插着樱花、松枝和山茶花的花伞下伴随着太鼓跳舞，传说走入花伞下就可驱除病魔，是京都三大奇祭之一。

17 北野天满宫
日本最著名的神社之一

TIPS
- 京都市上京区马喰町
- 075-461-0005
- 免费，宝物殿成人￥300、学生￥250
- 5:00—18:00
- 京都车站乘坐101路公交车在北野天满宫前站下车即达
- ★★★★★

最初的天满宫神殿建于949年，又称天神宫，是日本全国最著名的神社之一。村上天皇为了祭慰学问之神道真公的灵魂，于是下令建造此神社。很多学生常来此祈求学业功名，因此这里也被称作京都考运的庙。据说，学问之神菅原道真喜爱梅花，所以庭园里种植着大量不同品种的梅花。这里因而也成了京都赏梅胜地，每年2月25日在此举行梅花祭，免费对外开放。

畅游日本 京都

18 京都御苑
雅致的皇室住宅

赏

TIPS
- 京都市上京区京都御苑
- ￥100
- 9:00—16:00
- 地铁乌丸线今出川站出站即可
- ★★★★★

拥有着广阔占地面积的京都御苑，曾作为退位后的太皇所居住的御所，现位于京都中心，而今改向市民开放，成为宽阔、生机盎然的休闲地。京都御苑早在19世纪皇宫迁至东京之前，就已是贵族住宅中鳞次栉比的建筑，雅致且富有韵味，现今仍是游客不可错过的风景之一。御苑内部不需门票，但需提前一天预约。负责人会预先安排好时间，指派一位导游和一位保安随游客入苑。特别提醒游客须在规定时间内离开，管理可谓相当严格。

19 晴明神社
阴阳师安倍晴明的宅邸

赏

TIPS
- 京都市上京区堀川通一条上ル806
- 075-441-6460
- 免费
- 9:00—18:00
- 乘坐公车在堀川今出川站下车即达
- ★★★★

距一条桥百米的晴明神社曾是日本历史上最知名的阴阳师安倍晴明的故居。安倍晴明精通五行，在此从事天文、占卜、除妖等工作。神社的纹章为五芒星。在晴明公去世后，一条天皇为了纪念他的丰功伟绩，于1007年修建此社，供奉其神灵。每年9月25日，社内会举行本社的特色祭奠活动——神幸祭。社内主要有式神石像、一条戾桥、晴明井、晴明神社本殿、显彰板和橘梗苑等一系列别具特色的建筑，引来了很多远道而来的参拜者拍照留念。

20 梨木神社
五彩缤纷的萩祭 赏

TIPS
- 京都市上京区寺町通广小路上ル ☎075-211-0885 免费
- 9:00—17:00 京阪电铁河原町站出站乘坐3、4、10、17、32、59、205路公交车即达 ★★★★

梨木神社供奉明治年间的保皇派公卿三条实万和他的儿子实美。神社内涌出的染井之水是京都三名水中唯一现存的水。据说如果你抚摸手水舍前的爱乃木，就会有幸福的家庭。在梨木神社参道的两边栽植着约1000株的萩，秋分左右，参道两边的绿荫上就多了随风飘逸的小花，或白或红，把细长的参道染得五彩缤纷。每年9月的第3个礼拜天，这里会举行"萩祭"，萩枝尾端会挂着俳句或短歌的小册，别有一番风趣，十分值得前往游赏。

21 俵屋吉富
百年和菓子老店 吃

在拥有百年历史的和菓子老店俵屋吉富中，不仅可以品尝到口感独特、水嫩滑溜的生菓子，还可以在店内附设的和菓子资料馆中参观这里珍藏的大量绘有彩色和菓子设计图的和菓子食谱，在了解和菓子制作工艺后再重新品尝店内精致的和菓子，多种多样的美味口感令人大呼过瘾。

TIPS
- 京都市上京区室町通上立壳上る室町头町285-1 ☎075-432-2211 8:00—17:00 京阪本线园四条站2出口出站，向东步行2分钟即达 ★★★★

22 庐山天台讲寺
紫式部的居所 赏

庐山天台讲寺是一座供奉阿弥陀如来的寺院，因为火灾的原因，现在所见到的本堂和尊牌殿都是于1794年重建而成的。相传庐山寺的所在就是千年前紫式部的住所，而且《源氏物语》内的人物"花散里"也是住在附近，因而这里又被称为"紫式部邸宅址"。寺内歌碑的托本左面的据说是紫式部赠予儿时好友的和歌，而右面的则是紫式部的女儿所写。

TIPS
- 京都市上京区寺町通广小路上ル北之边町397 ☎075-231-0355 成人￥400、儿童￥300 9:00—16:00 京阪电铁河原町站出站乘坐3、4、10、17、32、59、205路公交车即达 ★★★★

畅游日本 京都

23 京都御所
天皇在京都的寝宫 赏

TIPS
- 京都市上京区京都御苑3
- 075-211-6364
- 免费，需提前到宫内厅申请
- 9:00—17:00
- 地铁乌丸线在今出川站或丸太町站下车即可，或者乘坐10、59、93、102、201、203、204路公交车 ★★★★

　　京都御所位于京都市区中央，御所原来是皇亲国戚的住宅，现仍为京都天皇的寝宫。现在的皇宫为孝明天皇重建，具有日本传统建筑雅朴的特色。紫宸殿是京都御所的正殿，清凉殿则是天皇的日常生活场所，此外还有大仙御所和仙洞御所，整个御所充满了宁静祥和的氛围。现在，御所中约有1300棵茂盛的古树，满地草坪如茵。

24 妙心寺
规模宏大的寺院 赏

TIPS
- 京都市右京区花园妙心寺町
- 075-461-5226
- ￥500
- 9:10—15:40
- JR嵯峨野线花园站下车即达 ★★★★

　　始建于1337年的妙心寺，全名"正法山妙心寺"，寺名来自于禅宗"拈花微笑"的故事。妙心寺距今有600多年的历史，其下有千余座僧院，遍布日本及世界各地。属于日本重点文物的建筑有山门、佛殿以及法堂。妙心寺的祖师是关山慧玄，法号无相大师，奠基人是花园法皇。公元1467年，妙心寺被焚毁，在住持雪江宗深的带领下，不仅修复了原有的建筑，还完成了开山祖师顶相（即画像）和寺史《正法山妙心禅寺记》。直至今日，妙心寺的佛事活动仍然很多，主要有修证会、释尊降诞会以及达摩忌等。

25 广隆寺
京都最古老的寺院 赏

TIPS
- 京都市右京区太秦蜂冈町32
- 075-861-1461
- 免费
- 9:00—17:00
- JR京都站乘坐巴士在太秦广隆寺前站下车步行3分钟即达 ★★★★

　　广隆寺，位于京都市右京区太秦蜂冈町，是京都最为古老的寺院。原为秦族居住的地方，推古天皇十一年（603），族长秦河胜得到了圣德太子赐予的佛像，遂造此寺安置佛像，于推古天皇三十年（621）完成。后因战乱，寺院数次被焚毁，又屡次重建。寺内安置有阿弥陀如来坐像、千手观音立像、不空罥索观音立像等，多列为国宝。其中，飞鸟时代所制的二躯弥勒菩萨半跏像为寺宝。如今的广隆寺，每年10月12日都会举行"牛祭"，祭祀仪式奇特，是京都最著名的祭祀之一。

26 仁和寺
赏

寂静素雅的庭园

　　由光孝天皇下令建造的仁和寺，因后宇多天皇和各代法亲王均在此出家又被称为"御室御所"，于仁和四年（888）正式落成，并在1995年被联合国教科文组织列为世界文化遗产。寺内陈列了仁和四年创建时的本尊——木造阿弥陀佛三尊像、1990年被指定为国宝的灵明殿本尊——木造药师如来坐像，以及中国北宋时代的佛教绘画——孔雀明王像；另栽有御室樱百余棵，这些樱花作为京都开花期最晚的樱花而极负盛名，吸引各地的游客前往观赏。

TIPS
京都市右京区御室大内33　075-461-1155　成人￥500、学生￥300　9:30—16:30　乘坐京福电铁北野线在御室仁和寺站下车步行3分钟即达　★★★★

畅游日本 · 京都

27 神护寺
红叶山林中的弘法寺院 赏

TIPS

📍京都市右京区梅畑高雄町5　📞075-861-1769　💴¥500　🕘9:00—16:00　🚌乘坐京都巴士8号在高雄站下车步行15分钟即达　⭐⭐⭐⭐⭐

　　由高尾山寺和河内之神原寺合并而成的神护寺，与西明寺和高山寺并称高雄山地区三大名寺。这座佛门名刹，更是三尾中最大最古老的寺院，也是日本平安时代佛教的起源地。从中国唐朝学成而归的空海曾在此任住持长达14年之久，另外名师和气清麿、最澄也都曾驻足于此修行讲佛，弘法世间。这里红叶景观壮丽，色彩清丽，更加衬托出神护寺的古刹韵味，俯瞰庙栏间金亮火红的枫叶以及屹立其间的各堂，更是美不胜收，金堂药师如来本尊以及当代名家濑户内寂听也都对此赞不绝口。

28 岚山公园
平安时代公卿贵族观光游览的名胜 玩

　　平安时代京都的公卿贵族最爱游览的岚山自古就是京都周边知名的观光名胜，流经京都市内西部的桂川河两岸大片山地一直就是京都文人吟咏诗歌的绝佳场所，而春季飘散的樱花和秋天的红叶更是吸引了众多游人的目光。

TIPS

📍京都市右京区嵯峨中之岛町官有地　📞075-861-0012　💴免费　🕘全天　🚌京都车站乘坐28路公交车或者京都巴士71、72、73路到岚山、岚山天龙寺前站下车即达　⭐⭐⭐⭐⭐

29 天龙寺
京都五山寺院

TIPS

📍京都市右京区嵯峨天龙寺芒之马场町68　☎075-881-1235　🎫堂内参观￥100,庭园￥500　🕐4月至10月9:00—17:30,11月至次年3月9:00—17:00　🚌京都车站乘坐28路公交车或者京都巴士71、72、73路到岚山、岚山天龙寺前站下车即达　★★★★

京都五山中排名第一的天龙寺内种植有染井吉野樱、枝垂樱等200余株樱树,每年4月上旬樱花盛开时,随风飘落的樱花都会洒落在寺院各处。庭园中曹源池清澈的池水倒映着寺院中大片娇艳的樱花,吸引了无数游人驻足停步,欣赏春日樱花的绚烂多彩。

30 清凉寺
参拜木造如来大佛

《源氏物语》中主角所居住山庄后的寺院原型就是清凉寺,历史悠久的清凉寺在嵯峨野中也是屈指可数的古刹之一。清凉寺包括仁王门、本堂、阿弥陀堂等建筑,其中本堂于元禄十四年(1701)重建,供奉有中国宋朝时雕刻的木造如来立像,只在每月8日上午11点时才对公众开放。

TIPS

📍京都市右京区嵯峨释迦堂藤之木町46　☎075-861-0343　🎫￥400　🕐9:00—16:00　🚌京都车站乘坐28路公交车或者京都巴士71、72、73号到岚山站下车,步行约15分钟即达　★★★★★

31 宝筐院
拥有华丽风景的寺院

TIPS
京都市右京区嵯峨释迦堂门前南中院町9-1　075-861-0610　成人￥400、儿童￥200　9:00—16:00　京都车站乘坐28路公交车到嵯峨释迦堂前站下车即达　★★★★

宝筐院以其优美的庭园风景而闻名，每到秋日寺院四周都可以看到宛若火焰般的红叶，而院中的落叶也是充满诗情画意，与白砂和青苔相映成趣，宛若华丽的西阵织一般。此外，宝筐院作为日本南北朝时期南朝武将楠木正行的首冢，附近还有室町幕府的二代将军足利义诠的坟墓。

32 大觉寺
嵯峨天皇的离宫

大觉寺正式名称为旧嵯峨御所大觉寺门迹，原为嵯峨天皇的离宫旧嵯峨御所。大觉寺内有宸殿、正寝殿、御影堂、五大堂等建筑，以回廊相连，景致优美。宸殿、客殿的隔扇与拉门上描绘的238幅绚丽豪华的障壁画十分著名。寺内的大泽池为嵯峨天皇离宫的池塘，是日本最为古老的庭园池水。

大觉寺本尊不动明王为中心之五大明王，创立者为嵯峨天皇。大觉寺是代代由法亲王担任住持的门迹寺院，与皇室渊源很深。

TIPS
京都市右京区嵯峨大泽町4　075-871-0071　成人￥500、学生￥300　9:00—17:00　京都车站乘坐28路公交车或者京都巴士71、72、73路到岚山站下车，步行约20分钟即达　★★★★★

33 二尊院
充满宁静清幽的气氛

TIPS
京都市右京区嵯峨二尊院门前长神町　075-861-0687　￥500　9:00—16:30　京都车站乘坐28路公交车或者京都巴士71、72、73路到岚山、岚山天龙寺前站下车后，乘坐人力车或骑车即达　★★★★

二尊院位于日本京都市右京区上嵯峨。建于大永元年（1521）的二尊院属天台宗，寺院内植有常绿的松树，充满宁静清幽的气氛。二尊院的总门是从伏见城的药医门移筑而来的，拜观用的参道称为"红叶的马场"，由此可知这里也是红叶名所。而本堂则供奉有释迦如来和阿弥陀如来等两尊佛像，这就是二尊院寺名之由来。

二尊院在树木繁茂的季节，景色十分迷人。西北面为祁王寺和泷口寺，它们位于一片茂密的竹林之中，另外还有被人遗忘的、建于19世纪70年代的念佛寺，供奉着上百尊佛像。寺中的堂塔，除了本堂之外，另有安置法然上人画像的足曳堂，以及嵯峨、土御门、御嵯峨三天皇的御塔，与法然上人庙等。此外，寺中藏有不少佛像、绘画等珍贵文物，并有源空所写的"七个条起请文"。

34 化野念佛寺
亡魂安息的佛寺

化野念佛寺的"化野"意思是伤心地。因为古时候没有亲友的人去世之后，都被安置在化野，并不加以埋葬，这种方式称为"风葬"。化野念佛寺由法然上人的念佛道场改成。到了明治中期，念佛寺将散在化野的石佛、石塔集中一处，中间安置有释迦说法佛像。寺内共有8000尊以上的佛像和佛塔，目的就是为了祈求这些漂泊异乡或是孤苦伶仃的孤魂野鬼能够安息。化野念佛寺入口附近的石佛像，是镰仓时代的作品，此寺的佛塔则是模仿印度舍利塔所建造，形状十分特殊。

TIPS
京都市右京区嵯峨鸟居本化野町17　075-861-2221　¥500　9:00—17:30　京都车站乘坐28路公交车或者京都巴士71、72、73路到岚山、岚山天龙寺前站下车后，乘坐人力车或骑车即达　★★★★

35 常寂光寺
枫叶染红的佛寺

位于小仓山小仓町的常寂光寺的寺名出自佛典，是天台四土之一，意为佛教的理想境界。每年秋季时常寂光寺所在的小仓山都会被染如火的枫叶染红，而常寂光寺内不仅庭园古朴幽雅，游人还可在寺中欣赏落叶飘落满地的景象。

TIPS
京都市右京区嵯峨小仓山小仓町3　075-861-0435　¥400　9:00—17:00　京都车站乘坐28路公交车或者京都巴士71、72、73路到岚山、岚山天龙寺前站下车后，乘坐人力车即达　★★★★

36 野宫神社
岚山上的知名神社

位于嵯峨野宫町的野宫神社相传是《源氏物语》中六条御息所之女前往担任斋宫时途中的住所。穿过黑木鸟居进入野宫神社后，可以看到很多学生与年轻女性在这里参拜，祈求学业有成或是缔结美好姻缘。是现今嵯峨野香火最盛的神社。

TIPS
京都市右京区嵯峨野宫町1　075-871-1972　免费　9:00—17:00　京都车站乘坐28路公交车或者京都巴士71、72、73路到岚山、岚山天龙寺前站下车即达　★★★★

37 岚山鹈饲
平安时代的贵族娱乐 娱

在日本平安时代为贵族行乐之事的"岚山鹈饲",在古典名著《源氏物语》中也有描写。每年夏天在岚山脚下渡月桥畔举行"宫廷鹈饲"传统仪式,再现平安时代风情。借着篝火的光亮,鸬鹚精神饱满地下水开始觅鱼。鹈饲将从7月初进行到9月末,6艘船并排一起往浅滩里驱赶鱼群的场面更是给人一种梦幻般的感觉。

TIPS
📍京都市右京区岚山游览船乘船处 ☎075-861-0302 💰成人￥1700、学生￥850 🕐9:00—17:00 🚌京都车站乘坐28路公交车或者京都巴士71、72、73路到岚山站即达 ⭐★★★★

38 龙安寺
闻名世界的"枯山水"景观 赏

临济宗的龙安寺与金阁寺、银阁寺同属日本佛教中的禅宗,此寺原为细川胜元将德大寺家的别墅,于1450年正式改作禅寺。"虎负子渡河"是龙安寺中最出名的石庭,规模十分宏伟,其长宽数十米,15块岩石被精心设计为五组,誉有"美学上黄金分割比例代表"的盛名。寺中好似古钱形状的手水钵巧妙地合成了"吾"、"唯"、"足"、"知"四个汉字,更深深昭示了"知足常乐"的禅宗教谕。龙安寺现已被列为世界文化遗产。

TIPS
📍京都市右京区龙安寺御陵下町 ☎075-463-2216 💰成人￥500、学生￥300 🕐8:00—17:00 🚌乘坐京都巴士59路在龙安寺前站下车即达 ⭐★★★★★

39 渡月桥
岚山美景地标 赏

TIPS
📍京都市右京区嵯峨 ☎075-861-0012 💰免费 🕐全天 🚌京都车站乘坐28路公交车或者京都巴士71、72、73路到岚山站下车即达 ⭐★★★★★

相传渡月桥是龟山天皇见夜空中一轮明月,一时兴起而下令修建的,以春天樱花和秋日红叶相映成趣的渡月桥已经成为岚山的标志景点之一。现存的渡月桥是1934年重建的,桥旁还立有周恩来总理拜访此地时有感而发题字的石碑。

40 曼殊院
京都观赏红叶的著名寺院

TIPS
- 京都市左京区一乘寺竹之内町42
- 075-781-5010
- ¥500
- 9:00—16:30
- 乘坐5路公交车在修学院道站下车步行15分钟即达
- ★★★★

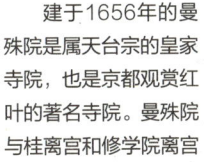

建于1656年的曼殊院是属天台宗的皇家寺院,也是京都观赏红叶的著名寺院。曼殊院与桂离宫和修学院离宫约在同一时期修建。精巧、精致的曼殊院被称为小离宫。手水钵和巨大青石做成的石桥是庭园内最为精彩的建筑。另外,小书院前有一个龟岛,采取枯山水造型,优雅高贵,被列为国家级名胜。寺内藏有千余件寺宝,其中的《古今和歌集》堪称孤本。寺院内建有大书院、小书院、茶室、八窗轩、无窗席、曼殊棚,其中书院式蓬莱枯山水庭建筑最为著名。

41 修学院离宫
皇家庭园的奢华

修学院离宫于17世纪50年代建造在可以俯瞰整座京都城的山上,面对着京都,背靠着群山,为了纪念退位的水尾天皇而建。园内的装饰十分奢华,有着十足的皇家庭园的味道。水尾天皇就是在这里惬意地度过了余生。修学院离宫最有名的是一幅鱼画,此画栩栩如生,那尾鱼逼真得像有张网罩住了一样。宫中的达云亭能让你观赏到震撼的宫院全景。

TIPS
- 京都市左京区修学院薮添
- 075-211-1215
- 免费
- 需要提前向宫内厅京都事务所参观课提出申请方可参观,须携带护照
- 乘坐5路公交车在修学院道站下车步行10分钟即达
- ★★★★★

畅游日本 京都

191

42 鞍马寺
源义经幼年修炼的寺院 赏

鞍马寺是由著名高僧鉴真和尚的高徒鉴祯上人在东渡日本后创建的。鞍马寺在历史的长河中，多次遭遇火灾，众多殿堂都是在昭和年间复原的。仁王门庄严矗立在寺内，穿过仁王门，途经崎岖山路可抵达正殿，沿途可欣赏美丽的自然风景。春夏秋冬各有不同的景致：绯红如梦的云珠樱是春天的亮丽风景线，秋天则可遥望漫山遍野的红叶。

TIPS
- 京都市左京区鞍马本町1074
- 075-741-2003
- ￥200、灵宝殿￥200
- 9:00—16:30
- 睿山电铁鞍马线鞍马站下车步行25分钟即达
- ★★★★★

43 贵船神社
供奉水神的神社 赏

TIPS
- 京都市左京区鞍马贵船町180
- 075-741-2016
- 免费
- 6:00—18:00
- 睿山电铁鞍马线贵船口站下车步行20分钟即达
- ★★★★

位于京都北面的贵船神社，原是供奉山林水泽守护神的神社。于天喜三年（1055）迁至现在的位置，现址的建筑物为大正十一年（1922）修建的。寺内的祭神都是水神，有高龙神和暗龙神，据说一求可得雨，再求可使雨停。据寺内的社史记载，祭神还有罔象女神、国常立神、玉依姬，以及天神七代地神五代，即地主神。在当今，贵船神社仍广受年轻女性的欢迎，因为神社中的灵泉水签会浮出抽签者的命运。另外，每年6月1日有贵船祭、7月7日有水祭、11月7日有火焚祭。

44 宝泉院 赏
京都抹茶与幽雅庭园

被翠竹以及远山围绕的宝泉院因栽有树龄长达700年的五叶松而著名。它曾是平安时期修行僧的宿坊，也就是平时僧人修行所住宿的地方。人们常在栽有枫树、樱树以及雪梅树的庭院前喝茶赏景，还可透过竹管听到水滴落在石间的水琴窖雅趣十足的叮咚声。而在秋天枫红时，还有夜间点灯的活动，火红的夜枫与灯火交相呼应，熠熠生辉，更是醉人不已。

TIPS
京都市左京区大原胜林院町187 075-744-2409 成人￥800、中学生￥700、小学生￥600 9:00—17:00 JR京都车站乘坐往大原方向的京都巴士在大原站下车步行15分钟即达 ★★★★

45 法然院 赏
京都红叶名景

法然院落成于1680年，是为纪念日本佛教净土宗开山祖师——法然上人所建。法然院包括供有一尊阿弥陀佛如来坐像的本堂和池泉回游式的庭园，还有大文豪谷崎润一郎的墓碑。法然院以山茶花及红叶而闻名。春日里美丽的山茶花肃穆而幽静，散发出淡淡清香。秋天则摇身一变成为京都红叶名景，华美的红叶点缀院中，绚烂多姿，优雅庄重，更添一分古韵，别是一番趣味。

TIPS
京都市左京区鹿谷御所ノ段町30番地 075-771-2420 免费 6:00—16:00 京都车站、阪急电铁河原町站乘坐特5、快5、17路公交车到银阁寺前站下车，沿哲学之道步行10分钟即达 ★★★★★

畅游日本·京都

193

46 由岐神社
鞍马火祭的举办地 赏

有着400年历史的由岐神社是安土桃山时代的代表建筑物,社内的杉树也有悠久的历史,最老的树达800岁。社内供奉着鞍马地区的保护神,因此为神社蒙上了一层原始部落神秘色彩。社内最著名的活动是每年10月22日的火祭,火祭是由朱雀天皇所带领的火把队伍带来的。火祭当天,日近黄昏,四五位壮男扛起80斤火炬一出现就宣布了火祭的开始,顿时寺前的上空被染成了红色,衬托着古香古色的建筑,别有一番景色。

TIPS
- 京都市左京区鞍马本町1073
- 075-741-1670
- 免费
- 8:30—16:30
- 睿山电铁鞍马线鞍马站下车步行10分钟即达
- ★★★★

47 诗仙堂
中国诗人群像 赏

诗仙堂又名丈山寺,创建于1641年,是由德川家康的家臣石川丈山创建的,后成为他隐居的山庄。诗仙堂由于镌刻着中国古典诗歌对百年前日本文人的心灵浸润,表达出了日本文人在那个年代对古典诗歌的热爱与痴迷,成为日本独一无二的景点。诗仙堂内充满诗情画意。环游式的日本庭园,白砂铺地,清雅幽静。春天的诗仙堂最美丽,园内藤花和杜鹃花争奇斗艳,映衬着啸月楼,成为最佳观赏时节。

TIPS
- 京都市左京区一乘寺门口町27
- 075-781-2954
- 成人￥500、高中生￥400、初中生以下￥200
- 需要提前向宫内厅京都事务所参观课提出申请方可参观,须携带护照
- 乘坐5路公交车在一乘寺下松町站下车步行7分钟即达
- ★★★★

48 东龙ラーメン
京都知名的人气拉面店 吃

京都一乘寺拉面激战区中人气最高的店家之一，就是由和食职人森元于2000年开业的东龙ラーメン，这里最负盛名的就是以完美为招牌的拉面，选用猪骨和鸡骨熬煮而成的汤头充满浓郁鲜味，搭配丰富的蔬菜后呈现出完美的口感，被誉为终极的拉面滋味。每天这里都会挤满慕名而来的食客。

TIPS
- 京都市左京区北白川上别当町1番地第2青山庄1层
- 075-703-0900
- 11:30—14:00，17:00—次日凌晨1:30
- 睿山电铁本线元田中站出站，向东步行10分钟即达
- ★★★★

49 圆光寺
日本最早的学校之一 赏

圆光寺最早用来教授佛学，也是日本最早的学校之一。它于1601年由德川家康主持建造，是京都远近闻名的文化胜地。寺中存有众多从朝鲜传入的古籍。来自足利学校图书馆的日本古老的木制活字也保存在此。

京都的红叶十分美丽，而圆光寺就是一个欣赏红叶的好地方。坐在木质的回廊间，品着日本特有的抹茶，一边欣赏红似火的枫叶，那是多么浪漫的场景。

TIPS
- 京都市左京区一乘寺小谷町13
- 075-781-8025
- 成人￥400、中学生￥300、小学生￥200、夜间￥500
- 9:00—17:30
- 乘睿山电铁在一乘寺站下车后步行20分钟即达
- ★★★★

50 京都国立近代美术馆
日本最早的国立美术馆 赏

京都国立近代美术馆于1952年修建完成，是日本最早的国立美术馆。馆内收藏的尽是奇珍异宝，展示了从西洋画在日本奠基的明治中期至今跨度达100多年的近代美术作品，包括西洋画、雕刻、素描、照片等超过1万件作品。其中，国家重点文物有土田麦仙《舞妓林泉》、村上华岳《日高河清姬图》、岸田刘生《丽子肖像》等。

TIPS
- 京都市左京区冈崎圆胜寺町
- 075-761-4111
- ￥420
- 9:30—17:00
- 京都市巴士京都会馆美术馆前站下车即达
- ★★★★

51 下鸭神社
京都最古老的神社之一 赏

始建于公元8世纪的下鸭神社，是京都最古老的神社之一。它又名"贺茂御祖神社"，其中最出名的是祭神殿，它是日本著名的文化遗产。著名的京都三大祭之一的"葵祭"就是以下鸭神社作为终点的，每年身着平安时代装束的队伍都会经过于此。此外，每年7月的"御手洗会"也会聚集大批的游人，人们争相将手放入御手洗川的水中清洗。传说这样能够保持身体健康，远离疾病的困扰。

TIPS
- 京都市左京区下鸭泉川町59
- 075-781-0010
- 神社免费，宝物殿￥500
- 6:30—17:30
- 乘坐京阪本线在出町柳站下车，过桥向北步行约18分钟即达
- ★★★★

52 三千院
日本皇族住持的寺院 赏

TIPS
🏠京都市左京区大原来迎院町540 ☎075-744-2531 💰成人￥700、学生￥400、儿童￥150 🕐8:30—16:30 🚌JR京都车站乘坐往大原方向的京都巴士在大原站下车步行10分钟即达 ⭐⭐⭐⭐⭐

　　三千院始建于1118年，是佛教门派之一天台宗的寺院。寺内存有国宝级文物主尊阿弥陀如来像和伺像。这座古老的寺庙历来由日本皇族住持，统管声明音律之事。由于年代久远，三千院几经修复。寺内的往生极乐院虽经改建，但仍保存了日本藤原后期阿弥陀堂的代表建筑样式。三千院风景优美，高耸入天的杉树、清脆碧绿的草坪，再加上后院的紫阳花，构成了这个难寻的清幽之地。

53 胜林院
清幽雅静的千年古刹 赏

　　胜林院建于1013年，是为纪念慈觉大师圆仁建立的道场。1186年，净土寺的法然上人与来自佛教其他宗派的僧侣进行了关于念佛往生道义宗论的辩论。这一宗教盛事也使胜林院声名大噪。如今，寺内仍保留着当年的问答台和"大原问答"匾额。

TIPS
🏠京都市左京区大原胜林院町187 ☎075-744-2409 💰￥300 🕐9:00—17:00 🚌JR京都车站乘坐往大原方向的京都巴士在大原站下车步行15分钟即达 ⭐⭐⭐⭐⭐

　　寺内现存本堂、不动堂、仁王门、西行庵等堂舍。整体建筑风格开阔豪迈，但环境却是十分清幽。寺内樱树繁茂，每到春季十分美丽。若是冬季，不能错过的则是本堂的雪景。

54 平安神宫
京都观光的必游景点之一 　　　　　　　　　　　　　　　　　　　　　　　　　　　　　　　　 赏

建于明治年间的平安神宫，是为纪念桓武天皇迁都日本古都——平安1100周年而建，现今仍供奉着桓武天皇及平安京中的最后一位天皇——孝明天皇。宫内拥有被指定为京都重点文物的神殿、具有双层构造的应天门、入母屋式屋顶的太极殿，东面的苍龙楼以及西面的白虎楼都是在进行严格考证和认真对比后所复原建成的，十分考究。主殿背面一带是被誉为国家级名胜的神苑，是日本池泉回游式庭园的代表作。平安神宫是依前平安京朝堂院而缩小重建的，每年10月22日都会在此举行京都三大祭祀之一的"时代祭"，成为京都观光的必游景点之一。届时，人们身着古代服装排成队列，车马组成仪仗队以再现古都风貌。

TIPS
🏠 京都市左京区冈崎西天王町　☎ 075-761-0221　💰 ¥600　🕐 8:30—17:00　🚇 地铁东西线东山站下车步行10分钟，或在京阪电铁三条站、阪急电铁河原町站乘5、特5、临5、快5、100路公交车到京都会馆美术馆前站下车步行5分钟即达　★★★★★

55 哲学之道
京都赏樱最佳的景点之一 　　　　　　　　　　　　　　　　　　　　　　　　　　　　　　　　 赏

连接着银阁寺与南禅寺的哲学之道位于日本京都大学的东侧，是若王子桥到银阁寺桥之间的一条小道。它长约1.8公里，用石板铺就，种满樱花，曾被"日本之路百选"推荐为最浪漫的散步小路之一。早些时候，京都大学哲学家西田机太郎时常在此散步，苦苦思索，探寻深奥的哲学问题，因此这条路被称作哲学之道。小路与琵琶湖疏水渠并行，中间流淌着一泓清流，几座石桥横跨其中，不禁联想到"小桥流水人家"的诗句。每逢四月，道路两旁的"春樱"便成为最大特色，是京都赏樱最佳的景点之一。

TIPS
🏠 京都市左京区银阁寺町　☎ 075-771-5725　💰 ¥500　🕐 8:30—17:00　🚌 京都车站、阪急电铁河原町站乘坐特5、快5、17路公交车到银阁寺站下车步行10分钟即达　★★★★★

56 寂光院
典型的日式庭院 赏

寂光院因一位命运多舛的皇后而出名。12世纪，高仓天皇的皇后在逃避战乱时带着皇子跳海自杀。不过幸运的是，皇后没有死成，于是在寂光院出家度过了余生。

寂光院的庭院是典型的日式庭院，为环游式风格，无论在哪个角度，都可以欣赏到园中心瀑布的美景。秋季，这里也是欣赏红叶的佳地。寂光寺现存本堂、书院、弁天堂等，可供游客观赏。

TIPS
京都市左京区大原草生町676　075-744-3341　￥500　9:00—17:00　JR京都车站乘坐往大原方向的京都巴士在大原站下车步行15分钟即达　★★★★

---

57 南禅寺
皇室发愿建造的禅宗寺院 赏

TIPS
京都市左京区南禅寺福地町　075-771-0365　免费，方丈庭园￥500、登山门￥500、南禅院￥300　8:40—17:00　乘坐京都地铁东西线蹴上站下车，向东北步行10分钟即达　★★★★★

位于东山山脉丘陵地带的南禅寺是日本最早的由皇室发愿建造的禅宗寺院，也是临济宗南禅寺派总本山。它一度是京都皇宫的一部分，后改建为禅寺，位列于五山之上，为日本禅宗最高寺院，因在禅林寺之南，故被称为南禅寺。寺内面积广阔，巨大的山门十分壮观，站在二层的门楼上可以观赏到整个城市，风景美到极致。南禅寺又是春季赏樱和秋季观赏红叶的绝佳去处。寺内由方丈亲自设计的平庭枯山水更是有名的观红叶场所，被誉为是江户初期的枯山水庭园代表作，是日本国家一大名胜。南禅寺景色之壮美和幽静是其他景点所不及的。

58 银阁寺
东山文化的代表

位于日本京都府京都市左京区的银阁寺又名慈照寺，由室町幕府第八代将军足利义政创立于文明十四年（1482）。足利义政于寺内所兴建的观音殿均被称为"银阁"，故称银阁寺，与金阁寺相互呼应。银阁寺为四层半建筑，是日本最古老的建筑方式。模仿西芳寺舍利殿的是位于最底层的心空殿，二层为潮音阁，其内供有观音像，二层阁楼则是涂满白漆的银阁。寺中庭园由银阁、东求堂和锦钟池组成，银阁和东求堂都是日本国宝。此外还有沙场、向月台、洗月泉、弄清亭、茶室等造景，古朴雅致，简单无华，可视室町艺术和工艺的经典之作，堪称东山文化的代表。

TIPS
京都市左京区银阁寺町　075-771-5725　￥500　8:30—17:00　京都车站、阪急电铁河原町站乘坐特5、快5、17路公交车到银阁寺站下车步行10分钟即达　★★★★★

59 真如堂
唯美和浪漫的雅致庭园

环境清幽静雅的真如堂是在984年从比睿山常行堂移来阿弥陀如来像后，才正式创建的，正式名称实为"真正极乐寺"。寺内宽敞幽静，清新典雅，一派与世无争之象，仿似世外桃源一般，灵驾于世间，是佛教中人去世后真正的美好世界，取极乐之意。寺中耸立着主堂、三重塔、观音堂等美丽协调的特色建筑，其内所供奉的主尊来迎阿弥陀念佛更是京都六大阿弥陀之一。真如堂幽静深奥的庭院，给浓浓的京都风情中又增添了几分唯美和浪漫。

TIPS
京都市左京区净土寺真如町　075-771-0915　成人￥500、高中生￥400、初中生￥300、儿童免费　9:00—16:00　京都车站、阪急电铁河原町站乘坐17、102路公交车到银阁寺道站下车，沿白川通步行15分钟即达　★★★★★

60 住莲山安乐寺
法然念佛的道场

建于1681年的住莲山安乐寺是法然念佛的道场。据说，后鸟羽上皇的宠姬松虫和铃虫被法然的弟子住莲和安乐的传教感化而私自出家，上皇闻后大怒，两位僧人因此而被处决，法然也遭到流放。住莲山安乐寺便是为吊慰两位僧人的亡灵而创建的，将住莲、安乐、松虫和铃虫四人的木像与五轮塔陈列于寺中，使这个悲剧故事广为流传。春秋两季为寺庙的特别开放季，游人众多。于7月25日举办的驱除中风的南瓜供养活动，在日本境内也颇享盛名。

TIPS
- 京都市左京区鹿谷御所ノ段町21
- 075-771-5360
- ￥400
- 9:30—16:30
- 京都车站、阪急电铁河原町站乘坐特5、快5、17路公交车到银阁寺前站下车，沿哲学之道步行10分钟即达 ★★★★

61 熊野若王子神社
京都三雄野之一

TIPS
- 京都市左京区若王子町2番地
- 075-771-7420
- 免费
- 全天
- 乘坐京都地铁东西线蹴上站下车，向东北步行20分钟即达 ★★★★

屹立在若王子桥侧面的熊野若王子神社，与熊野神社、新熊野神社并称京都三熊野。神社主要供奉天照大神，而天照大神又名"若王子"，"若王子神社"一名由此而来。神社位于哲学之道南方的起点，站在寺内可观望到京都市内的景色。每年秋季，寺院内大片红色的枫叶染遍层林，后山还有樱花苑等，一到春季，数百朵粉色的樱花竞相开放。神社是以求符为主的人气神社，人们常来此祈求交通安全、望保佑进学、求得缘分，或用神社内御神木的竹柏做成护身符来保佑平安，消除苦难。

62 东寺
日本密教的美术宝库 赏

被列入世界文化遗产的东寺是一个镇守国家的寺庙。东寺有着悠久的历史，早在823年，被下赐予弘法大师后成为一个道场。而且每月21日定为缘日。弘法大师在世时住在大师堂，辞世后大师堂内安放了弘法大师像和大师念持佛的不动明王坐像。在寺内有座日本最大的塔，称为五重塔，塔高56.4米，此塔为德川家光重建。许多国家级的密教珍品收藏于寺内。大日如来佛像安放在寺内的讲堂中心，周围环绕着五大明王等20余座佛像。寺内常年游客众多。

TIPS
京都市南区九条通一番地 ☎075-691-3325 五重塔￥500，宝物馆￥800 ⏰9:00—16:00 近铁东寺站步行5分钟，京都车站步行22分钟或乘坐17、19、208路公交车在东寺南门前站下车即可 ★★★★★

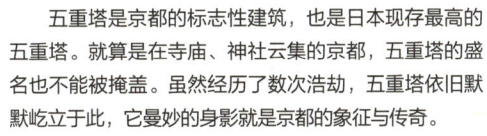

63 五重塔
京都的标志性建筑 赏

五重塔是京都的标志性建筑，也是日本现存最高的五重塔。就算是在寺庙、神社云集的京都，五重塔的盛名也不能被掩盖。虽然经历了数次浩劫，五重塔依旧默默屹立于此，它曼妙的身影就是京都的象征与传奇。

五重塔始建于江户时代，后曾被烧毁过4次，现在看到的塔身是德川时代重新修葺过的。不仅如此，身处日本这个地震频发的国家，五重塔始终没有被地震摧毁。它雄伟、优雅的身姿和神奇的木质结构足以让它位列日本国宝级文物。

TIPS
京都市南区九条通一番地 ☎075-691-3325 ￥500 ⏰9:00—16:00，照明夏季19:00—23:00，冬季18:00—22:00 近铁东寺站步行5分钟，京都车站步行22分钟或乘坐17、19、208路公交车在东寺南门前站下车即可 ★★★★★

畅游日本 京都

64 平等院
10元硬币上的美丽楼阁

TIPS
📍 京都府宇治市宇治莲华116　☎ 077-421-2861　💰 成人￥600、中学生￥500、小学生￥300　🕗 8:30—17:30　🚃 JR奈良线、京阪电铁宇治线在宇治站下车步行10分钟即达
⭐⭐⭐⭐⭐

在日本的10元硬币上刻着一座美丽的楼阁，这就是被称为日本艺术国宝的"凤凰堂"。而凤凰堂正是平等院的标志性建筑。平等院位于宇治川旁，风水极佳。古有阳成天皇、宇多天皇、朱雀天皇、摄政大臣藤原道长等多位权贵在此居住过。园中环境优美，樱花、杜鹃花争相开放，难怪古时皇族要把这里作为游乐时的别墅。经过战争的摧残，现仅有凤凰堂、观音堂、钟楼保留了下来。

65 宇治上神社
日本最古老的神社建筑之一

宇治上神社是日本最古老的神社建筑之一，同时也是世界文化遗产。神社内供奉了应神天皇、仁德天皇和菟道稚郎子。神社内名为"桐原水"的泉眼至今都没有枯竭，仍旧有清澈的泉水涌出，这也是日本现存的一眼古名泉。宇治上神社的建筑风格与日本民间的建筑风格类似，也是附近人民信奉的神灵所在地，因此神社内严肃静穆，古代祭祀意味十分浓重。

TIPS
📍 京都府宇治市宇治山田59　☎ 077-421-4634　💰 免费　🕗 8:00—17:00　🚃 JR奈良线、京阪电铁宇治线在宇治站下车步行10分钟即达
⭐⭐⭐⭐

66 万福寺
浓郁的中国风情 　　赏

TIPS

🏠京都府宇治市五庄三番割34　📞077-432-3900　💰成人￥500、学生￥300　🕐8:30—16:30　🚉JR奈良线、京阪电铁宇治线在黄檗站下车步行5分钟即达　⭐★★★★

京都宇治市的万福寺具有浓浓的中国风情。它是由中国明朝来的隐元禅师于1661年在此修建的禅宗寺院，建筑风格中加入了明朝寺庙的对称元素，祖师堂、大雄宝殿、方丈堂等寺内建筑都依照中心对称而建。寺内供奉的佛像也与中国的弥勒佛相似，体态圆润，笑面迎人，完全不同于日本本土体形纤细、匀称的神灵。

万福寺不能错过的还有可口的斋菜。这里的斋菜融合了中式料理的烹饪方法，虽然都是素食，却十分美味、可口。

67 三室户寺
历经千年的观音寺 　　赏

三室户寺是由光仁天皇于8世纪所创建的观音寺，虽然经历了战火的摧残，不过现寺内宝殿中仍存有千手观音菩萨金铜像和五尊木雕阿弥陀如来坐像。想要看这两尊日本国宝，就只能在每月17日公开对外展示日时来参观了。

此外，三室户寺更值得一看的是枯山水式及池泉式庭园。从每年5月开始，上万株的杜鹃花、紫阳花、荷花会陆续开放，游客将会置身花的海洋，人潮也是络绎不绝。

TIPS

🏠京都府宇治市菟道滋贺谷21　📞077-421-2067　💰成人￥500、学生￥300　🕐8:30—16:00　🚉京阪电铁宇治线在三室户站下车步行20分钟即达　⭐★★★★★

68 祇园
日本规格最高的繁华街 　　逛

TIPS

🏠京都市东山区祇园町　💰依各店铺和景点而异　💰免费　🕐全天　🚉地铁东西线三条京阪站、京阪电铁三条站出站即达，或者乘坐公交车在祇园站下车即达　⭐★★★★★

作为八坂神社门前的街道而发展起来的祇园是日本规格最高的繁华街。在道路的两旁是用细细的方材建成的格子窗，大街的格调与舞伎的风采十分相称。街上排列着销售发簪、香、日式服装和装饰物品等京都特产的商店。此外，祇园每年夏天举办的祇园节也广为人知。在祇园节时，人们在豪华装饰的彩车上用笛子、锣鼓和大鼓演奏着祇园音乐，从街上通过，每年有100多万人前去观看。

畅游日本　京都

203

69 地主神社

祈求美好姻缘的神社

TIPS

- 京都市东山区清水1-317
- 075-541-2097
- 免费
- 9:00—17:00
- 京都车站乘坐100、206、特207路公交车到清水道站下车，或阪急电铁河原町站乘坐207路公交车清水道站下车，步行12分钟即达
- ★★★★★

位于清水寺正殿北侧出口对面的地主神社，是日本祈求美好姻缘的神社，建于神代末期日本建国之前。里面有一对相距10米的绳文时代遗物"恋爱占卜石"，极受年轻人的喜爱。相传，如果闭着眼睛能从一端走到对面的石头，便预示着两个人的恋爱会如愿以偿。这里终日可见虔诚参拜、祈求良缘的年轻女孩。神社内还有幸福锣，也是求爱神眷顾的设备，这里是花季少女们希望能够喜结良缘的浪漫之地。

70 建仁寺

日本最古老的禅宗本山寺院

有着800多年历史的建仁寺开创于镰仓时代建仁年间（1201—1204），并以其创建的年号命名，是日本最古老的禅宗本山寺院。山号为东山。建仁寺虽地处喧闹的烟花柳巷之中，却集文物瑰宝于一身，恬静庄严地伫立于此。寺内拥有15座寺庙，表屋钟达的代表作《风神雷神图》收藏在此。每到春季开山祖师荣西禅师的诞辰日，都会举行大茶会，展示禅宗古传茶法的风采。虽历尽岁月之风霜，作为禅的道场的建仁寺直到今日依旧是广大信众心灵之寄托。

TIPS

- 京都市东山区大和大路通四条下ル小松町
- 075-561-6363
- 成人￥500、学生￥300
- 10:00—16:00
- 京都车站乘坐206路公交车到东山安井站下车，向西步行3分钟即达
- ★★★★

71 八坂通&八坂塔 赏
清水地标建筑

清水八坂通的尽头是一座高耸的五重塔——八坂塔，相传八坂塔是1500年前由圣德太子所建，是日本现今最古老的一座五重塔。千余年来八坂塔不断经过兵乱与火灾，现今所存的塔身为室町幕府的足利义教将军于1440年所建。

TIPS
- 京都市东山区清水八坂通 依各店铺而异 免费 全天
- 市巴士在祇园站下车后步行即达 ★★★★

72 东福寺 赏
京都最大的禅寺

东福寺是京都最大的禅寺，也是临济宗东福寺派的总院，占地面积达20万平方米。连年战争及1881年的火灾，将其佛堂、法堂、厨房、住房一并烧毁，其后逐次重建。寺内的通天桥是观赏红叶的好所在。全寺有25座塔，现存最古老的山门是国家级珍贵文物。东福寺建于1236年，当时是模仿奈良两大有名寺院——东大寺和兴福寺的风格而建。

东福寺是日本最壮观的红叶观赏地之一。每年的11月下旬是观赏红叶的最佳时期，此时满山遍野的红叶与古老的寺庙相映生辉。东福寺被联合国教科文组织列为京都的世界文化遗产。

TIPS
- 京都市东山区本町15-778 075-561-0087 成人￥400、儿童￥300 9:00—16:00 在京都车站乘坐JR奈良线或者京阪本线在东福寺站下车即达 ★★★★★

畅游日本 京都

205

73 八坂神社

日本最大祭奠的举办地 〔赏〕

　　以日本最大的祭奠之一园祭而闻名的八坂神社位于四条通最东端，是京都最有名的神社之一。旧社格为官币大社，也就是现在神社本厅的别表神社，是日本全国约3000座八坂神社的总本社。八坂神社原本称作祇园神社、祇园社、祇园感神院，庆应年间神佛分离令后改名八坂神社。夜幕降临后，装饰着神社舞台的众多灯笼被点亮，上面写着捐赠者的名字，其中大部分是京都的商人。

TIPS

🏠 京都市东山区祇园町北侧625番地　☎ 075-561-6155　💰 免费　🕐 全天　🚇 地铁东西线三条京阪站、京阪电铁三条站出站即达，或者乘坐公交车在祇园站下车，沿四条通向东步行即达　⭐ ★★★★★

74 料理旅馆白梅

延续百余年的京都风情旅馆 〔住〕

　　位于白川畔的料理旅馆白梅因门口种有八棵白梅而得名。走入这家已经延续了130余年的旅馆中，不论窗棂、矮柜以及房屋内各处的装饰，都可以看到梅花图案。入住白梅的客人除了可以体验旅馆独有的京都风韵外，还可以品尝这里美味精致的怀石料理。

TIPS

🏠 京都市东山区祇园新桥白川畔　☎ 075-561-1459　🚇 乘地铁东西线三条京阪站、京阪电铁三条站出站后步行20分钟即达，或者乘坐公交车在祇园站下车后步行20分钟即达　⭐ ★★★★

75 高台寺
闻名于世的日本名刹

高台寺这个闻名于世的日本名刹，位于京都东山灵山之麓，以其独创的灯节庙会夜景被海内外游客所熟知。战国时代，为祈祷著名武将丰臣秀吉病逝后能够安养修佛，于宽永元年（1624）建此寺院。德川家康为笼络丰臣秀吉旧部，在建寺时，给予了极大的财政援助，故寺观美丽至极。以日本茶道为首，汇集着日本传统文化精髓的高台寺内建有时雨亭、遗芳庵，及寺内现存的开山堂、灵屋、观月台、蓬莱山水庭院等国家级重要文物及景点，久负盛名，为人们所熟知。

TIPS

京都市东山区高台寺下河原町526番地　075-561-9966　成人￥600、学生￥250　9:00—17:00　京都车站乘坐100、206、特207路公交车到清水道站下车，或阪急电铁河原町站乘坐207路公交车清水道站下车，步行到达清水寺后沿二年坂走到尽头即达　★★★★★

畅游日本 京都

207

76 知恩院
日本净土宗的发源地 赏

TIPS
- 京都市东山区林下町400
- 075-531-2111
- 成人¥500、儿童¥250
- 9:00—16:00
- 京都车站、阪急电铁河原町站乘坐5、100路公交车到京都会馆美术馆前站下车向南步行10分钟即达
- ★★★★★

地处京都市林下町的知恩院是日本净土宗的发源地，1175年法然上人在知恩院修建寺庙开始传道，迄今已有近千年的悠久历史。游人在知恩院除了欣赏幽静安和的寺院外，还可以了解到寺院内一些十分有名的典故，以及被称为知恩院七个不可思议之谜。

77 永观堂
日本净土宗西山禅林寺派的总本山 赏

永观堂原名禅林寺，实为藤原关雄的别墅，由平安时代初期弘法大师的弟子真绍僧都所创建，属日本净土宗西山禅林寺派的总本山。后因永观大师入住该寺，而改名为永观堂。院内含有释迦堂、开山堂和御影堂，三者以回廊相连。寺中还供有最为闻名的阿弥陀佛立像，被视为国家级重要文化财产。传说在永保二年（1082），永观大师正在殿中念佛绕行做早课，阿弥陀佛突然现身于永观身前，左顾招呼永观。这一形态即为永观堂内向左侧回首的阿弥陀佛像之蓝本，好似有所瞩望，故尊称为"回首阿弥陀"。

TIPS
- 京都市东山区永观堂町48
- 075-761-0007
- ¥600
- 9:00—17:00
- 乘坐京都地铁东西线蹴上站下车，向东北步行15分钟即达
- ★★★★★

78 青莲院
别具特色的精致庭院 赏

由世代天皇的儿子及四代子孙担任住持的青莲院，它的前身是平安末期从比睿山东塔移筑来的青莲坊，是京都资格、级别相当高的天台宗寺。风雅别致的建筑物由明治时代以后重建而来，让人拍案叫绝。最让人流连忘返的是院内的两座庭园，分别为室町时代相阿弥修建的池泉回游式庭园和小堀远州修建的雾岛庭园，别具特色的建筑风格吸引了无数游客前往参观。

TIPS
🏠 京都市东山区粟田口三条坊町69-1　☎ 075-561-2345　💴 成人￥500、中学生￥400、小学生￥200　🕘 9:00—17:00　🚌 京都车站、阪急电铁河原町站乘坐5、100路公交车到京都会馆美术馆前站下车，向南步行10分钟即达　★★★★

---

79 清水寺
京都最古老的寺院 赏

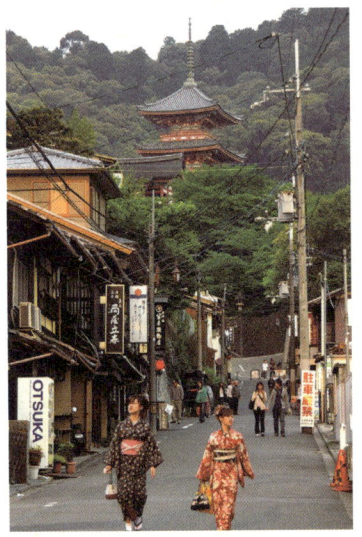

清水寺因寺中清水而得名，是京都最古老的寺院。由慈恩大师创建的清水寺建于公元798年，是平安时代代表性的建筑物。原属于法相宗派，后独立为北法相宗的大本山。据说，寺中清泉具有神奇的力量。清泉一分为三，分别代表长寿、健康和智慧，喝上一口便可预防疾病和灾祸。清水寺宛如古都一般的建筑，再加上寺外的美景，无论是春天的樱花、夏天的瀑布、秋天的红叶或是冬天的细雪，都完完全全地将京都的风采表现了出来，令人流连忘返。现已被列为日本国宝建筑，一年四季慕名前来的朝拜者络绎不绝。

TIPS
🏠 京都市东山区清水1-294　☎ 075-551-1234　💴 ￥300　🕘 6:00—18:00　🚌 京都车站乘坐100、206、特207路公交车到清水道站下车，或阪急电铁河原町站乘坐207路公交车清水道站下车，步行12分钟即达　★★★★★

80 二年坂
品味京都的风情 赏

TIPS

📍京都市东山区清水 🏠依各店铺而异 💰免费 🕐全天 🚌京都车站乘坐100、206、特207路公交车到清水道站下车，或阪急电铁河原町站乘坐207路公交车清水道站下车，步行12分钟即达 ★★★★★

始建于大同二年（807）的二年坂是一条连接清水寺与高台寺之间的坡路，石板铺就的二年坂沿街两侧都是充满古老风韵的建筑，游人走在街上除了可以欣赏这条古老街道的建筑外，还不时可以遇到穿着传统服装的艺伎迎面走过，一时间恍若依旧置身千年前的平安时代一般。

81 三年坂
游人如织的古老街道 赏

建于大同三年（808）的三年坂又名产宁坂。由于当时清水寺入口的仁王门前有祈祝安产的"安产观音"，而日文中表示平安生产的"产宁"二字又与"三年"谐音，久而久之，人们就将这条拥有千余年历史的古老街道称为产宁坂。

TIPS

📍京都市东山区清水3丁目 🏠依各店铺而异 💰免费 🕐全天 🚌京都车站乘坐100、206、特207路公交车到清水道站下车，或阪急电铁河原町站乘坐207路公交车清水道站下车，步行12分钟即达 ★★★★★

82 泉涌寺
供奉杨贵妃的寺院

TIPS
- 京都市东山区泉涌寺山内町27
- 075-561-1551
- ￥500
- 9:00—16:30
- 在京都车站乘坐208路公交车在泉涌寺道站下车,步行15分钟即达 ★★★★

泉涌寺是位于日本京都府京都市东山区的寺院,真言宗泉涌寺派总本山,创立者为月轮大师俊芿。寺院内有镰仓时代的后堀河天皇、四条天皇、江户时代的后水尾天皇以下至幕府的历代天皇陵墓,作为皇室的菩提寺而被称为"御寺泉涌寺"。

进入泉涌寺,山门左侧便是杨贵妃观音堂,堂内供奉祭祀贵妃观音坐像,据传是当年唐玄宗为爱妃杨贵妃冥福而特意差人雕刻的。日本人信奉杨贵妃可为人们带来良缘,并可保佑产妇安产。

83 京寮都路里
京都必尝甜品

位于祇园町南侧的京寮都路里是京都最受欢迎的甜品店之一。店内用上等宇治抹茶做成的各式圣代冰品中,还添加了甘栗、抹茶蜂蜜蛋糕块、抹茶果冻等,独特的风味令每一个品尝过的食客赞不绝口,门前总是大排长龙。

TIPS
- 京都市东山区祇园町南侧573-3
- 075-561-2257
- 10:00—22:00
- 京阪本线祇园四条站2出口出站,向东步行3分钟即达 ★★★★

畅游日本 京都

211

84 京都国立博物馆
东西融合的建筑 赏

　　日本明治中叶时期所建造的京都国立博物馆占地10万余平方米，具有法式文艺复兴风格，担当着对千年古老京都及周围地区各类文物的重要保护责任。馆内多为11世纪至14世纪以日本古代美术作品为中心的藏品，包括不同主题的展览室，亚洲古代工艺美术品共8万余件，含有普贤菩萨像等80余件国宝。此外，主要用于举办各种专题展览的京都国立博物馆本馆融合了典型的欧洲巴洛克式风格以及佛教与和风的建筑风味，是奇特罕有的"和洋"折中式建筑。

TIPS
京都市东山区茶屋町527　￥500　9:30—17:00　京阪本线京阪七条站下车步行3分钟，京都车站乘坐100、206、208路公交车，阪急电铁河原町站乘坐207路公交车在博物馆三十三间堂站下车即达　★★★★

85 三十三间堂
日本最长的殿堂 赏

　　建于1164年的三十三间堂因大殿被隔为三十三间而得名，是日本最长的殿堂。它位于洛中和洛东旅游精华区和中间点，是日本古建筑莲华王院的正殿，也是日本国宝。三十三间堂因其内供奉有1001座观音而闻名。目前，其本堂建筑以及本尊、坐姿千手观音、走廊及主佛后的木造二十八部众立像和风神雷神像，都已被列为日本国宝。三十三间堂是日本平安末期时仅存的富有千体观音堂形式的建筑物，堂正中的佛像为高约3米的木造11面千手千眼观音像，伴其左右的还各有500尊金色观音立像。

TIPS
京都市东山区三十三间堂回町657　075-525-0033　￥600　8:00—17:00　京阪本线京阪七条站下车步行3分钟，京都车站乘坐100、206、208路公交车，阪急电铁河原町站乘坐207路公交车在博物馆三十三间堂站下车即达　★★★★★

86 光明寺
阳光变幻下的秋日红叶 赏

　　始创于12世纪末期的光明寺位于京都府长冈京市粟生西条。寺中建筑大多由一条叫做"回廊"的走廊连接，统一集结于山腰之上。大正殿是全寺的核心，此外还有"阿弥陀堂"等特色建筑。寺中供有管辖极乐净土之佛的"阿弥陀如来"佛像，还藏有木质的"千手观音"像等重点保护文化遗产。相传日本佛教宗派"净土宗"的开祖——法然最初时就曾在寺中传授"念佛"等佛教教义。寺院的周围种满了松树、樱花树、枫树等，十分茂密。寺后还有法然的墓地，据说墓上还有法然本人用母亲写来的信件所折叠而成的法然肖像，称为"张子御影"。

TIPS
京都府长冈京市粟生西条26-1　075-955-0002　免费　9:00—16:00　JR京都线长冈京站下车换乘阪急巴士在光明寺站下车即达　★★★★★

87 天桥立
日本著名三景之一 赏

天桥立是日本著名三景之一，它全长约3公里，是由潮汐作用堆积起来的一条细长的沙堤。在这条沙堤上生长了大约8000棵松树。因此，从天空下望，天桥立就像碧蓝大海的一条腰带，翠绿青葱，绵延开来。

天桥立上的松树大多为古树，当然也不乏各代天皇亲手种下的"名树"。整个天桥立最宽处只有100多米，最窄的就只有约40米。不过，不论是远观还是漫步其中，都能被这浓浓的绿意所打动，这道绿色的通道绝对是上天才能创作出的杰作。

TIPS
京都府宫津市文珠314-2　077-222-8030　免费　全天　在京都车站乘坐JR山阴本线接KTR宫福线在KTR天桥立站下车，乘坐观光游船到对岸，再搭乘缆车到伞松公园即达　★★★★★

88 旧三上家住家
江户时代的豪宅 赏

以经营造酒业、运输业和丝织批发业而繁荣起来的宫津城下三上家是江户时代屈指可数的商家之一，它与当时的宫津藩财政有着密切的关系。三上家主要由正房、造酒仓库、锅场、日常用具仓库、工具仓库和正门6个部分组成。天明三年（1783），三上家的正房遭受了一场火灾，而后，正房将面向外部的柱子用泥封住，设计成大墙造、土门的耐火结构以避免火灾的侵害。三上家住家于2003年12月，正式被指定为国家级珍贵文化遗产。

TIPS
京都府宫津市河原1850　077-222-7529　成人￥350、学生￥250　9:00—17:00　在京都车站乘坐JR山阴本线接KTR宫福线在KTR宫津站下车步行15分钟即达　★★★★

89 西芳寺
日本最古老的庭园之一 赏

开创于奈良时代的西芳寺是日本最古老的庭园之一，原作为圣德太子别墅而建，后在1339年重建为禅宗寺院。此寺以庭园之美而著名，满园生长有100多种苔藓植物，故又被称为"苔寺"。其庭园分为上、下两段，即枯山水式园林和池泉回游式庭园，有西来堂、无缝阁、湘南亭、琉璃殿、黄金池、合同船、潭北亭、缩远亭、向上关、指东庵、邀月桥等多景组成，深受足利义政喜爱。

TIPS
京都市西京区松尾神谷町56　075-391-3631　￥3000　通过明信片预约参观时间　在京都车站前乘坐73路公交车在苔寺站下车步行3分钟即达　★★★★

畅游日本 · 京都

90 伊根舟屋
水畔的渔家风情 赏

位于178号线上伊根町的伊根舟屋,早在江户时代中期开始就已经存在。实为渔村民宅并具有三角形屋顶特色的舟屋向海开口,依海岸线而建。舟屋周边海水透明度高,海面湛蓝无波,如同镜子一般平静,周边也以民宅居多,所以拍照前最好事先征得主人同意。目前被确认的舟屋已有200余间,他们均被列为国家重要传统建筑物群保存地区。

TIPS
京都府与谢野郡伊根町字龟岛459 077-232-0277 免费 全天 在京都车站乘坐JR山阴本线接KTR宫福线在KTR天桥立站下车,乘坐专线巴士即达 ★★★★

---

91 高山寺
延续千余年的寺院 赏

于宝龟五年(774)由光仁二天皇恩准而创建的高山寺在镰仓时代创建,1206年明惠上人住持之时改名为高山寺。筑有金堂、阿弥陀堂、十三重塔、东西藏经阁等建筑的高山寺,现为镰仓时代初期的寝殿形式的建筑风格。因中世战乱荒废的高山寺直到江户时代宽永十一年(1634)才得以再次修建,但仍是京都著名的红叶观赏景点,寺内的参天古杉也很有名。

TIPS
京都市西京区梅畑栂之尾町8 075-861-4204 免费 9:00—17:00 在京都车站前乘坐JR巴士在栂之尾站下车步行3分钟即达 ★★★★★

92 大原野神社
重现奈良春日大社的景象

桓武天皇从奈良迁都到长冈京时所建的大原野神社与奈良春日大社同属春日造建筑，建筑风格大致相同，神鹿像和池塘都好似春日大社的翻版，但周遭悠闲的田园风情以及神社著名的"红叶名所"之称足以让你流连忘返，陶醉于此。

TIPS
京都市西京区大原野南春日町1152　075-331-0014　免费　8:00—17:00　乘坐阪急电铁京都先在东向日町站下车，换乘阪急巴士在南春日町站下车步行15分钟即达　★★★★★

93 桂离宫
日本庭院建筑的杰作

桂离宫是京都市西京区的一个离宫。桂离宫建于江户时代早期，由宫内厅管理，参观桂离宫要先向宫内厅京都事务所递交申请才可以。桂离宫被认为是日本庭院建筑的杰作，常被拿来与同时代建设的日光东照宫比较。

TIPS
京都市西京区桂御园　075-254-1909　免费　向宫内厅京都事务所递交申请预约时间　从皇居或者京都站出发，乘坐地铁乌丸线到四条站后转乘阪急京都线到桂站，从车站步行15分钟即达　★★★★★

94 先斗町
京都夏日风情曲 逛

"先斗町"意为窄细的道路，这里细细的道路上一如既往地有酒家和茶馆鳞次栉比。与四条河原町的热闹气氛不同，这里飘染着一股宁静的气息，向着鸭川突出的这块土地仿佛是京都中一首夏日的风景诗。先斗町是京都传统夜生活的地区，在夜晚，则可见到艺伎的倩影。在晚上，这条小街上实在是奢靡气氛十足。有很多餐厅、茶屋，包括便宜的烤鸡肉串店，以及需要有人脉才进得去、还要有厚实的钱包才足以承受消费的高档场所。

TIPS
🏠 京都市中京区先斗町　💰 依各店铺而异　🆓 免费　🕐 全天　🚇 京阪本线三条站出站，向西过河即达　⭐ ★★★★

95 尾张屋
御用荞麦面店 吃

TIPS
🏠 京都市中京区车屋町通而条下る　📞 075-231-3446　🕐 11:00—19:00　🚇 京阪本线三条站5出口出站，向东南步行2分钟即达　⭐ ★★★★★

早在江户时代就已经成为贡奉宫廷的御用荞麦面司的尾张屋制作荞麦面已经有500余年的历史。尾张屋就餐环境颇为优雅，在古色古香的和式餐室内，荞麦面被分装在五层漆盒内，配上一篮日式佐菜，吃完面之后再将酱汁倒入面汤，全部过程好像是在欣赏一件艺术品，让人心生幸福。

96 壬生寺
京都地藏信仰的中心 赏

TIPS
🏠 京都市中京区坊城通佛光寺北入壬生梛之宫町31　📞 075-841-3381　🆓 免费　🕐 8:30—17:30　🚌 乘坐市内巴士在壬生寺道站下车即达　⭐ ★★★★★

位于京都市壬生梛宫町的壬生寺又名宝幢三昧院或地藏院，自中世时代以来就是京都地藏信仰的中心。江户幕府末期，新选组驻扎在壬生寺中，通过大量日本影视动漫作品对新选组的描写，壬生寺在中国年轻人中也颇有知名度。壬生寺每年4月举行的大念佛会又名壬生狂言，与嵯峨清凉山、千本阎魔堂的念佛会并称京都三大狂言。

97 几松
桂小五郎故居改建的料理旅馆 吃

地处京都市中京区的几松是明治维新时期日本政治家桂小五郎（又名木户孝允）的住宅，由于桂小五郎与他名为几松的艺伎夫人一同居住于此，因而故居也得名几松。现今的几松已经成为一家既可以品尝正统京都怀石料理，同时又可以住宿的和风旅馆。

TIPS
- 京都市中京区木屋町通御池上ル
- 075-231-1234
- 11:30—14:30, 17:30—22:00
- 京都地铁东西线京都市役所前站下车，向东步行即达 ★★★★

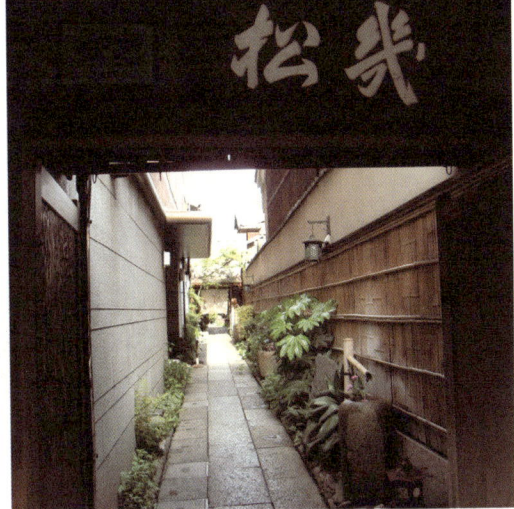

98 近又
京都风味的料理旅馆 吃

位于京都御幸町的近又是一家创业于江户时代的老铺旅馆，除了古色古香的庭园和客房外，近又最吸引客人的就是这里提供的纯正京都怀石料理。住在历史悠久的旅馆中品尝如艺术品般精致的怀石料理，令食客感受到古老京都优雅的文化情调。

TIPS
- 京都市中京区御幸町四条上ル
- 075-221-1039
- 阪急京都线河原町站4出口出站，向北步行3分钟即达 ★★★★

99 先斗町通
夜晚热闹的花街 吃

TIPS
- 京都市中京区先斗町
- 京阪本线园四条站1出口出站，过河向北步行5分钟即达 ★★★★★

木屋町通和鸭川中间的先斗町通自古就是京都知名的花街之一，每到夏夜都以架在鸭川上的露天用餐厅——鸭川纳凉床而闻名。在先斗町通细长的石板路两侧，林立着富有京都古风的茶屋或是霓虹灯闪烁的餐厅与居酒屋，每到入夜时分都会亮起点点灯火，灯影交织下的热闹景象吸引了众多游人的目光。

100 伏见稻荷大社
京都地区香火最盛的神社之一

TIPS
- 京都市伏见区深草薮之内町68番地
- 075-641-7331
- 免费
- 9:00—16:00
- 在京都车站乘坐JR奈良线或者京阪本线在稻荷站下车即达 ★★★★

伏见稻荷大社位于稻荷山的山麓，主要是供奉以宇迦之御魂大神为首的诸位稻荷神，它们自古就是农业与商业的神明。此外也祭祀包括佐田彦大神、大宫能卖大神、田中大神与四大神等其他的神明。这里是京都地区香火最盛的神社之一。伏见稻荷大社的范围内竖有数量惊人的大小鸟居，并以"千本鸟居"之名闻名日本全国乃至于海外。目前现存的鸟居，最早可以追溯到大正年间（1912—1926）。

101 城南宫
平安时代的贵族建筑

TIPS
- 京都市伏见区中岛鸟羽离宫町7番地
- 075-623-0846
- 成人￥500、儿童￥300
- 9:00—16:30
- 在京都车站乘坐近铁京都线在竹田站下车，步行15分钟即达 ★★★★

地处伏见区的城南宫拥有池泉回游式的庭园，园内栽植了大量奇花异木。每年4月29日和11月3日还会在城南宫中举行名为"曲水之宴"的仪式，身穿公卿华服的人们赋诗连歌，或是将酒杯漂浮于水面上，一切都宛若《源氏物语》中记载的公卿宴会场景，将千余年前京都平安时代的公卿生活在游人面前完美再现。

102 伏见桃山城

绚丽多彩的桃山文化精华

伏见桃山城建于1594年，是丰臣秀吉晚年的居城，其中凝聚了绚丽多彩的桃山文化的精华。伏见桃山城由五层结构的大天守阁和三层的小天守阁组成，大小天守阁相连形成了独特的城堡。庆长五年（1600），伏见桃山城毁于战火，现在的天守阁是昭和三十九年（1964）时在原本是伏见城丸之内御花庄的所在地建造完成的。伏见桃山城内的桃山文化史馆中再现了由丰臣秀吉建造的"黄金茶室"，以及与原尺寸同样大小的桃山屏风。

TIPS

- 京都市伏见区桃山町大藏45
- 075-611-5121
- 成人￥800、中学生￥600、儿童￥500
- 9:30—17:00
- 乘坐京阪本线在伏见桃山站下车，步行15分钟即达
- ★★★★★

畅游日本 · 京都

103 醍醐寺
京都最古老的木结构建筑

醍醐寺是真言宗醍醐派总本山寺院，山号醍醐山，创立者是理源大师圣宝。醍醐寺的三宝院作为醍醐寺住持的居住地，始建于1115年。寺院内设有一座美丽的池泉观赏式回游庭院，是1598年为丰臣秀吉举办赏花大会（赏樱花见）而建造的。

醍醐寺院内有上醍醐与下醍醐两个区域，著名的下醍醐区内建有许多寺庙、殿宇以及其他建筑，包括始建于951年、京都最古老的木结构建筑——五重塔和弁天堂，都是当时用来供奉弁天神的。

TIPS

🏠 京都市伏见区醍醐东大路町22　☎ 075-571-0002　💰 三宝院成人￥600、学生￥300、儿童免费，五重塔成人￥600、学生￥300、儿童免费　🕐 9:00—17:00　🚇 乘坐京都地铁东西线在醍醐站下车，向东步行10分钟即达　⭐ ★★★★★

104 随心院
观赏梅花和红叶的著名场所 赏

位于京都洛南的随心院,古称牛皮山曼荼罗寺。于991年由仁海僧正奏请一条天皇赐此地而建。后来寺院于应仁之乱时被焚毁,现存寺院重建于1599年。随心院还是日本平安时代的著名美女小野小町晚年居住的寺院,院内至今遗留有小町化妆时使用过的水井、埋藏情书的文冢,以及赏花的梅园等许多历史遗迹。随心院现在已成京都观赏梅花和红叶的著名场所,早春时节园内200余棵梅树暗香幽幽,吸引了众多的游客。

TIPS
京都市山科区小野御灵町35　075-571-0025　¥400　9:00—16:30　乘坐京都地铁东西线在小野站下车,步行5分钟即达　★★★★

105 毘沙门堂
供奉战神毘沙门天 赏

毘沙门堂建于岩壁上挖出的洞窟内,据说这曾是欺压农民的恶路王们盘踞的洞窟。延历二十年(801),坂上田村麿征讨恶路王胜利后,战胜祭天,特在此建立了供奉108尊毘沙门天的精舍。现在看到的建筑是于1961年重建的,模仿了京都清水寺的风格。

TIPS
京都市山科区安朱稻荷山町18　075-581-0328　¥500　8:30—17:00　在京都车站乘坐JR奈良线在山科站下车,步行15分钟即达　★★★★

畅游日本 京都

221

JAPAN GUIDE

Japan

畅游日本 ⑬

奈良

奈良县古称大和，是日本历史和文化的发祥地之一，拥有众多的古寺、神社和历史文物，享有"社寺之都"的称号，被日本国民视为"精神故乡"。奈良重要的名胜古迹有平城京遗址、东大寺、药师寺、西大寺、兴福寺、奈良公园等。

01 奈良公园
成群梅花鹿聚集的园林 玩

TIPS
🏠奈良县奈良市杂司町469　☎0742-22-0375　💴免费　🕐全天　🚃近铁奈良站徒步10分钟或者JR奈良站徒步15分钟即达
⭐★★★★

奈良公园包括兴福寺、东大寺、春日大社、若草山、高圆山、春日奥山等，以园内成群的梅花鹿和宽绿的草地而闻名。奈良公园众多的寺宇中拥有大量珍贵文物，每年都有很多大型祭奠活动，可以由此了解传统的日本文化。在公园内有着美丽的大草坪，被当作神使的鹿就在园内集结成群。站在园内眺望古社寺的屋顶、塔，其优美景色别具一格，公园还有一座建立在被称为鹭池的池塘中的六角形浮见堂，是深受人们喜爱的休憩之所。

02 兴福寺
南都七大寺之一 赏

　　兴福寺为日本法相宗大本山，也是南都七大寺之一，修建于7世纪晚期。兴福寺在历代几经焚毁重建，现存建筑物有中金堂、东金堂、南圆堂、北圆堂、五重塔、三重塔、大御堂等诸多景点可供游览。其中，北圆堂、三重塔为镰仓中期再建；东金堂、五重塔则为室町初期再建。兴福寺藏有大量珍贵的文化艺术品，现存的日本国宝、重要文化财级（相当于中国文物的一级）之贵重文物多达百余件。

TIPS
🏠奈良县奈良市登大路老街48　☎0742-22-7755　💴国宝馆￥500、东金堂￥300　🕐国宝馆、东金堂9:00—17:00　🚃近铁奈良站徒步10分钟或者JR奈良站徒步15分钟即达　⭐★★★★

03 东大寺
鉴真东渡日本后最早讲经的地方

赏

历史悠久的东大寺是日本68座分国寺的总庙，这里是鉴真大师东渡日本后最早讲经的地方。东大寺在建筑风格上深受中国佛教寺庙风格的影响。气势雄伟的正殿大佛殿，正面宽57米，进深50米，是世界上最大的木造建筑，殿内放置的高15米以上的卢舍那佛像，深受唐代佛像艺术作品的影响，气势雄浑，熠熠生辉。东大寺院内的南大门处有很著名的双体金刚力士像，是日本雕刻艺术的精品。而在二月堂能够俯视大佛殿和眺望奈良市区。

TIPS

奈良县奈良市杂司町406-1　0742-22-5511　成人￥500，儿童￥300　4月至9月7:30—17:30、10月7:30—17:00、11月至次年2月8:00—16:30、3月8:00—17:00
JR奈良站、近铁奈良站前搭乘奈良循环巴士在大佛殿春日大社前站下车，徒步5分钟即达 ★★★★★

04 奈良町
古老传统的街道

逛

位于奈良县元兴寺周围的地区被称为"奈良町"。而作为奈良町标志的元兴寺自然是你不可错过的古迹，它也是奈良七大寺院之一。经过历史的洗礼，保存下来的西小塔、极乐堂、极乐坊都能让来参观的人们感受到13世纪僧人的日常生活。而元兴寺周边地区是奈良早期的商业区，至今仍然保存着一些传统风格的住宅和商铺。在这里，你可以参观古住宅，也可以游逛奈良町地区的一些小商铺。逛累了，在古色古香的咖啡厅和精致的小餐厅用餐也是别有一番风味。

TIPS

奈良县奈良市　依各店铺而异　依各店铺而异
近铁奈良站徒步10分钟或者JR奈良站徒步10分钟即达 ★★★★

畅游日本 · 奈良

225

05 依水园
日本传统风格的池泉回游式庭院 赏

　　依水园是一座日本传统风格的池泉回游式庭院，又糅合了江户时代和明治时代两个时期园林的建筑特点。园西部为江户初期的风格，前园以水景为最，这里的三秀亭、建在池中仿龟鹤的形状而成的湖心岛，还有配置在各重要地点的石灯笼，无不体现出江户时期的园林风格。而后园则巧妙地借用了东大寺南大门，并与远方的若草山、春日山的景色融为一体，看上去就好像是若草山的草坪延伸过来覆盖在前园的庭院和假山上一样，风景极为别致。

TIPS
🏠 奈良县奈良市水门町74　☎ 0742-25-0781　💴 ￥650
🕘 9:30—16:00　🚃 近铁奈良站下车步行15分钟即达
⭐ ★★★★

06 春日大社
日本三大神社之一 赏

　　春日大社是一间历史悠久的神社，同时也是遍布日本各地的春日大社的总社，并与伊势神宫、清水八幡宫一起被称为日本的三大神社。这里本是平安时期掌握日本朝政的藤原家族供奉自己家族守护神的神社。春日大社的建筑气势雄伟，并立的4个社殿组成本殿，围绕本殿的朱红色回廊与春日山麓的绿色丛林相映生辉，主殿的雕梁画栋十分精美。这里供奉着武瓮槌命、经津主命、天儿屋根命和比卖神等神灵。

TIPS
🏠 奈良县奈良市春日野町160　☎ 0742-22-7788　💴 本殿特别参拜￥500；宝物殿成人￥400、中学生￥300、小学生￥200；万叶植物园成人￥500、儿童￥250　🕘 4月至10月6:30—17:30，11月至次年3月7:00—6:30　🚃 JR奈良站、近铁奈良站前搭乘70、88、97、98、133路公车在春日大社本殿前下车即达　⭐ ★★★★★

07 奈良国立博物馆
日本最早的现代博物馆 赏

TIPS
- 奈良县奈良市登大路町50
- 0742-22-7771
- ￥500
- 9:30—17:00
- 近铁奈良站下车，向东步行15分钟即达
- ★★★★

奈良国立博物馆本馆于1895年开馆，是日本最早的现代博物馆。这里以佛教美术为中心，所收藏的文物也是以佛教艺术作品为主，集中了全日本的优秀作品，在这里可以了解到日本佛教雕像艺术的发展渊源。博物馆的东新馆主要用于展出正仓院所藏的各种珍贵艺术品和文物，并用于举办各种展览会。西新馆则用来展出考古、绘画、书法、工艺等领域的新旧作品，这些作品是会定期更换的。

08 中宫寺
奈良雕刻的登峰造极之作 赏

始建于7世纪的中宫寺毗邻法隆寺，与法起寺、法轮寺一样都是和圣德太子有关的寺院。中宫寺保持着与周围建筑一样的建筑风格。中宫寺里最出名的就是被称为"世界三微笑"的飞鸟时代杰作——木刻弥勒菩萨像，这是奈良雕刻的登峰造极之作，雕像那自然、庄重，宛如思考的神情，不仅吸引着雕刻者等艺术家，也吸引着众多游人前来参观欣赏。

TIPS
- 奈良县生驹郡斑鸠町法隆寺北1-2
- 0745-75-2106
- ￥400
- 9:00—16:30
- JR奈良站乘坐大和线在法隆寺站下车，向北步行20分钟即达
- ★★★★★

畅游日本 · 奈良

227

09 平城宫遗址
奈良的象征

位于奈良县北部的平城宫遗址是日本第一个被联合国教科文组织列入《世界遗产名录》的古迹。平城宫遗址是天皇居住的宫殿，包括了太极殿、宫廷街的朝堂院等极具历史价值的古建筑。南端的罗生门、主要的街道朱雀大路、东院园庭园等，均是奈良的著名景点。而重修后的朱雀门更是巍然屹立在平城宫遗址的土地上，成为奈良的象征。

TIPS

奈良县奈良市佐纪町 ☎0742-30-6752 免费 自由参观，资料馆9:00—16:30，资料馆周一休息（遇假日顺延） 近畿铁道大和线西大寺站徒步约10分钟即达 ★★★★★

10 法隆寺
日本历史最悠久的古刹

法隆寺又称斑鸠寺，位于奈良生驹郡斑鸠町，相传始建于607年。法隆寺分为东西两院，西院保存有金堂、五重塔，东院设有梦殿，而西院伽蓝则是最古老的木构建筑群。众多国宝、文物，如观音菩萨立像、行信僧都坐像、圣观音立像等均保存于法隆寺内。法隆寺是日本现存年代最久远的古刹，在日本佛教寺院中拥有极其崇高的地位，因此对于日本佛教徒来说，这里是重要的朝圣之所。

TIPS

奈良县奈良市生驹郡斑鸠町 ☎0745-75-2555 圆梦堂￥1000 8:00—16:30 JR奈良站乘坐大和线在法隆寺站下车，向北步行10分钟即达 ★★★★★

11 唐招提寺
鉴真大师建造的寺院

TIPS
奈良县奈良市五条町13-46　0742-33-7900　成人￥600、中学生￥400、小学生￥200　8:30—17:00（16:30以后不准进入）　乘坐近畿铁道橿原线在西之京站下车，步行7分钟即达　★★★★★

位于奈良市西京五条町的唐招提寺由中国高僧鉴真在759年亲手所建，是日本的著名古寺院。唐招提寺的主殿被称为金堂，里面供奉着金色的主佛卢舍那佛像，两侧矗立的是千手观音佛立像和药师如来佛立像。金堂后面的讲堂是日本国宝级的建筑，里面设有的藏经室收藏有鉴真从中国带来的经卷。寺内还有鼓楼、钟楼、地藏堂、三晓庵等建筑，均建造精美，构造巧妙。每年都吸引着大量国内外游客前来参观。

12 药师寺
1300多年历史的古寺

　　为祈求皇后早日康复，天武天皇于680年开始建造这座以药师如来为本尊的寺院，继位的持统天皇、文武天皇继续建造完成，并于718年迁至现在的位置。当时寺内建有龙宫、东西双塔、讲堂、回廊等众多建筑，但大多建筑毁于后来的火灾和战火。昭和中期，重建伽蓝。目前寺内还保存有药师三尊像和圣观世音菩萨立像，以及日本最古老的佛足石等众多文物。

TIPS
奈良县奈良市西之京町457　0742-33-6001　玄奘三藏院伽蓝公开时，成人￥800、中学生￥700、小学生￥300；玄奘三藏院伽蓝不公开时，成人￥500、中学生￥400、小学生￥200　8:30—17:00　乘坐近畿铁道橿原线在西之京站下车，步行2分钟到药师寺北口即达　★★★★

畅游日本 : 奈良

JAPAN GUIDE

Japan

畅游日本
14

大阪

东接历史悠久的京都和奈良、西连神户的大阪是日本的第二大城市，古称浪速，又叫难波，19世纪起始称大阪。大阪是日本商业和贸易最早发展的地区，孕育了其独具特色的传统艺术、娱乐文化及饮食文化。

01 日本环球影城
光怪陆离的奇妙世界

娱

TIPS

大阪市此花区樱岛2-1-33　06-6465-3000　一日共通门票：成人（12岁以上）¥5800，儿童（4—11岁）¥3900，敬老票（65岁以上）¥5100　依日期不同　乘坐电车梦想花开线，或者3号机场巴士乘车处上车，于第五站下车　★★★★★

日本环球影城是世界上仅有的三座电影主题公园之一，这里提供各种与好莱坞知名影片和电视节目相关的游乐设施及表演秀，主要分为侏罗纪公园、大白鲨、回到未来、ET星际历险、水世界、西部替身表演秀、动物演员舞台、电视节目制作参观导游、环球影城动画魔术这八大游览区。来到这里，犹如走进了一个个光怪陆离的奇妙世界，体验电影艺术的独特魅力，园区内还有丰富多彩的娱乐表演供游人欣赏。

02 道顿堀
大阪最著名的街区

逛

位于道顿堀川河畔的道顿堀是大阪最著名的商业街区，河的两岸布置了许多花坛和喷泉，室外广告和霓虹灯连成了一片，有些建筑物的墙面就是一面五光十色的霓虹广告牌。每到夜晚，这些五彩斑斓的招牌、霓虹灯光和道顿堀川水面上的反射光交相辉映，把城市点缀得更加华丽漂亮。道顿堀也是最能代表大阪的街区，在这片繁华闹市中保持着一丝古大阪的悠闲气息，周边区域还有众多古迹。

TIPS

大阪市中央区道顿堀　依各店铺而异　免费　全天　大阪地铁御堂筋线难波站14出口出站，向北步行3分钟即达　★★★★

03 美津の
需要排队等候的大阪烧名店 吃

位于大阪市道顿堀的美津の是一家拥有60余年历史的大阪烧名店，每天甫一开门就会排起一条长长的人龙，其中最受欢迎的山芋烧完全不用面粉而用山药代替，呈现出独特的柔软口感。此外，这里的招牌菜——美津の烧则是将6种食材荟萃一起，完美融合的口感与味道令每一个吃过的人都感到意犹未尽。

TIPS
大阪市中央区道顿堀1-4-15　06-6212-6360　11:00—22:00　大阪地铁御堂筋线难波站14出口出站，向东步行5分钟即达　★★★★

04 空中庭园展望台
大阪的标志性建筑 赏

设在大阪新梅田城的空中庭园展望台，是大阪的一个标志性建筑。这个展望台设施完备先进，设有两座透明自动观光电梯及两座透明自动扶梯。173米高、360度环绕、没有屋顶开放式的展望楼层，无论是欣赏阳光下的整个城市，还是夜幕中的霓虹景色，都是一种享受。位于39层的购物商店，提供从空中庭园的独特商品到大阪特色产品和各种各样的旅游纪念品；位于40层的蓝天回廊，设计成两种不同风格的艺术长廊，在这里不仅可以领略到窗外大阪的美景，还可以欣赏到室内艺术品。

TIPS
大阪市北区大淀中1-1-88，梅田天空大楼39F　06-6440-3855　展望台成人￥700、中学生￥500、小学生￥300、幼儿￥100　10:00—22:30（最后入场时间为22:00）　地铁梅田站出站步行即达　★★★★★

05 宗右卫门町
大阪繁华的夜生活 吃

位于道顿堀北侧的宗右卫门町是一条拥有400年历史的繁华欢乐街，早在"二战"之前的大正时代，宗右卫门町就是大阪最有名的风花雪月街道，现今则是聚集了大量料理店、居酒屋的街道，每到夜晚灯影交织下勾勒出大阪繁华的夜生活。

TIPS
大阪市中央区宗右卫门町2丁目一7丁目　06-6214-5925　依各店铺而异　大阪地铁堺筋线、千日前线日本桥站出站向北步行3分钟即达　★★★★

06 法善寺
大阪市难得的一处清静地 赏

　　法善寺是喧嚣的大都市大阪中难得的一处清静之地，山号是天龙山，供奉的主神是阿弥陀如来佛。这个寺院因为进行过连续一千日念佛的法事而被称作千日寺，所以寺前的街道就被称为千日寺前街。路面上是布满青苔的石板，街道两旁的房屋有着漂亮的格子门，是典型的江户时代的民居建筑。

TIPS
🏠大阪市中央区难波1-2-16 ☎06-6211-4152 💴免费 🕐全天 🚇大阪地铁御堂筋线难波站14出口出站，向北步行3分钟即达 ★★★★

07 浮世小路
充满旧日风情的街道 逛

TIPS
🏠大阪市中央区道顿堀1-7-22旁 💴依各店铺而异 💴免费 🕐全天 🚇大阪地铁御堂筋线难波站14出口出站，向北步行3分钟即达 ★★★★★

　　浮世小路是道顿堀街区内的一条充满旧日风情的街道，也是一个展示道顿堀悠久历史的地方。这是一条深藏在喧闹都市中的幽静小道，狭窄的街道两侧是一栋栋江户、明治时期的老建筑，充满斑驳的墙面上挂着一幅幅介绍道顿堀发展的古老图片、照片和文字资料，从这里走过犹如踏入了时光长廊，可以清晰看到道顿堀的发展点滴。这条小路上也有许多民俗特产出售，是购买日本民间传统礼品的好地方。

234

08 大阪城
日本最知名的古代城堡

大阪城是著名历史古城，本是丰臣秀吉统治天下的地方。现在的大阪城是在上世纪重建的，和名古屋城、熊本城并称日本历史上的三名城。它外观5层，内部8层，高54.8米，并设有瞭望台和资料馆，城墙四周建有护城河，附近有景色怡人的庭园和亭台楼阁，徜徉其中，满目青翠，令人心旷神怡。

城内由巨石砌成的樱花门是目前仅存的遗迹。城内主体建筑是金碧辉煌的天守阁，其宏伟壮观的气势感染了来往的游客。内部还有丰臣秀吉的木像，以及他曾经使用过的器物和画作。游览之余，还可以与武士装扮的人合影。

TIPS

- 大阪市中央区大阪城1-1
- 06-6941-3044
- 天守阁高中生以上￥600，初中生以下免费
- 9:00—17:00（16:30以后不准入场），12月28日至次年1月1日休息
- 大阪地铁天满桥站、森之宫站、京桥站，JR大阪城公园站、京桥站等下车步行15分钟即达
- ★★★★★

畅游日本 · 大阪

09 难波宫遗址公园
日本大化革新后的统治中心　赏

TIPS

📍大阪市中央区法圆坂1　📞06-6943-6836　💰免费　🕐全天　🚇大阪地铁天满桥站、森之宫站、京桥站，JR大阪城公园站、京桥站等下车步行15分钟即达　★★★★

难波宫遗址公园内的日本皇宫遗址曾是日本在大化革新之后的统治中心，孝德天皇营造了难波宫的前期建筑，而圣武天皇时的建筑被称为后期难波宫。这个公园内有复原的难波宫大殿的石制台基，站在这里可以遥想久远的过去，感受日本历史的变迁。难波宫遗址公园内还出土了7世纪的木简，是日本出土年代最早的木简，这些珍贵的历史文物和其他发掘品都一起陈列在附近的博物馆中。

10 金明水井户
历史悠久的水井　赏

位于大阪城天守阁正门基座前方的金明水井户，是大阪城内一口历史悠久的水井，也是日本重要的文化财产。相传这口水井的挖掘者是丰臣秀吉，他为了求得良好的水质，曾向井内投下黄金，所以这口井的水至今依然清澈透明。水井旁还有一口古老的铜炮，相传是当年大阪夏之战中丰臣家用于抵抗德川幕府进攻的武器。

TIPS

📍大阪市中央区大阪城1-1　📞06-6941-3044　💰免费　🕐9:00—17:00（最后入场时间为16:30），12月28日至次年1月1日休息　🚇大阪地铁天满桥站、森之宫站、京桥站，JR大阪城公园站、京桥站等下车步行15分钟即达　★★★★★

11 大阪历史博物馆
记载大阪历史的博物馆　赏

大阪历史博物馆是一栋极具特色的建筑物，它同附近的NHK大楼相辅相成，远远看去仿佛是一条扬帆远航的海船。这座博物馆内保存了许多日本早期历史的遗迹，在顶楼上有影像资料来展现多姿多彩的难波文化，还有难波宫复原展区，和许多珍贵的古老木简残品及艺术品。复原展区内还有影像来表现难波时期的宫廷礼仪，所有参与表演的人物造型都是根据当地发掘出的骨骼资料及陪葬品精准复原而成，具有鲜明的时代特色。

TIPS

📍大阪市中央区大手前4-1-3　📞06-6946-5728　💰大人¥600，高中生、大学生¥400，初中生以下免费　🕐9:30—17:00（周五9:30—20:00），入馆至闭馆前30分钟为止。周二（遇假日顺延）、日本新年（12月28日—次年1月4日）休息　🚇大阪地铁天满桥站、森之宫站、京桥站，JR大阪城公园站、京桥站等下车步行15分钟即达　★★★★

12 大阪城公园
大阪最著名的公园

大阪城公园是大阪最著名的公园，这里因为大阪城的存在成为极负盛名的旅游景区，同时也是大阪市民进行休闲娱乐的绝佳场所。公园内林木繁茂，梅花和樱花等花木在各自的季节绽放出不同光彩，因此这里是日本为数不多的赏花胜地，每年的花季都吸引着众多游客前来。

TIPS
- 大阪市中央区大阪城
- 06-6941-1144
- 免费
- 全天
- 大阪地铁天满桥站、森之宫站、京桥站，JR大阪城公园站、京桥站等下车步行15分钟即达
- ★★★★

畅游日本·大阪

237

13 大阪市立博物馆 赏
战争年代的遗留建筑

位于大阪城天守阁南侧的大阪市立博物馆前身是纪念昭和天皇即位的陆军司令部所在，茶色的建筑外观宛若城堡一般给人坚不可摧的印象。昭和三十五年（1960）大阪建市70周年之际辟为市立博物馆，2001年博物馆闭馆，现今只有建筑物外观供游人拍照留念。

TIPS
- 大阪市中央区大阪城1-1　06-6941-3044　免费
- 大阪地铁天满桥站、森之宫站、京桥站、JR大阪城公园站、京桥站等下车步行15分钟即达　★★★★

14 大阪本町 逛
大阪市最繁华的街区

本町位于大阪市中心，是该市最为繁华的街区之一，这里林立的摩天大楼和繁华商圈都堪称大阪的繁荣标志之一，而崭新的本町街区更是充满时尚与现代元素，在一幢幢摩天大楼之中向游人展示着大阪现代化的都市景观。本町内还有苍翠葱郁的树林，掩映下一幢幢充满旧日风情的古建筑与历史悠久的小店，让人遥想当年的繁华景象。

TIPS
- 大阪市西区靭本町　依各店铺而异　免费　依各店铺而异　大阪地铁四桥站本町站28号出口出站即达
- ★★★★★

15 四天王寺
日本佛教信仰的中心

传说圣德太子在593年为讨伐物部守屋，建造了四天王像，并建立四天王寺。四天王寺是日本最古老的宫家寺院，也是日本人特别喜好的一座寺庙。虽经多次毁坏，四天王寺仍保持了原来的风格，这里被佛教徒们视为大阪的佛教祭坛，每年都举行像Doya-Doya、圣灵会、四天王寺Wasso和四天王寺舞乐等佛法宗教礼仪活动，吸引了众多游客前来参观。四天王寺附近有六时堂、太子堂和本坊等庙宇，寺内有南无地藏菩萨等佛像，而且还设有放生池。

TIPS

大阪市天王寺区四天王寺1-11-18　06-6771-0066　中心伽蓝、宝物馆、本坊庭园共通券成人￥700，高中生、大学生￥400　中心伽蓝、宝物馆4月至9月8:30—16:30，10月至次年3月8:30—16:00；本坊庭园10:00—16:00　大阪地铁御堂筋线天王寺站，出站向北步行5分钟即达　★★★★

畅游日本 大阪

16 堀江 逛
凝聚个性的店铺

有"关西代官山"之称的堀江是大阪最时尚的流行商圈，大量充满独特个性的小店遍布其中，不论流行服饰、现代家居、生活杂货、个性配饰或是各种外形可爱的器皿，都可以在这里寻觅到。在象征着堀江悠闲气质的堀江公园附近，这样的小店更是鳞次栉比，吸引了大量年轻人的目光。

TIPS
🏠 大阪市西区南堀江1-13　🕐 全天　🚇 大阪地铁四桥线四桥站6号出口出站，向南步行5分钟即达　⭐★★★★

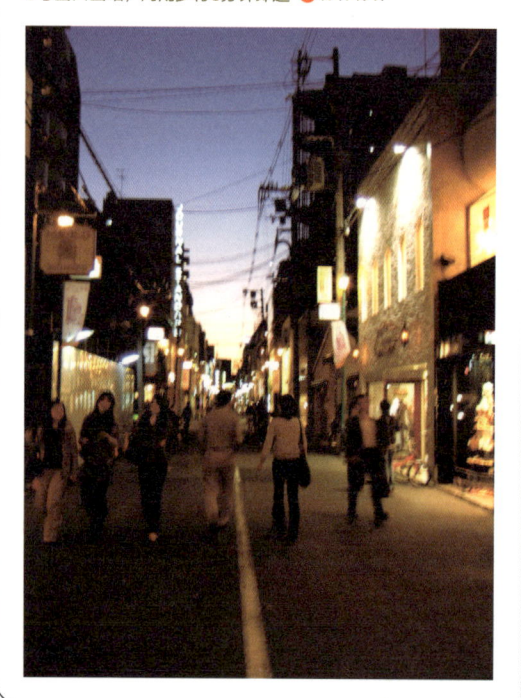

17 通天阁 赏
大阪市的标志性建筑之一

通天阁建于1912年，是大阪市的标志性建筑之一，也是日本著名的旅游观光胜地。其外形仿照埃菲尔铁塔，是当时的亚洲第一高塔。现在的通天阁是大阪市中心的展望塔，在这里可以俯瞰大阪的城市美景，并遥望大阪湾的美好风光。通天阁的外侧布满了迷彩灯，夜里根据时间的不同绽放出金黄色和白色的光芒，而到了整点时，塔东侧的大钟文字自动变成鲜艳的色彩。

TIPS
🏠 大阪市浪速区惠美须东1-18-6　☎ 06-6641-9555
💰 成人￥600、大学生￥500、中学生￥400、儿童￥300
🕐 9:00—21:00　🚇 大阪地铁御堂筋线动物园前站下车即达
⭐★★★★★

18 难波桥
大阪的代表性建筑物之一

TIPS
- 大阪市北区中之岛町6
- 06-6312-8121
- 免费
- 全天
- 地铁堺筋线北滨站出站向北步行即达 ★★★★

飞越中之岛的难波桥是大阪的代表性建筑物之一，这座桥上的狮子像闻名日本，它们气势威武地坐立在桥头，一一检视南来北往的车辆。难波桥位于大阪市的中心地区，在这里可以看到大阪城内现代化的楼群大厦，也能看到中之岛上苍翠的绿地，和那些外形奇特的建筑物。

19 中之岛图书馆
充满现代气息的中之岛标志建筑

TIPS
- 大阪市北区中之岛1-2-10
- 06-6203-0474
- 免费
- 周二至周五9:00—18:00，周六9:00—17:00；周一（遇假日顺延）、周日、节假日（周六、日正常开馆）、第2个周四、日本新年、特别整理期间休息
- 地铁中之岛线大江桥站下车即达 ★★★★

历史悠久的中之岛图书馆是大阪府图书馆的一部分，建于1904年，由住友集团第15代住友吉左卫门友纯捐献。这里主要收藏有关大阪的资料、古典书籍以及商业领域资料等。中之岛图书馆位于风景秀美的中之岛上，在大阪市政府的对面。这家图书馆是大阪最早的现代图书馆，不但是大阪地区重要的历史文化建筑，也是大阪市民丰富业余精神生活的好地方。中之岛图书馆是一栋极具特色的建筑，已经成为充满现代气息的中之岛的象征。

20 今宫戎神社
大阪香火最为旺盛的神社

今宫戎神社是大阪香火最为旺盛的神社之一，这里的供奉的戎神是保佑商业人士财源广进的保护神。这座神社的历史相当悠久，据说是圣德太子下令建造的，原本是用于祭祀渔业守护神的神社。随着时代的变迁，戎神开始从渔业守护神变身为商业守护神，成为人们祈祷生意兴隆的神明。这座建筑历经修葺，一直保持着旺盛的香火，而日本著名的十月戎祭奠也就是在这里举行的。

TIPS
- 大阪市浪速区惠美须西1-6-10
- 06-6643-0150
- 免费
- 全天
- 大阪地铁东西线大阪天满宫前站下车即达 ★★★★★

畅游日本 大阪

21 中之岛公园
大阪地区最早的现代公园

TIPS
- 大阪市北区中之岛町6　06-6312-8121　免费　全天
- 地铁堺筋线北滨站出站向北步行即达　★★★★

历史悠久的中之岛公园建造于19世纪，这座水滨公园也是大阪地区最早的现代公园。园内绿树如茵，又遍布着清澈的河流，是大阪市民在河风吹拂下轻松散步的场所。公园内的桥很多，而每座桥都有着独特的名字，桥畔的风景优美，公园的道路上则遍布着一座座各具特色的雕像。中之岛公园内还设有音乐厅和多个网球场，园内的玫瑰园收集了4000多棵来自世界各地的玫瑰，而东洋陶瓷美术馆内则展示了大量日、中、韩陶瓷艺术品。

22 住吉大社
日本全国住吉神社的总本宫

住吉大社是大阪最著名的神社，同时还是全日本住吉神社的总本宫。住吉大社是少数保留日本传统神社建筑原形的神社之一，这里供奉的是底筒男命、中筒男命、表筒男命等神灵，意在祈祷神灵保佑国家昌盛、航海平安和弘扬日本传统和歌诗。神社的大院是栋古老的建筑，被誉为日本的国宝。每年年初的首次祭拜也是这个神社最大规模的祭奠，吸引了无数游客前来观看。

TIPS
- 大阪市住吉区住吉2-9-89　06-6672-0753　免费
- 6:00—17:00（4月至9月）；6:30—17:00（10月至次年3月）
- 坂堺电车坂堺线、上町线住吉站下车即达
- ★★★★

23 太鼓桥
住吉大社内的标志性建筑

赏

TIPS
- 大阪市住吉区住吉2-9-89 06-6672-0753 免费参观 6:00—17:00（4月至9月）；6:30—17:00（10月至次年3月） 坂堺电车坂堺线、上町线住吉站下车即达
- ★★★★

太鼓桥位于住吉大社内，是这里的标志性建筑物之一，又被称为反桥。其造型优美，朱红色的外表让太鼓桥异常显眼，在桥畔还立有日本著名文学家川端康成的文学碑，上书"上桥容易下桥难"几个大字。太鼓桥的高度达4.4米，倾斜度却有48度之大，这是因为反桥被认为是地上的人之国与天上的神之国相联系的地方，所以要高高地拱起。

24 天保山
世界上最低的人工山

玩

TIPS
- 大阪市港区海岸通1-5-10 06-6577-0001 成人￥1000，中学生￥700 展示室10:30—19:30，剧院11:00—20:30，周一休息 大阪市地下铁中央线大阪港站出站，步行约5分钟即达 ★★★★

山高不足5米的天保山被誉为世界上最低的人工山，位于大阪港天保山公园中。公园中有高达110多米的摩天轮，在那可以瞭望大阪的港区风光和碧波荡漾的大海。公园里的海洋馆号称是世界上最大的室内海洋馆，顺着海底隧道进入展馆的游人可以欣赏到五光十色的海底世界，五彩缤纷的珊瑚和在珊瑚间穿梭的鱼群令人目不暇接，憨态可掬的翻车鱼则让人笑口大开。而在海洋剧场内观看精彩的表演，更是不可错过。

畅游日本 大阪

25 天保山大观览车
世界上最高的摩天轮之一

玩

天保山大观览车是世界上最高的摩天轮之一，也是来到大阪不可错过的旅游景点。乘坐在缓缓上升的车厢里，不仅可以看到大阪市内的美景，还能看到远处生驹山系、六甲山系、明石海峡大桥、关西空港等地的美景。晚上的大观览车有着天气预报的功能，摩天轮上闪烁的不同颜色就代表不同的天气，如绿色代表有云、青色代表有雨、红色代表晴天等。

TIPS
大阪市港区海岸通1-1-10　06-6576-6222　￥700　10:00—22:00　大阪市地下铁中央线大阪港站出站，步行约5分钟即达　★★★★

26 大阪世贸中心大楼
关西地区的最高点

赏

地处大阪市住之江区的世贸中心大楼高256米，是整个关西地区最高的建筑。其内部除了办公间外，还有世界贸易中心和艺术画廊等。此外，这里有众多餐厅为游人提供各种各样的美味料理，在就餐之余还可来到大楼顶层的观景台，一览大阪城的美景。

TIPS
大阪市住之江区南港北1-14-16　06-6615-6003　免费　平日13:00—20:00，周六、周日、节假日休息　大阪地铁中央线コスモスクエア站换乘南港港区线在トレードセンター一站下车，步行3分钟即达　★★★★★

27 观光船圣玛丽亚号
仿造哥伦布发现新大陆的坐船 赏

TIPS
大阪市港区海岸通　06-6942-5511　白天航程大人￥1500、小孩￥750；夜间航程大人￥2500、小孩￥1250　11:00—17:00（依季节而改变）（每整点一班），白天航程12月不营业；夜间航程仅在4月29日—10月的周五至周日、节假日营业，7—8月则每天开航　大阪地铁中央线大阪港站出站，步行约5分钟即达　★★★★★

平日里驻泊在"水之都市"大阪码头上的观光游轮圣玛丽亚号，是严格依照15世纪末意大利航海家哥伦布发现美洲新大陆时的那艘三桅式帆船样式所建造的，只不过在体积上较之后者还要大了两倍左右。搭乘着这艘漂亮的游轮，沿大阪海湾乘风破浪，旅客们不单能够体会到仿佛远航的乐趣，更可登上甲板，一览周遭的壮丽景色。

28 万博纪念公园
大阪世界博览会纪念公园 玩

TIPS
大阪府吹田市千里万博公园1-1　06-6877-7387　依设施各异，日本庭园、自然文化园共通券成人￥250、学生￥70　依设施各异，民族馆、民族博物馆10:00—17:00（16:30以后禁止入馆），周三休息　大阪地铁御堂筋线千里中央站乘坐城铁在万博纪念公园站下车，步行5分钟即达　★★★★★

万博纪念公园位于大阪府中北部的丘陵地带，是在1970年大阪世界博览会的旧址上经过重新规划而建立起来的。整个公园占地约264公顷，中央设有一条东西走向的悬挂式单轨电车。以此为界，它的南面为世博乐园，拥有着一条长达1200米、号称世界之最的下悬式高空滑车。北面则为日式庭园，设有传统的茶室、自然文化公园、国立国际美术馆等丰富多彩的文化设施。

畅游日本　大阪

245

29 堺
日本古代的商业自治都市 赏

因为地处古代日本的摄津、河内及和泉三国交界的濒海地带，早在16世纪中叶，堺便已经发展成为了名扬全国的商业自治中心，在当时的文化界也同样拥有着举足轻重的地位。今天的堺乃是大阪的卫星城市之一，保留有大量的古坟群落及人文遗迹。每年10月的第三个周六，还会举办规模盛大的"堺节"，诸多极富时代气息与国际色彩的活动交相辉映，一步步地引领着人们融入这座依旧充满活力的城市当中去。

TIPS

🏠 大阪府堺市堺区　⏰ 依各店铺而异　💰 依各店铺而异　🚆 乘坐阪堺电车在妙国寺前、百舌鸟等站下车即达　★★★★

---

30 箕面公园
日本最古老的森林公园 玩

箕面公园位于大阪市的北部，是日本最古老的森林公园，原为明治天皇登基百年纪念而设立。公园沿箕面山分布，拥有980余种植物和3000余类昆虫，尤以秋天时遮天蔽日的枫叶以及宽5米、落差33米的箕面瀑布最为有名，每年都吸引着200余万人次的游客前来探访。此外，箕面山间的猴子也很有趣，当有游客经过的时候，它们除了乞求，甚至还会掏出钱币来购买喜欢的食物和饮料。

TIPS

🏠 大阪府箕面市箕面公园　☎ 072-721-3014　💰 免费　⏰ 全天　🚆 从大阪梅田站搭乘阪急宝塚线石桥站转乘阪急电铁箕面线在箕面站下车，往北徒步约400米即达　★★★★

31 法善寺横丁
繁华的古街 吃

TIPS
- 大阪市中央区难波1　◎依各店铺而异　◎大阪地铁御堂筋线难波站14出口出站，向东步行5分钟即达　★★★★

位于道顿堀的法善寺横丁是一条充满古意的繁华小街，每到夜幕降临后，充满情调的招牌、街道两侧建筑悬挂的灯笼和石板路一同组成一幅充满情调的街景。在这条繁华热闹的小街上林立着数十家餐厅，不论串炸、相扑锅、烧肉，还是拉面与大阪烧，都可以在这里找到，每家的味道都令人难以忘怀，就连空气中也弥漫着阵阵浓郁的香气。

32 难波公园
空中花园上的购物中心 逛

TIPS
- 大阪市浪速区难波中2-10-70　06-6644-7100　◎购物11:00—21:00；餐厅11:00—23:00　◎大阪地铁御堂筋线难波站5号出口出站即达　★★★★★

难波公园其实是一个现代化的商务中心，但这里绿树茵茵，层层叠叠的仿佛是游离于城市之上的自然山丘，与周围现代建筑的冷酷风格形成强烈对比，成为嘈杂背景下一处生动、温馨的街景。难波公园和传统意义上的商业中心不一样，整栋建筑从远方看来犹如一座空中花园，公园的内部装饰质感华美、店面错落有致，并饰有草木植被和水景，让游客觉得自己并不是在商场购物，而是在森林中寻宝一般。

畅游日本・大阪

247

33 Super World 世界大温泉
欢乐的温泉世界 娱

在这里，你可以尽情地享受温泉带给你的舒适和放松。有能让人彻底消除疲劳的桑拿浴，有舒顺经脉的草药浴，不同的温泉浴，能满足各类游客不同的要求。另外，这里还设有水上大滑梯、儿童游泳池，最具特色的是"BADE ZONE"，里面设有宽敞明亮的按摩浴场。此外，ENDLESS游泳池、足部浴、瀑布浴、卧式按摩浴，应有尽有。而身在各种不同的浴池中，还可以欣赏到周围的景色，如正侧前方的欢乐门、远处的通天阁，让你有一种天人合一的感受。

TIPS
🏠 大阪市浪速区惠美须东4-3-24　☎ 06-6631-000　💴 平日成人（三小时￥2400，全天￥2700）、未满12岁儿童（三小时￥1300，全天￥1500）；假日成人（三小时￥2700，全天￥3000）、未满12岁儿童（三小时￥1500，全天￥1700）　🕐 24小时（依不同楼层设施而异）　🚇 大阪地铁御堂筋线动物园前站下车即达　⭐⭐⭐⭐⭐

34 泷安寺
祈求财运的寺院 赏

泷安寺亦称箕面寺，坐落在风景如画的箕面山中，始建于7世纪中叶，乃是当时本山修验宗的修行者所创立的寺院，历史上诸多有名的王公贵族及得道高僧都曾在此留下他们的足迹。16世纪末，泷安寺曾因战火而焚毁，不过到了江户时代初期，在后水尾天皇的大力援助之下，寺院又得以复兴，香烟鼎盛的局面也由此而一直延续到了今天。

TIPS
🏠 大阪府箕面市箕面公园2-23　☎ 072-721-3003　💴 免费　🕐 9:00—17:00　🚇 乘阪急宝塚线石桥站转乘阪急电铁箕面线在箕面站下，沿着瀑布小径步行约15分钟即达　⭐⭐⭐⭐

35 中崎町
个性独特的时尚潮地 逛

TIPS
🏠 大阪市北区中崎　🕐 依各店铺而异　💴 依各店铺而异　🚇 大阪地铁谷町线中崎町站出站即达　⭐⭐⭐⭐⭐

毗邻大阪中心梅田地区的中崎町，展现出与现代繁华、高楼林立的梅田地区截然不同的风格。这里聚集着个性独特的时尚潮人，有卖可爱服饰、配饰的小精品店，有专卖欧洲等地各种小物件的杂货店，游人甚至还能淘到一些艺术家的艺术作品。一些个性十足的咖啡店，设在普通的住宅之间，游览之余在里面休息时，还能体会到日本的民俗风情。中崎町街上的小橘树、小铺里的旧时缝纫机，也能给游人带来一种新鲜感。

36 岸和田城
白墙黑瓦的美丽城堡

TIPS
- 大阪府岸和田市岸城町9-1
- 072-432-2121
- 天守阁与乡土资料馆大人￥200、初中生以下免费；乡土资料馆与岸和田地车会馆、岸和田自然资料馆共通券￥700
- 10:00—16:00，周一休息
- 搭乘海南本线在岸和田站下车步行15分钟即达
- ★★★★★

别名千龟利城的岸和田城坐落于大阪府岸和田市的岸城町内，始建于日本的南北朝时期，因筑在岸边，以及筑城者和田高家的姓氏而得名，迄今已有600余年的历史。19世纪初，岸和田城高达5层的天守阁曾因遭受雷击而一度焚毁，直到1969年才在原址上重建起了高3层、实际高度22米的天守阁，较之史料中所记载的原天守阁大约18间的高度，实际还要高出10米左右。

畅游日本 · 大阪

JAPAN GUIDE

Japan

畅游日本 ⑮

神户

毗邻大阪的神户是兵库县的行政和经济中心，也是日本最美丽、最有异国风情的港口城市之一。神户港附近有日本三大唐人街之一的南京町，市内北野町的异人馆则依旧保留着明治初期外国人居住的特色，富有浓郁的异国情调。

01 生田神社
祈求缔结美满姻缘的神社 赏

TIPS

📍神户市中央区下山手通1-2-1 ☎078-321-3851 💰免费 🕘9:30—16:00；每月1日、15日、周六、周日、节假日 10:00—16:00 🚇地铁西神、山手线三宫站北站出站，向西步行5分钟即达 ★★★★

　　生田神社始建于3世纪初，据传是神功皇后所筑，当地的人们都习惯将神社的管理者称为"神户"，久而久之，这个词也就成为神社所在区域的统称，成为神户市的雏形。与一般的日本神社在建筑风格上的简朴与淡雅不同，因为供奉着主宰世间姻缘的稚日女尊，所以生田神社有着鲜艳醒目的朱红色鸟居，终年都以热情洋溢的气氛迎接着各地前来祈求幸福的青年男女。

02 M-int神户
时尚流行胜地 逛

　　毗邻神户交通枢纽——三宫车站的M-int神户于2006年10月开业，是一处充满流行元素的综合商业大厦。由于地处交通便利的三宫车站附近，众多服饰、美妆、唱片和装饰品的商家纷纷入驻，每一户商家都深受神户喜爱潮流的年轻人关注，堪称神户流行时尚的一处胜地。

TIPS

📍神户市中央区云井通7-1-1 ☎078-251-2662 🕘11:00—21:00 🚇JR东海道本线三之宫站、地铁西神山手线三宫站东出口出站即达 ★★★★

252

03 旧居留地十五番馆
通向沉睡的帝国

位于神户市浪花町的旧居留地十五番馆是一间拥有超过120年历史的洋馆，现今建筑的外观与内部装饰依旧保持着旧时的模样，在周围大量现代化楼群之间颇为醒目。游人在十五番馆中游览之余，也可在馆内开设的咖啡厅中休憩片刻，品尝这里地道的和式洋食，宛若神户这座港口城市一般充满东西交融的协调口感，令人意犹未尽。

TIPS
神户市中央区浪花町15番地　078-334-0015　11:30—22:00，周一休息（遇假日顺延）　乘坐神户地铁在旧居留地·大丸前站下车出站，向东南步行5分钟即达　★★★★

04 风见鸡之馆
北野的醒目地标

1909年，旅居神户的德国商人G.托马斯在北野坂外建起了自己的住所，后因其在三角形屋顶上耸立着具有风向标作用的"风见鸡"而得名。该馆在外观上极富浓厚的欧洲色彩，伫立在简朴淡雅的日本传统色调当中，愈显出其雕塑与线条之美，故而不单是"北野异人馆"街的代表性建筑，更被日本政府列为国家级的重点文物保护单位。

TIPS
神户市中央区北野町3-13-3　078-242-3223　￥300，与萌黄之馆的两馆共通券￥500　9:00—18:00，2月、6月的第1个周二休息　三宫站前乘坐City Loop观光巴士在北野异人馆站下车即达　★★★★

05 维纳斯桥
浪漫夜景

地处港湾地区的神户夜景在日本被评为三大夜景之一，又有"价值千万美金的夜景遗产"之称。1971年完工的维纳斯桥是一处可以让游人欣赏神户夜景的螺旋桥梁，由于毗邻的广场上有许多象征爱情永恒的情侣锁，因而以罗马神话中的爱神维纳斯命名。每到夜幕降临，就可以看到依偎在维纳斯桥上的情侣低声细语。

神户市中央区诹访山町　078-331-8181

TIPS
免费　全天　地铁西神、山手线县厅前站出站，向北步行5分钟即达　★★★★

畅游日本 神户

06 南京町 逛
日本三大中华街之一

神户的中华街——南京町是日本三大中华街之一。穿过街口醒目的牌楼进入南京町后，以金黄色为基调的中式建筑随处可见，各种汉字写成的招牌更是令来自中国的游客心生亲切，而沿街大量港式小吃店永远是人满为患，空气中也可以闻到熟悉的味道。

TIPS
- 神户市中央区元町通一带　078-332-2896　免费
- 依各店而异　JR神户线元町站出口向南步行3分钟即达
- ★★★★★

07 神戸ステーキ 吃
极致美味的神户牛排

位于加纳町的神户ステーキ以美味牛排闻名，这里的牛肉全部选用近郊六甲山的知名肉牛——三田牛，用大火快煎后再用炭火细烘慢烤，之后用丹麦皇家品牌哥本哈根的精美瓷器端上桌，散发着诱人香气的牛排肉汁滑顺鲜嫩，堪称极致的美味享受。

TIPS
- 神户市中央区加纳町4-3-3　078-391-2581
- 11:30—15:00, 17:00—21:00　JR东海道本线三之宫站、地铁西神山手线三宫站西出口出站即达　★★★★

08 Igrekplus 吃
日本第一美味的早餐

位于山本通的Igrekplus的早餐被评为日本第一美味。这里出售的松软的牛角面包带有浓浓的奶香味，每天清晨时传出阵阵面包香味，是附近居民每日清早首选的美味之一，拥有极高人气，是游人在神户清早不可错过的美味早餐。

TIPS
- 神户市中央区山本通2-13-15　078-271-1909
- 10:00—21:00　乘坐神户地铁在旧居留地·JR东海道本线三之宫站、地铁西神山手线三宫站出站，向北步行10分钟即达　★★★★★

09 老祥记
人气十足的鲜美肉包 　　吃

　　位于神户中华街南京町的老祥记开业于1935年，现今已经传承三代。食客每天都在店门口排着长队等待品尝美味的肉包，是南京町知名的人气美味之一。老祥记人气最高的肉包鲜美多汁，是在中华街游览之余不可错过的一道美味。

TIPS

🏠 神户市中央区元町通2-1-14　☎ 078-331-7714　🕐 10:00—18:30　🚇 JR东海道本线元町站出站，向南步行2分钟即达
★★★★

10 旧居留地
欧式风情的街道 　　逛

TIPS

🏠 神户市中央区浪花町15番地　🏪 依各店铺而异　🕐 11:30—22:00，周一休息（遇假日顺延）　🍴 依各店铺而异　🚇 乘坐神户地铁在旧居留地·大丸前站下车出站，向东南步行即达
★★★★

　　神户大丸百货周边是百余年前神户开港时修建的街道，沿街拥有大量充满欧洲风情的建筑和纪念碑，被称为旧居留地。现今的旧居留地上依旧可以看到大量欧洲风情的建筑，建筑内或是作为精品名牌店，或是作为咖啡馆，漫步其间宛若置身欧洲城市，充满舒适惬意的氛围。

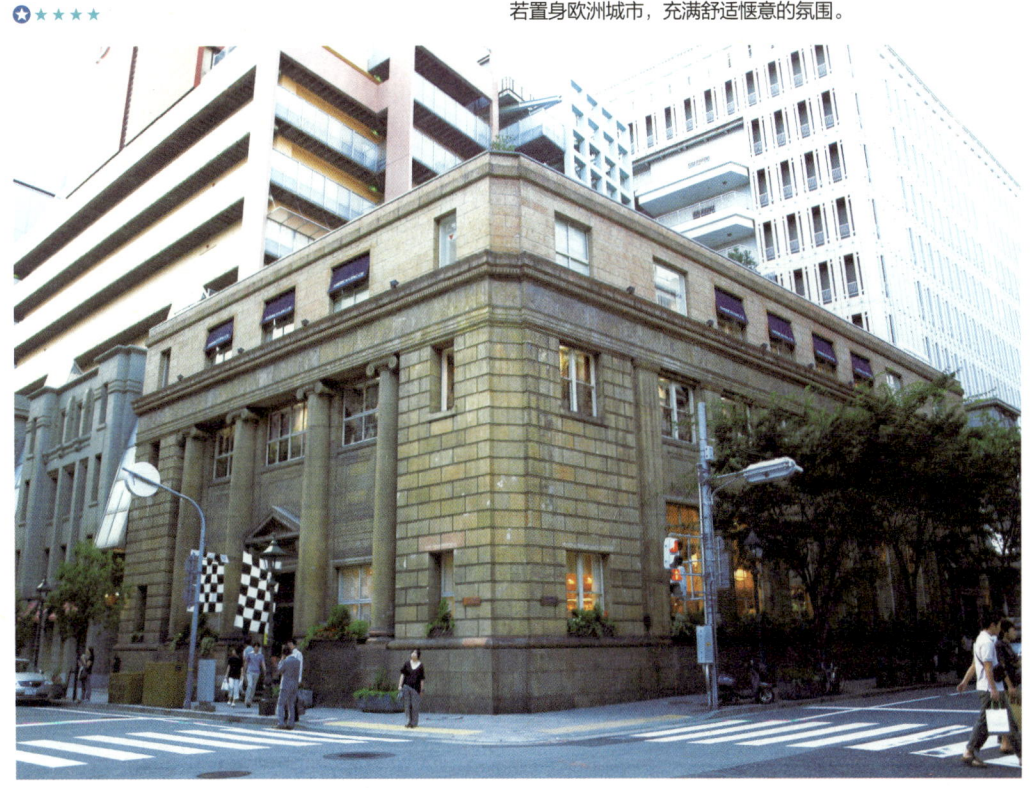

畅游日本　神户

255

11 三宫中心街
神户地区最大的商店街

TIPS
- 神户市中央区三宫町1—3丁目
- 依店铺而异
- 依店铺而异
- 东海道本线三宫站出站即达
- ★★★★

三宫中心街长约550米，是神户地区最大的商店街。从"鲜花之路"到"鲤川筋"之间的商业街两侧共计有大小商铺200余家，以及综合购物大厦"San Plaza"（阳光广场）和"Center Plaza"（中心广场），是人们购物休闲的好去处。街旁就是著名的"南京町"，是当地华人的聚居点，开设有100余家中式餐饮和杂货店，极富中华传统特色，且热闹非凡。

12 元町商店街
遍布甜品的美食街

TIPS
- 神户市中央区元町通1丁目—6丁目
- 078-391-0831
- 依各店而异
- 神户地铁海岸线元町站、大丸前站出站即达
- ★★★★

从旧居留地的大丸前站一直延伸到みなと元町站的商店街上遍布各种甜品店和咖啡厅，20余家蛋糕店使元町商店街的空气中都弥漫着浓郁的香甜气息，是被誉为"神户甜品激热战区"的美食街。除了各色美食店外，元町商店街上也有诸如海文堂这样拥有各种专业航海书籍的书店和大量特色店铺。

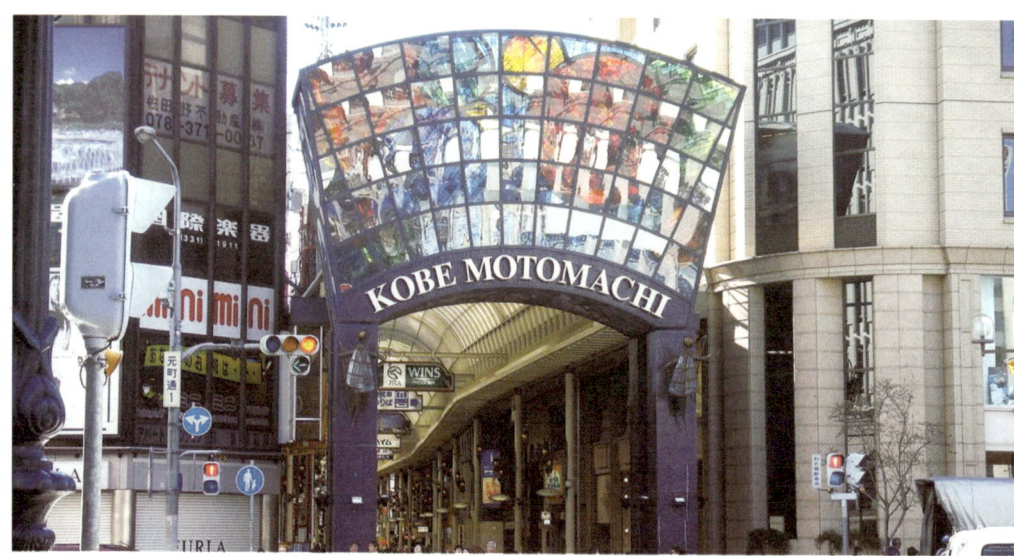

13 神户鲁米娜蕾　娱
数万明灯组成的光之祭奠

在阪神大地震发生后的1995年底，由意大利设计师设计的神户鲁米娜蕾灯彩节在当时鼓舞了地震后的神户市民，经过20年的发展，现今已经成为每年12月中旬直至圣诞节期间举办的光之雕刻灯彩节，吸引了无数游人和情侣。

TIPS
🏠神户市旧居留地及东游园地　☎078-303-1010　💰免费　🕐12月4—15日，每年略有变动，18:00—22:30（周末假日17:30—22:30）　🚇乘坐神户地铁在旧居留地·大丸前站下车出站，向东南步行即达　⭐★★★★★

---

14 神户塔　赏
神户海景地标

位于神户港口美利坚公园内的神户塔高108米，上下宽、中央部分纤细的红色塔身宛若日本传统的鼓，充满优雅的日本风情，现今已经成为神户的地标建筑。游人可登上神户塔的展望台，从望远镜中一览神户的全景，或是坐在展望台三层的旋转咖啡厅中，一边品尝杯中的咖啡，一边欣赏窗外的风景。

TIPS
🏠神户市中央区波之场町5-5　☎078-391-6751　💰成人￥600、学生￥300，与神户海洋博物馆共通券成人￥800、学生￥400　🕐9:00—20:30（会因季节而变动）　🚇地铁海岸线みなと元町站出站，向南步行5分钟即达　⭐★★★★★

畅游日本·神户

15 神户海洋博物馆
海港的历史记忆

赏

TIPS
- 神户市中央区波之场町2-2
- 078-327-8983
- 成人￥500、学生￥250，与神户塔共通券成人￥800、学生￥400
- 10:00—17:00（最后入馆时间为16:30），周一、日本新年休息
- 地铁海岸线みなと元町站出站，向南步行7分钟即达
- ★★★★

位于美利坚公园内的神户海洋博物馆拥有白色的网状外观，在蓝天的映衬下宛若扬帆出海的帆船，在夜幕降临后则散发着淡蓝色的光晕，充满绚丽美感。游人在1987年开馆的神户海洋博物馆内可以了解这座海港城市的历史，或是欣赏各种船只模型，每一件展品都与哺育这座城市的大海拥有无尽的联系。

16 MOSAIC Garden
海湾欢乐城

玩

毗邻神户MOSAIC商场的MOSAIC Garden是一座临海游乐园，高大的摩天轮是MOSAIC Garden的标志之一，每到夜晚都会发出璀璨绚丽的霓虹灯光，随着摩天轮的缓缓旋转将夜空染得华丽绚烂，与一旁的旋转木马共同构成了这里美妙迷人的夜景。在舒适宜人的海风吹拂下，不时可以看到情侣们漫步走过，充满浪漫气息。

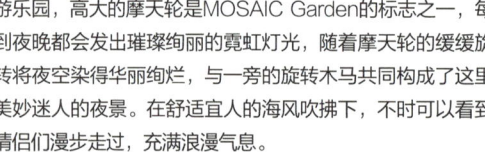

TIPS
- 神户モザイク
- 078-327-8983
- 入园免票，摩天轮￥700
- 11:00—22:00
- JR神户站南口出站，向南步行8分钟即达
- ★★★★

17 CONCERTO
浪漫迷人的海湾游轮

赏

神户豪华游轮CONCERTO每日从中午到晚上带旅客游览神户港湾，其洁白的船身在海港颇为醒目。游人在船上还可品尝这里的正宗粤式料理，享用美食之后登上甲板，在悠扬舒缓的音乐陪伴下，一览神户港湾的美丽景色。这里浪漫迷人的氛围深受情侣们欢迎。

TIPS
🏠 神户市中央区东川崎町1-6-1　☎ 078-360-5600　💰 乘船费用成人￥2100、儿童￥1050、餐费需另加，午餐￥3800、下午茶￥1200、晚餐￥5800　🕐 午餐12:00—13:45，下午茶15:00—16:00，晚餐17:10—18:55，19:30—21:05　🚇 JR神户站南口出站，向南步行8分钟到达港口即可　⭐⭐⭐⭐⭐

18 有马温泉
日本的三大名泉之一

玩

TIPS
🏠 神户市北区有马町　☎ 078-904-0708　💰 依各景点而异　🕐 依各景点而异　🚇 乘坐神户电铁有马线有马温泉站出站即达　⭐⭐⭐⭐⭐

历史悠久的有马温泉早在8世纪就成为关西地区著名的休闲疗养胜地，也是日本的"三大名泉"之一。有马温泉的泉水含有丰富的矿物质，分为泉色似铁锈红，对风湿病、神经痛、妇女病等病症有治疗效果的"金泉"和无色透明，对慢性消化系统疾病、慢性便秘、痛风具有一定疗效的"银泉"。有马温泉周围的旅馆是典型的日本古式建筑，这里沿路的小贩和美味的点心使人感受到过去的风情。

畅游日本 · 神户

259

19 瑞宝寺公园
有马温泉区最著名的公园 玩

TIPS
神户市北区有马町　078-904-0708　免费　全天
乘坐神户电铁有马线有马温泉站出站，向东步行20分钟即达 ★★★★

瑞宝寺公园是有马温泉区最著名的公园，也是著名的红叶观景区，据说丰臣秀吉来有马温泉休养的时候就曾经来到过这里观赏风景。公园里有许多古迹和文武建筑，这里的旧瑞宝寺山门曾做过伏见城的大门，而十三重石塔则是一栋江户后期的建筑。红叶茶屋也是这里不可不看的景点，此外还有许多桃山时期建筑的遗迹。

20 金之汤
有马温泉的代表 玩

素有"金泉"之称的金之汤是有马温泉最受欢迎的温泉，颜色呈浓浓铁锈色的金之汤富含铁质，连浴池内都被染成一层红褐色。在金之汤中泡过温泉后，皮肤有润泽触感，肌肉也完全放松，全身血液流通更好。

TIPS
神户市北区有马町833　078-904-0680　成人￥650、儿童￥340、幼儿￥140　8:00—22:00，每月第2、4个周二，1月1日休息　乘坐神户电铁有马线有马温泉站出站，向东南步行5分钟即达 ★★★★★

21 神户市太阁汤殿馆
太阁丰臣秀吉晚年常去的温泉 玩

神户市的太阁汤殿馆据说是太阁丰臣秀吉晚年常去的温泉，因此在日本享有盛誉。这个温泉是赫赫有名的有马温泉的一股，深受丰臣秀吉的喜爱，他在此修建了专用的浴场，现在的"太阁汤殿馆"就是建在浴场的遗址上。太阁汤殿馆是一间仿桃山时期的建筑，馆内还藏有丰臣秀吉当年使用过的浴缸、茶器等，室内利用多媒体再现了丰臣秀吉当年泡汤的场景。

TIPS
神户市北区有马町1642　078-904-4304　成人￥200，儿童、学生￥100　9:00—17:00，每月第2个周三休息　乘坐神户电铁有马线有马温泉站出站，向东南步行10分钟即达 ★★★★

22 川上商店
拥有450多年历史的佃煮老铺 吃

开业于永禄二年（1559）的川上商店是一间已有450多年历史的佃煮老铺，用糖、酱油炖煮而成的佃煮是日本传统小吃之一。川上商店至今依旧坚持选用费时间的柴烧和传统手法制作，松茸昆布、山椒昆布等美味都可以在店中试吃，买下后还可以选用小化妆箱包装，非常适合馈赠家人亲朋。

TIPS
神户市北区有马町1193番地　078-904-0153　9:00—17:00　神户电铁有马线有马温泉出站，向南步行5分钟即达 ★★★★

23 御所坊
住
天皇下榻的旅馆

TIPS
🏠 神户市北区有马町858　☎ 078-904-0551　🕐 全天　🚃 乘坐神户电铁有马线有马温泉站出站，向南步行2分钟即达　⭐⭐⭐⭐

开业于1191年的御所坊是有马温泉区内最古老最著名的旅馆之一，相传天皇到有马温泉区休养的时候就住宿在这里，因而名为御所坊。御所坊的料理虽然并非怀石料理，却是以强调食材原味的天然美食为主，令每一个来到御所坊的客人品尝后都赞不绝口。

24 六甲山牧场
玩
日本少见的高原牧场

六甲山牧场是日本少见的高原牧场区，这里也是一个以自然观光路线及美丽夜景而受人欢迎的高原休闲胜地。这里满山苍翠、绿荫环绕，宽阔的草原上放养着大量的牛、羊等动物，可尽情享受与大自然的最亲密接触。牧场内建有日本最早的高尔夫球场，还有观景台、高山植物园、观光牧场、森林公园等。这里一年四季优美的自然风光和淳朴的生活场景，构成了美丽的景点。登上六甲山山顶的瞭望台，可以把神户大阪湾的风光尽收眼底。

TIPS
🏠 神户市滩区六甲山町中一里山1-1　☎ 078-891-0280　💴 大人￥500、小孩￥200　🕐 9:00—17:00，周二休息（夏季无休）
🚃 乘坐阪急神户线在六甲站下车换乘16路公交车，在六甲ゲーブル下站换乘ゲーブル到六甲山上站，然后换乘六甲山上循环巴士即达，或者乘坐六甲有马ロープウェー在六甲山顶下车　⭐⭐⭐⭐

25 六甲花园阳台
赏
一览神户港的风景

六甲山除了有闻名日本的六甲山牧场外，还有许多值得一游的景点。六甲山满山绿荫环绕，山顶周围是宽广的高原地区，上来时可以乘坐观光缆车，将六甲山的美景尽收眼底。来到山上可以到高山植物园去看各种奇特的植物，也可以到观景台去俯瞰神户的城市风光，遥望大阪湾的美妙风景。

TIPS
🏠 神户市滩区六甲山町五介山1877-9　☎ 078-894-2281　💴 免费　🕐 依各设施而异　🚃 乘坐六甲有马ロープウェー在六甲山顶下车，步行3分钟即达　⭐⭐⭐⭐

畅游日本 神户

261

26 明石海峡大桥

世界上最大的吊桥之一

TIPS

兵库县神户市垂水区东舞子町2051番地　078-709-0084　汽车通行费￥2300　9:30—21:30　山阳电铁舞子公园站下车，步行5分钟即达 ★★★★

明石海峡大桥是世界上最长的吊桥之一，全长达3911米，主桥墩跨度1991米，用于连接桥梁的两条主钢缆每条长约4000米。站在桥上可以看到桥下奔腾而过的海水和一艘艘行驶的轮船。到了夜间，明石海峡大桥就像一条五彩缤纷的长龙，或者说像横卧在两岸间的睡龙，欲动非动，悠然自得，桥面上千红万紫，车流滚滚，与巍然耸立的桥墩相互呼应，别有洞天。

27 圆教寺

寻找心灵的安宁与祥和

历史悠久的圆教寺是佛教天台宗的寺庙，建于被称为圣山的书写山的山巅，因此这里又有着"西方比睿山"的别称。这座寺庙位于幽静的群山之中，掩映在苍翠的林木之间，是人们寻找心灵安宁与祥和的地方。寺内的主要建筑物有摩尼殿、大讲堂、护法堂、钟楼等，金刚堂虽然看上去毫不起眼，却是室町时代的珍贵文物。每年4月至6月间，圆教寺会展出寺内珍藏的本尊如意轮观音像和四天王像、书写山源起绘卷等珍贵文物。

TIPS

兵库县姬路市书写2968　079-266-3327　￥300　8:30—18:00　JR山阳本线姬路站乘坐开往书写缆车的神姬巴士在终点站下车，换乘缆车上山即达 ★★★★

28 姬路城
宛如白鹭的优雅古城

姬路城是日本最具有代表性的大型城堡，也是日本现存的古代城堡中规模最宏大、风格最典雅的一座。姬路城被称为"日本第一名城"，是江户时期的大名池田家族在17世纪初所建的，由包括天守阁在内的83座建筑物组成。其中本丸等8栋建筑是日本国宝，剩下的则被认为是重要的文化财产。姬路城是日本古代城堡防御建筑的杰出代表，它结构严密，固若金汤，又有着恢宏的气势，体现了日本城堡建筑的精致和优秀的防御性能。

TIPS
兵库县姬路市本町68番地　079-285-1146　￥600，姬路城、好古园共通券￥720，姬路城、博物馆、美术馆共通券￥800　9:00—17:00（4月18日至8月31日期间9:00—18:00），12月29日至30日休息　JR山阳本线姬路站搭乘往北的巴士约5分钟在姬路城站下即达　★★★★★

畅游日本·神户

29 芦屋川
知名的赏樱风景区 玩

TIPS

🏠兵库县芦屋市 ⓔ免费 ⓣ全天 🚉JR神户线芦屋站下车步行约8分钟即达 ★★★

芦屋川发源于六甲山中，沿途风景优美，最终流入大阪湾。芦屋川的上游是著名的攀岩登山旅游区，吸引着众多热爱运动的年轻人在这里进行户外活动。芦屋川的中下游水势平稳、河面清澈，是重要的赏樱景区。每到春天，这里的河畔就聚集了来自四面八方的游客。灿烂的樱花树下落英缤纷，花瓣如雪花般满天轻舞，飘向桂川似镜的水面。

30 宝塚大剧场
世界闻名的宝塚剧场 娱

TIPS

🏠兵库县宝塚市荣町1-1-57 ☎0570-00-5100 💰S席￥7500，A席￥5500，B席￥3500 🕙10:00—17:00，周三休息 🚉阪急电铁宝塚线宝塚站南口出站，步行5分钟即达 ★★★★★

　　宝塚大剧场是日本最著名的宝塚歌剧团进行演出的地方。成立于1913年的宝塚歌剧团历史悠久，剧团最特殊的是，所有演员全部是出自于宝塚音乐学校的女性。这个歌剧团不但在日本国内备受好评，而且经多次的海外亮相以后，在世界上也获得了很高的声誉。宝塚大剧场内拥有世界上最先进的音响、灯光系列，并设有演出监控、联络等齐全的设施，提供给观众顶级的艺术享受。

31 淡路岛牧场
日本少见的海岛牧场区

淡路岛牧场是日本重要的饮食基地，也是少见的海岛牧场区。淡路岛上有许多牧场公园，都是时下流行的休闲场所。来到这里，不但可以欣赏自然美景，也能通过美食来了解该岛具独特魅力的"御食国项目"。

TIPS
兵库县南淡路市八木养宜上1　☎0799-42-2066　免费　9:00—17:00，不定休　搭乘开往福良方向的淡路交通巴士在鸟井站下车，步行10分钟即达　★★★★

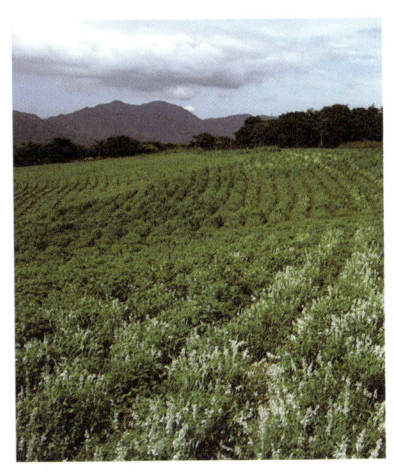

32 城崎温泉
日本著名的温泉区之一

TIPS
兵库县丰冈市城崎町　☎0796-32-3663　依各温泉而异　依各温泉而异　从大阪梅田阪急巴士总站和神户的阪急三宫巴士站乘坐开往城崎温泉的巴士即达　★★★★

城崎温泉是日本著名的温泉区之一，早在奈良时代就有在此泡温泉的记录。城崎温泉区风景秀美，温泉街的中心处流淌着大溪川，两岸垂柳成排，自古以来就是京都贵族、文人的清游之地，附近还有日本三景之一天桥立等很多名胜古迹。城崎温泉既有私密的个人温泉，也有适合多人共享的公共温泉，主要为一之汤、御所之汤、曼荼罗汤、故乡之汤、柳汤、地藏汤、鸿之汤七处。

畅游日本｜神户

265

JAPAN GUIDE

Japan

畅游日本
16

北海道

北海道位于日本北端，是一个"冰雪之国"，最佳旅行季节是冬季。北海道的首府札幌街道整齐而具有北欧风情，入冬后的札幌更是一片雪白。北海道以其迷人的雪景闻名于世，一年一度的"北海道雪祭盛会"约于每年2月上旬展开，展出的冰雪作品雄伟壮观，匠心独运。

01 大通公园
札幌最有名的城市公园 玩

　　札幌的市中心成棋盘状分布，一条大路从南向北将整个札幌市分为两半，人们在这条全市最大的街道上建设起街道公园，供人们休息娱乐。大通公园一年四季精彩不断。每年春天来临的4月下旬，公园里最著名的玉米大排档开始营业，人们争相来这里品尝象征一年丰收的玉米，同时也吸引了大量的鸽子和斑鸠前来，非常热闹。到了5月就是札幌紫丁香祭，6月上旬有民谣节和花节，7月到8月这里则是札幌一年一度的札幌夏祭和札幌啤酒节的主会场。到了大街两边人行道树叶都变色的时候，就是札幌秋季的日子了。经过了近半年的热闹，随着落叶飘然而下，大街两侧的花坛都会被移走，大排档也不见了踪影，大通公园会迎来一年中最为寂寥的时光。到了11月，随着树木上的装饰灯亮起，札幌白色树灯节就是在这个时候举办，1000多盏彩灯把整个公园弄得五彩缤纷，公园又恢复了生机和活力。到了次年的2月份，札幌迎来了一年中最重要的札幌冰雪节，冰雪节一周的时间里，是大通公园最繁华的时期。大通公园一年四季都在各种节日中度过，不管是什么时候到这里，都能立刻被这里繁华而热闹的景色所吸引。

TIPS
札幌市中央区大通西1-13丁目　011-251-0438　乘地铁南北线、东西线或东丰线至大通站下　★★★★

02 札幌电视塔
札幌市的重要观景点 赏

　　札幌电视塔耸立在札幌市中心，高147米，曾经是札幌市最高的建筑物，虽然随着时代的进步已经失去了制高点的光环，但依然是札幌市的重要观景点。塔身以红色和绿色为主，由于装饰了很多灯泡，晚上也显得光彩照人，因此这里的夜景也是相当的著名。在塔高90米的地方设有展望台，在这里除了可以看到札幌市景的全貌，连远处圆山和大仓山的景象都可以尽收眼底，而且每年在大通公园所举办的各种活动也能在此一览无余。电视塔的一楼是售票处和服务中心，二楼是管理中心和多用途广场，三楼则是各种餐厅、商铺等。值得一提的是，札幌电视塔的地下与札幌的地下商店街"极光城"相连接，是札幌最大的地下餐饮一条街。这里有数十家出售当地知名特产食品的店铺，游人可以边吃边走，从电视塔直接去极光城体验购物的乐趣。作为札幌的地标性建筑，札幌电视塔每年吸引了大量的游客前来。

TIPS
札幌市中央区大通西1丁目　011-241-1131　￥700
乘地铁南北线或东西线至大通站下　★★★★

03 北海道大学
历史悠久的知名大学 赏

TIPS
- 札幌市北区北8条西5丁目　☎011-716-2111　¥200
- 乘地铁南北线至札幌站下　★★★★

　　北海道大学成立于1918年，是一座历史悠久的大学。大学设有文学、法学、经济学、医学、工学等多个学科，而且和中国的北京大学、清华大学、复旦大学等都有交流合作，是一座综合性的现代化大学。北海道大学的校区十分广大，特别是札幌主校区，地处札幌市的中心部分，为了不影响交通，当地特意在这里建设了一条环形地下隧道。札幌校区的北侧是拥有150多年历史的木质教室——古河纪念讲堂。这座建筑物通体白色，全身充满了古朴典雅的风格。西侧是农学部和大钟楼，其中会有一条很长的林荫道，道两旁种植了数百株杨树，是大学里著名的景观之一。在农学部的农场里生长着大量的大花延龄草，是北海道大学校花和校徽的原型。学区的南侧有着北海道大学首任校长克拉克的塑像，是大学的象征所在。塑像附近的克拉克会馆是日本第一座公立大学学生会馆。此外，大学在函馆也设有分校区。北海道大学100多年来向社会输出了无数人才，至今依然是进行科学研究和教学的重要场所。

04 北海道神宫
北海道规模首屈一指的大神社 赏

TIPS
- 札幌市中央区宫之丘474　☎011-611-0261　乘地铁东西线至圆山公园站下　★★★★

　　北海道神宫是札幌乃至整个北海道规模首屈一指的大神社，与其他地方的神社不同的是，这座神社的大门朝向东北方，符合北海道建设初期人们向东北方开拓和抵御敌人的期望。明治二年（1869）时，明治天皇下令从全国各地的神社中移祀了大国魂神等三位神明为北海道开拓三神，作为镇守北海道的神明供札幌人祭祀。而神社里的分社开拓神社则以祭祀北海道开拓中的功臣为主。整座神社建立在海拔200多米的圆山山腰上，和圆山公园相邻。神社里的环境十分优美，拥有树龄超过100年的榆树和花柏等珍稀植物。这里的樱花也很有名，每年春季这里绽放的樱花和圆山公园遥相呼应，是赏樱的胜地之一。到了冬天，这里被白雪覆盖，走进神社，除了脚下的沙沙声，四周一片寂静，为神社增添了庄重肃穆的感觉。黑啄木鸟等鸟类此时都会飞来觅食，是游客观赏野生鸟类的最好时机。

畅游日本　北海道

269

05 中岛公园
札幌市历史最悠久的公园 玩

TIPS
📍 札幌市中央区中岛公园　☎ 011-511-3924　🚇 乘地铁南北线至中岛公园站下　⭐ ★★★★

中岛公园是札幌市历史最悠久的公园，早在明治时期就已经被开辟成为游园地，因此有许多极具历史意义的古代建筑设施。公园里最古老的建筑当属江户时代的八窗庵茶室，是著名的茶道家小堀政一所用的茶室，为重要文化遗产，经过修复后对外开放。此外，在明治时期建成的、现存最古老的旅馆丰平馆也在中岛公园里。这是一座内部装修充满了西洋风格的木制建筑，天花板上装饰了水晶吊灯，晚上非常漂亮，常被用作婚礼举办地。菖蒲池是公园里唯一的人工湖泊，整个人工湖被各个岛屿分割成数个部分，湖边采用了日式古典园林风格和移步换景的效果，使游人在不断变换的景色中漫步，有一种风雅幽静的感觉。此外，公园里供儿童游玩的设施也很多，除了儿童会馆和儿童广场以外，还有札幌市儿童木偶剧场，每天都会上演各种木偶剧来招待小朋友们。除此之外，公园里还有小型天文台、音乐厅、文学馆、网球场等各种现代化的活动设施，可以满足各种休闲要求，是一座大型、多功能、现代化的公园。

06 羊之丘
眺望札幌的观景台 赏

羊之丘的前身是札幌的种羊牧场，地名也因此而来。这里地处札幌市东南部，是一座平缓的丘陵。羊之丘瞭望台就矗立在这座丘陵上，通过这里可以一览石狩平原的全貌。台上矗立着巨大的威廉·克拉克铜像。威廉·克拉克是北海道大学的首任校长，也是北海道开拓精神的象征。铜像基座上刻着他的名言"少年当怀大志"。铜像的背后就是一望无际的札幌市的街景。坐在充满了牧歌风情的瞭望台上，远眺现代都市的风景，真让人有一种穿越时空的感觉。瞭望台的附近有两座并排的小型教堂建筑，左边是羊之丘婚礼厅，右边则是札幌冰雪节资料馆，资料馆白色的外观在绿色的背景上显得特别醒目。羊之丘是每年各种节日和庆典的分会场。一边品尝当地的美味羊肉，一边参加各种热闹活动，使游人们乐不思归。

TIPS
📍 札幌市丰平区羊之丘　☎ 011-851-3080　💴 ￥500
🚇 乘地铁东丰线至福祝站，换乘前往羊之丘瞭望台的中央巴士　⭐ ★★★★★

07 时计台
屹立百年的札幌地标

札幌时计台地处北海道中央区，原为札幌农学院（即北海道大学）的体育馆，由北海道大学第二任校长威廉·惠勒亲自设计。这座二层建筑墙壁为白色，屋顶为红色，采用了曾风行于美国西部的牛仔风格，体现了北海道人开拓进取的精神，是日本国家重要文化遗产。这里是札幌市中心的著名观光景点，它的造型也被用在札幌各地的商店招牌和海报上，是札幌市的象征性建筑物之一。最初这里的钟为铜钟，但是由于报时极不准确，1881年改用了重锤摇摆式的现代钟，并一直沿用至今。时计台的一楼是展示厅，展示了这座钟楼的历史资料，让人们对这座建筑物的历史和内涵有深入的了解。二楼则为出租大厅。随着城市的发展，时计台周围的高层建筑也逐渐增多，目前由于四周建筑物密集，时计台的钟声已经无法传达很远，而且也很难找到一个地方能将时计台的全貌拍摄下来。所以，札幌的时计台和冲绳的守礼门、高知的播磨屋桥一起并称为"日本三大遗憾景观"。

TIPS
札幌市中央区北1条2丁目　011-231-0838　¥200　乘地铁南北线或东西线至大通站下　★★★★

08 三宝乐啤酒博物馆
日本唯一的啤酒博物馆

三宝乐啤酒博物馆位于三宝乐花园公园内，是日本唯一的啤酒博物馆，前身是以种植甜菜为主的制糖工场，但是随着制糖业的慢慢衰退，这里将重心转移为种植大麦酿造麦酒和啤酒，后来成立了三宝乐啤酒株式会社。整座博物馆保持了当年北海道开拓时期红砖建筑物的原貌，门口摆放着复原的麦酒酿造所成立时所使用的酒桶。博物馆的一楼摆放着"二战"以前所使用的啤酒瓶、广告、招牌以及老酿酒所全部设施的微缩模型景观。同时通过一些文字和影像资料，介绍了这里从明治时期直到现在的历史变迁。二楼展示了一口大锅，这口锅是当时在札幌工场里用来煮沸麦芽汁的煮沸锅，这口铜锅直径6.1米，高10米，重达13.5吨，容量达8.5万多升。博物馆里还设有商店，在这里可以买到刚刚酿造好的新鲜啤酒和烤羊肉，让人们在参观之余还能一饱口福，品尝一下正宗的三宝乐啤酒。

TIPS
札幌市东区北7条东9丁目　011-731-4368　乘地铁南北线或东丰线至札幌站，换乘观光巡回巴士在三宝乐啤酒园下车　★★★★

畅游日本·北海道

09 西武百货
买
札幌市内不可不去的百货店

毗邻JR札幌站的西武百货是世界各地游人来到札幌后不可不逛的一家大型百货店。西武百货分为两幢大楼，其中一幢以服饰配件为主，汇集了Burberry、Blue Label、Agnes b.等众多男女时装品牌，同时提供退税服务，因而深受外国游客欢迎。另一幢则是西武旗下的家居饰品生活百货Loft，主要顾客都是札幌本地人，但也不乏游客的身影。

TIPS
🏠 札幌市中央区北4条西3　📞 011-251-0111　🚃 乘JR至札幌站下　⭐★★★★

10 かに本家
吃
品尝美味的蟹肉料理

札幌かに本家是一家以烹饪螃蟹为主的海鲜料理店，是在全国都有分店的知名企业，地处札幌中央区北3条西2-1-18号的札幌店是总店。这家店铺外观的最大特色是有一个在机械动力驱动下一直在张牙舞爪的螃蟹标志，晚上在景观灯光的照射下更显醒目。店铺的内部装饰以"豪华的民族工艺"为主题，在每个包间里还能看到传统的日式庭院，给人一种典雅的感觉。这里使用的食材都是直接从渔港运来，而不是经过冷冻的，所以非常新鲜。而菜式也全部都是由店里自己开发研究的，除了传统的蟹肉刺身和寿司外，还有各种锅类料理。此外，这里的龙虾和鲍鱼刺身也是相当不错的招牌菜。除了正统的螃蟹料理外，油炸蟹壳等儿童套餐也相当受小朋友们的欢迎。虽然目前餐饮业的竞争非常激烈，这家店依然凭借着便利的交通、优质的服务和新鲜的食材吸引了数以千计的游客前来大快朵颐。

TIPS
🏠 札幌市中央区北3条西2-1-18　📞 011-222-001　🚃 乘JR至札幌站下　⭐★★★★

11 札幌JR Tower
札幌最繁忙的都市中心 逛

TIPS
🏠 札幌市中央区北5条西2丁目　☎ 011-209-5100　🚇 乘地铁东西线、东丰线、JR至札幌站下　★★★★★

札幌JR Tower是北海道旅客铁路札幌站的站楼，和周围建筑合称为JR Tower广场。JR Tower本楼楼高173米，38层，是札幌市第二高的高楼。这也是札幌最大的多功用高层大楼，从地下1层到6层全部都是餐饮和购物商铺，包括札幌的大型超市"札幌stella place"。一走进大楼就能见到那标志性的蓝色大自鸣钟。游客可以在离开之前来这里购买纪念品和礼物，同时1层也是铁路的候车室和检票口。7层到20层是企业的办公区，包含了日本的各大知名企业，是最忙碌的写字楼区。22层到36层则是札幌日航酒店，是札幌知名的五星级酒店，甚至还设有温泉浴室。36层还有不少的日式和西式饭店。而再往上就是整个大楼最具人气的地方——顶楼38层，这里是东京以北最高的观望室。在173米的高度放眼望去，整个札幌尽收眼底。札幌JR Tower既是札幌重要的交通枢纽，也是最繁华的写字楼和商业楼，每天来往人流无数，十分忙碌。

12 拉面共和国
品尝美味的拉面 吃

北海道人喜欢拉面世界闻名，因此札幌市内充斥了各种拉面馆，除了最具人气的拉面横丁外，就要数这拉面共和国了。这里其实是一个食物主题公园，位于JR札幌站附近的札幌ESTA大楼10层。整个公园仿造上世纪40年代的日本街道风格而建，里面有8家最具人气的拉面馆和1家土特产店，将北海道札幌、旭川、钏路、函馆四地风味的拉面汇聚一堂。有意思的是，这里每个月都会举行拉面大比拼。在共和国里设置了投票箱，每个顾客可以对8家店提供的拉面在美味度、美形度和满意度三方面做出评分，最后总分高的会获得当月拉面王的称号。此外为了加强共和国这一概念，在各处还搭建了木制的车站，各车站之间还有蒸汽火车不断来回，好像真的穿梭于一个国家的各地之间。同时这里还有一个神社供奉拉面之神。置身于这宛如时空回溯的古老区域，品尝着美味的北海道拉面，对游客来说是最好的享受。

TIPS
🏠 札幌市中央区北5条西2-1　☎ 011-216-2111　🚇 乘地铁东西线、东丰线、JR至札幌站下　★★★★

畅游日本 北海道

13 二条市场
繁荣的百年老街

TIPS

札幌市中央区南2条东1　011-225-5308　乘地铁东西线至バスセンタ前站下　★★★★

　　二条市场位于札幌市中央区南2条和南3条之间，专门销售各类新鲜的水产品和生鲜果蔬谷物等，被誉为"札幌市民的厨房"。二条市场最主要的建筑是南3条的拱廊市场，拱廊上悬挂打鱼用的灯泡进行照明。螃蟹字体的商铺名称和青色的暖帘是这里最显著的特征。开市的时候，50多家商铺都会将自己最好的商品摆放出来，螃蟹、甘贝、海胆、鳕鱼等都排列得整齐清楚，而特价品更是摆在最醒目的地方。店家们热情的叫卖声，充满了朝气和活力。这里的鱼类和蟹类是最受欢迎的商品，附近的饭店也很贴心地提供现场加工服务，让游客们可以立即尝到最新鲜的海鲜。因此这里常年游客盈门，几乎成了前来札幌旅游购买土特产礼品的必到之处。除了各色水产品外，这里出售的各种水果和蔬菜也十分新鲜。如今，这条开业100多年的商店街焕发了新的现代魅力。

14 狸小路商店街
历史悠久的市集

TIPS

札幌市南3条西1-7丁目　地铁南北线在薄野站下　★★★★★

　　狸小路商店街在明治时期只有少量的店铺，但是随着百多年的发展，现在已经是拥有数百家商铺的大型商店街了。商店街的所有步道都被拱廊天幕所覆盖，就算是雨天也可以放心地逛街。商店街里有各种品牌商品专卖店、乡土土特产店和拉面馆，非常受外来游客的喜爱。近年来随着道路的拓宽，步道上还出现了很多街头表演艺术家，尤其是街头音乐家，几乎每走一段距离就能看到有艺人在街头进行表演。值得一提的是，在狸小路购物游览的游客完全不需要担心治安的问题，经过一系列的改造之后，商店街内设置了完备的光纤通讯设备和无线局域网，建立了很先进的内联网系统，设置的摄像头可以监控到每家店铺的情况。就算是女性在这里一个人游玩也完全不用感到担心。此外，狸小路商店街还通过地下街道和不远处的薄野及大通地区相连接，形成了一个东京以北最大、最繁华的商业圈，带来了很多客源。这里干净、明亮、舒适的购物环境是吸引客人的最主要原因。

15 薄野
札幌最繁华的街区之一

TIPS
🏠 札幌市南4条西2丁目-南7条西6丁目　🚇 乘地铁南北线或东丰线至薄野站下　★★★★★

薄野是札幌最繁华的街区之一，其繁华的程度可以和东京的歌舞伎町与福冈的中洲相提并论。随着上世纪60年代札幌冬奥会的召开，大量的游人涌入札幌，这里也就作为札幌的商业中心发展起来，各个大型企业都在这里设立分店。在薄野并不算很大的区域里，各种店铺多达4000多家。这里集中了札幌最多的饭店、酒吧、卡拉OK、夜总会，甚至是拉面馆、小酒馆、温泉旅馆和乡土料理店等，是札幌市夜生活的中心。每到夜晚华灯初上的时候，这里就成了一个灯红酒绿不夜之城。在各色霓虹灯的映衬之下，青年男女们伴随着音乐饮酒起舞，让人流连忘返。特别是周末的晚上，人流甚至比白天还要密集。不光是在街上，薄野的地下城也是非常有名，大量的商铺鳞次栉比，其繁华程度竟不逊色于地面。每当札幌冰雪节召开的时候，薄野也是重要的会场，无数冰雕将这里打造成了一个冰雪世界。在灯光的照射下，冰雕也增添了缤纷色彩，让游人目眩神迷。

16 札幌国际滑雪场
北海道最著名的滑雪场之一

TIPS
🏠 札幌市南区定山溪937番地　📞 011-598-4511　💴 ¥1200
🚌 札幌站前乘巴士至国际滑雪场下　★★★★★

札幌国际滑雪场位于札幌市南区，从札幌市区或者小樽市前往很方便，是北海道最著名的滑雪场之一。这里设施先进完备，曾是札幌冬奥会的比赛场地。这里积雪丰富，雪质优良，非常适合滑雪运动。雪道依山而建，周围是茂密的山林，很具自然气息。整个滑雪场按照难度不同设计了七条雪道，让不同水平的滑雪者体验到滑雪的乐趣，而两条吊箱索道和三条吊椅索道也使得人们行动起来非常方便。除了滑雪道以外，这里还设有高台跳雪、雪橇、雪板等其他设施，可以让人在普通的滑雪之余挑战一下其他运动，别有一番乐趣。此外这里还是少有的配有温泉的滑雪场，人们可以在运动之后泡一下温泉，缓解全身的疲劳，可以说是冰雪世界中最高级的享受。

畅游日本　北海道

17 河童家族许愿手汤

游客必到的特色温泉 玩

　　河童家族许愿手汤是定山溪温泉群当中一个非常具有特色的洗手温泉。传说古时候有一个打鱼的年轻人不小心淹死在了丰平川里，1年后他的父亲梦到他化身为河童，并在河底娶妻生子过得非常幸福，从此河童就成为定山溪温泉的吉祥物。手汤正中是河童爸爸和河童妈妈的雕像，泉水从下面的河童宝宝雕像嘴里涌出来。河童们的造型非常可爱，涌出的泉水也清澈干净。传说如果先将温泉里的泉水舀起放到小河童头顶的盆里，然后用盆里的温泉水洗手，吟唱固定的咒语三遍，最后许出自己的愿望，河童们就会显灵达成你所许的愿。因此游客们纷至沓来，这里终年游人如织，想洗一次手也很不容易呢。

TIPS
札幌市南区定山溪　011-598-2012　在札幌车站乘坐近铁巴士至丰平峡前下，换乘电气巴士至定山溪神社下车即达　★★★★

18 小樽运河

异国风情的运河 赏

TIPS
0134-32-4111　乘JR或巴士在小樽站下　★★★★★

　　小樽运河是小樽市的地标，曾经是小樽市作为北海道工业和经济中心的象征，甚至一度被人称作"北方的华尔街"。但是随着"二战"后日本经济的衰退，这里也基本失去了它原有的作用，成了一条臭水沟。小樽市政府于1960年开始对运河进行改造，将运河的一半填平改为马路，而在剩下的一半用十万块石砖铺设了石板步道，放置了煤气路灯，并且进行了整体绿化，同时还保留了运河边上大量的大正时期的仓库，使之摇身一变成为了小樽最为怀旧的观光胜地。每当夕阳西下的时候，阳光照射下的河水在石制的河岸上泛出光影，配上路边煤气路灯的灯光，有一种独特的浪漫风情。漫步于石板路上，身边一座座充满了历史厚重感的仓库好似在向人们诉说着当年的繁华，这种怀旧的感觉使得原本只需要半个小时就可以走完的路程变得漫长，游人们在时间的漩涡中流连忘返。重生的小樽运河，无论是白天还是黑夜，都散发着动人的光彩。

19 岩永时计铺
百年历史的时钟博物馆 赏

TIPS

🏠小樽市堺町1-21 ☎0134-23-8445 🚌乘JR或巴士至小樽站下 ★★★★

　　岩永时计铺是一家营业了100多年的钟表老铺,这里以销售和维修机械钟表为主。岩永时计铺的建筑很有特色,虽然经过几次修整,但是依然保持了当年的风格。屋脊上有两个日本神话动物鱼虎的雕饰,在当时十分罕见。进入店铺就好像走进了钟表的世界,这里摆放着从100多年前直到今天的各种钟表,无论是腕表、挂钟、壁钟、坐地钟,还是一些具有独特外形的钟表,应有尽有。值得一提的是这座店的镇店之宝——从开张时就在这里的英国产落地大钟"科隆",这座钟高2.5米,非常精美,虽然已经有100多年的历史,但是依然精准。如果运气好的话,可以看到7天一次给钟上发条的过程。此外这家店里还设有茶座,茶座里到处都是钟表。一边喝茶,一边徜徉在时间的海洋里,别有一番浪漫的感觉。岩永时计铺和它的科隆大钟一起见证着小樽市从繁荣到衰退,再到复兴的过程,行走在这家店铺里,让人体会到浓浓的历史厚重感。

20 寿司屋通
小樽市名气最大的一条美食街 吃

　　寿司屋通是小樽市名气最大的一条美食街,至今已经有近20年历史。最初这里只有5家店铺,随着人气上升,寿司屋通的规模也越来越大,到现在已经有了20多家店铺,当地有名的寿司店都在这里开有分店。著名漫画《将太的寿司》流行起来后,这里更是人气爆棚,已经成为外地游客必到的热门景点了。每到吃饭的时间,这条大街上都会热闹非凡,因为食客已经挤进各家店里了。由于小樽市位于北海道的交通中心,北海道各地的鱼虾都要经过这里送往日本全国,因此这里的鱼虾既新鲜又便宜,而做出来的寿司也是最美味的。这条街上最著名的寿司店当属有百年历史的老店——政寿司。它是寿司屋通人气暴涨的见证,从最初的一层楼的街边小铺到现在的多层建筑的大店,反射了这条大街发展的过程。"来小樽必吃寿司,吃寿司必来寿司屋通"如今已成为各地游客的常识了。

TIPS

🏠小樽市 🚌乘JR或巴士至小樽站下 ★★★★★

畅游日本 北海道

277

21 大正硝子馆
了解玻璃工艺品的制作过程 赏

TIPS
📍小樽市色内1-1-5 ☎0134-32-5101 🚌乘JR或巴士至小樽站下 ★★★★

大正时期日本的玻璃工艺走向成熟，这家商店的店名就反映出它是以大正时期出色的玻璃制品作为卖点的。大正硝子馆的建筑有100多年历史，可以说历经了日本玻璃工艺的全盛时期。这里的玻璃制品全部由手工制成，各种颜色的玻璃器皿交相辉映，让人眼花缭乱。独特的淡色系和具有日本怀旧风格的和风玻璃餐具是这里最大的看点。此外，小动物玻璃摆件和纯净的玻璃珠也是很受人们欢迎的商品。商店的精品区陈列着很多名家制作的玻璃饰品、摆件和首饰等，虽然价格不菲，但值得珍藏。商店的旁边就是大正硝子馆的制作工房，在这里人们不光可以看到玻璃器皿的制作过程，甚至还可以亲手体验如何吹制一个花瓶或者一件玻璃乐器，也可以尝试用各色的玻璃珠穿成一件漂亮的装饰品。

22 富田农场
富良野最独特的薰衣草园 玩

富田农场是富良野众多薰衣草观景地中最为独特的一个，薰衣草都移植自法国加斯旺德地区，所以这里的薰衣草海洋相比别处更有着难以言喻的魅力。农场分为五个景点，位于大门处的"花人花田"是鲜花的海洋，来自世界各地的五彩花卉在这里齐聚一堂，它们在不同时节依次绽放，四溢的芳香带来一丝别样的风情。"幸福花田"的薰衣草色泽鲜艳，深浅紫色交错，拥有着一种独特的艺术美感。"七彩花田"是富田农场最著名的景点，是影视剧中的常客。不论是紫色的薰衣草和矢车菊，还是红色的虞美人、绿色的薄荷、白色的满天星、桃红色的高雪轮或是黄色的小麦穗等奇花异草都在此争奇斗艳，它们随着花田自然地倾斜，宛若彩虹般艳丽，又如同散落在凡间的仙子，令人沉醉其间。"春秋季彩色花田"与"早期种植的薰衣草花田"则是各具魅力的景点，诱惑着游客的全部感官。富田农场内还出售各种薰衣草制品，如富田香水、香皂、线香、沐浴球、薰衣草糖、蜂蜜、薰衣草咖啡等，但最得人心的还是薰衣草软雪糕、香味蜜瓜包及又甜又多汁的新鲜蜜瓜这"富田三美食"。

TIPS
📍中富良野町北星 ☎0167-39-3939 🚌乘火车至中富良野站下 ★★★★

23 花园上富良野
富良野最大的薰衣草田

拥有15公顷园区的花园上富良野是富良野地区规模最大的薰衣草田，同时也是唯一一处收费的花田。花园上富良野除了紫色的薰衣草外，还有鸢尾、百合、虞美人、波斯菊和鼠尾草等色彩艳丽的花朵。灿烂芳香的缤纷花海与远处连绵不绝的十胜岳相映生辉，宛如画中美景一般，令人回味无穷。

TIPS
- 上富良野町西5线北27号
- 0167-45-9480
- ￥500
- 乘火车至上富良野站下 ★★★★

24 彩香之里佐佐木农场
北海道最大的薰衣草园区之一

位于佐佐木农场内的彩香之里不但是北海道众多薰衣草景点中最大的园区之一，也是最具有独特魅力的一个。来到这里的游客们可以获得与薰衣草最亲密接触的机会。新人们可以在艳丽的花田中拍照，在广阔无边的花海中结成良缘。

TIPS
- 中富良野町西1线北12号
- 0167-44-2855
- 乘火车至中富良野站下 ★★★★

站在花田的最高处，仿佛位于紫色的云端，浪漫甜美的氛围充斥着每个人的心灵。不同时节的彩香之里有着各自独特的闪光之处，"OKAMURASAKI"、"羊蹄"、"HANAMOYIWA"等不同花色的薰衣草从初夏冒出花芽的时候就展现出自己的异彩。随着花期的变更，花形和香气都略有不同。彩香之里除了漫山遍野的紫色薰衣草外，还有许多颇有画龙点睛之意的其他鲜花，如鲁冰花、罂粟花、粉萼鼠尾草、大波斯菊等，为这里增添了一道五彩缤纷的风景线。而极为少见的淡粉红色的薰衣草，更是令人大开眼界。游客来到这里还能够亲手采摘令人心醉的薰衣草，可以将这份美好的记忆永久保存下来。佐佐木农场还出售干花、香粉包等采用独特手法精心制作的薰衣草产品。

25 富良野葡萄酒工厂
品尝北海道的优质葡萄酒 赏

TIPS
🏠 富良野市清水山　📞 0167-22-3242　🚇 乘JR至富良野站下，骑车或乘坐观光循环巴士　⭐ ★★★★

　　位于葡萄丘陵公园内的富良野葡萄酒工厂本是一个用于研究葡萄种植、培育及葡萄酒酿造的研究所，后来因其特产的富良野葡萄酒而闻名于世。坐落在清水山山顶的这家工厂是栋由红砖构成的北欧式两层小楼，貌不惊人却吸引着世界各地的葡萄酒爱好者。富良野葡萄酒工厂是著名的观光酒厂，这里的葡萄酒不但口感醇正，还应不同的时节推出季节限定酒，更使得爱酒人趋之若鹜。

　　走入富良野葡萄酒工厂就如同来到一个小型的葡萄酒博物馆，曾经使用过的酿酒工具都陈列在游客面前，而那一张张获奖证书与闪烁着光芒的奖牌则是酒厂荣耀与品质的证明，在酒厂内还能看到葡萄酒的灌装过程。来到这里还能品尝到不同原料、不同年份、不同度数的葡萄酒，尤其是储存在橡木桶中的"Barrel Frurano"，更是该酒厂的招牌。果香与木香融合在一起的酒香绵长而醇厚，令人回味无穷。站在酒厂门口还可以俯瞰近处连绵不绝的葡萄园和绚丽多姿的薰衣草田，还能遥望远方的十胜岳连峰胜景。

26 菅野农场
美瑛最大的薰衣草景区 玩

TIPS
🏠 上富良野町美马牛峠　📞 0166-45-9528　🚇 乘JR至美瑛站下　⭐ ★★★★

　　菅野农场是美瑛地区最大的薰衣草观景区，种植有多种各具魅力的观光植物，是一个放开心胸与大自然融为一体的绝佳场所。田野分布在如波涛般起伏的丘陵上，各种色泽的花草种植在不同的地势上，色彩层次分明，让人惊叹无比，而远方天际处的十胜岳连峰则为这里增添了一道靓丽的风景线。菅野农场从夏季开始就进入绚烂的百花争艳时期，漫山遍野的薰衣草吸引着游人们的目光。紫色意味着高贵与纯洁，浪漫的氛围让人感受到温馨甜美的情绪流动在心间。这里还种植着百余种观赏植物，金色的向日葵绽放着笑脸迎接每位游客，清秀淡雅的大波斯菊如邻家少女般静悄悄地显露出自己美丽的容颜，妖艳的罂粟花的迷人魔力让所有游客都难以转移自己的视线。园区内还有各种花草工艺品出售，既有散发出淡淡香气的书签，也有用薰衣草精心炼制的香水与沐浴露。这里的葵花籽、玉米、马铃薯等农产品都是纯天然的绿色食品，香甜可口，令人垂涎。

27 美瑛拼布之路 玩
色彩缤纷的美丽山丘

TIPS
🏠 美瑛町　☎ 0166-92-4378　🚉 乘JR至美瑛站下
★★★★

美瑛拼布之路本是一条平凡无奇的道路，但因为两旁色彩缤纷的景象而成为北海道著名的摄影外景地，无数次地出现在影视作品中。这条道路的两旁是一块块形状不一、色彩不一的农田，五彩斑斓的丘陵农田阡陌相连，宽广无边的田野横纵有序，高低错落的丘陵地貌使田园小屋变得更加神秘，远处雪山清晰可见，近处麦苗郁郁葱葱，汽车、火车、自行车在广袤的大地上穿行，为大地披上了美丽的彩装。美瑛拼布之路是一条极为适合骑车观光游览的道路，位于不同地势的不同植物根据季节的转换而绽放出自己最为美丽的容颜。尤其是初秋时分，鲜花盛开之际，在这片没有起伏的山脉、有大片树林遮挡视线的地域里，站在丘陵的高处就可以饱览延伸到天际的五彩景色，因此这里被称为"广角"，不管从哪个角度拍照，照片都会展现出这里最具魅力的一面。来到这里还能与那些漫山遍野的花草树木做最亲密的接触，连那些平凡无奇的农作物们也有着难以言喻的美丽色彩。

28 美马牛小学 赏
美马牛地区的标志景点

美马牛小学是美马牛地区的标志性景点，独特的欧式建筑为这个充满日式风情的小镇涂抹上了一层异域风情。这座小学坐落在田野之间，苍翠的草地上鲜花朵朵绽放，散发出的芳香让整座学校沉浸在甜美的氛围之中。美马牛小学的主楼正中是一座欧式尖塔，洁白如玉的墙壁象征着教书育人之地的纯净，给孩子创造了一个排除外界纷扰的世界。塔的顶部有一口古朴的铜钟，每到上下课与放学的时候，悠扬的钟声就会响彻校园，这种纯朴温馨是繁华的都市中所无法寻找到的。教学楼位于塔楼的两侧，墙壁同样为白玉般的纯朴色彩，屋顶则布满了红色的瓦片。校园内，苍劲有力的树木昂首向天，茂密的枝叶在烈日炎炎的夏日呵护着在此玩耍、休息的学生。站在学校内还可以眺望远方的风景，不但可以看到四周苍茫的大地，还可以看到远方十胜岳连峰的壮丽山色，这种悠闲的田园风光让来到这里的人们被天地间的祥和深深打动。

TIPS
🏠 美瑛町美马牛南2丁目2-58　☎ 0166-95-2113　🚉 乘JR至美马牛站下　★★★★

畅游日本 北海道

281

29 诺罗克号观光列车
日本最慢的观光列车

TIPS
🚉 旭川至富良野之间　★★★★

诺罗克号观光列车是北海道地区最有特色的观光列车，虽然只在夏季开放，但却吸引着来自世界各地的游客乘此游览美瑛地区。这趟列车在日本有着一个奇妙的绰号，被称为"全日本最慢的列车"，习惯了新干线上风驰电掣的人们，坐在这趟慢悠悠的老爷车上，纵览两侧无边的美景，体会到一种别样的悠闲与舒适。诺罗克号观光列车外形仿照20世纪初的客车外形，具有浓厚的欧式色彩。列车开动之后，伴随着阵阵轰鸣声在美瑛地区的无边美景中穿过。在列车上可以看到连绵起伏的丘陵，也能遥望远端的十胜岳连峰的壮丽山色，风光如画的大自然一览无余。诺罗克号观光列车的车厢经过精心设计，半开放式的窗户是欣赏沿线美景的好帮手，沿线车站都是各有特色的建筑，尤其是美瑛车站那精致的欧式建筑更令人赞叹不已。车窗外，五颜六色的鲜花一株株绽放着，苍翠欲滴的丛林里偶尔还有鸟雀在一展歌喉。

30 函馆山
世界三大夜景之一

TIPS
📍 函馆市元町　📞 0138-23-3105　🚋 乘电车在十字街站下
★★★★★

由13座绵延山峰组成的函馆山地处函馆市西端，因整体形状好像一头牛躺卧的样子，因而也被称作"卧牛山"。1898年函馆山整体被修筑为要塞，1905年要塞完工，整个函馆山被列为军事禁区，禁止普通人出入。"二战"之后要塞被美军拆除，同时被改造成绿地和动植物保护区。目前除御殿山第一炮台遗址等景点外，一部分要塞遗迹也可以供游人参观。山脚有索道和一般道路通往主峰御殿山，御殿山山顶设置有观览台，白天可以俯瞰函馆市区，在天气晴好的条件下甚至可以隔着津轻海峡瞭望对面的下北半岛。晚上市区内闪烁的夜灯和漆黑的海面相映，与海上渔船上的聚渔灯的灯光交织在一起，外加上函馆山独特的扇形地貌，形成异常美丽的夜景。让人不由得赞叹大自然的鬼斧神工。函馆山夜景与那不勒斯夜景、香港夜景并称"世界三大夜景"。传说如果在夜景中能找到"喜欢"、"心"等文字的灯光的话，就会变得幸福无比。

31 五棱郭公园 玩
日本最早的西式城堡

TIPS

函馆市五棱郭町44　0138-51-2864　￥630　乘电车至五棱郭公园前下　★★★★★

拥有独特外形的五棱郭是日本城堡建筑历史上的一朵奇葩。五棱郭的设计者武田斐三郎汲取了欧洲棱堡式建筑的理念，将五棱郭设计成为五角星的形状。倒幕战争中，五棱郭作为德川幕府最后的堡垒见证了一个新时代的诞生。直到1914年，五棱郭被改造成公园对外开放。五棱郭公园除了五棱郭城堡本身外，还包括箱馆奉行所等一系列的配套古建筑以及五棱郭塔。幕末时期的英雄人物土方岁三作为五棱郭的形象代表，公园内随处可见到他的画像。

五棱郭公园从"二战"前就开始种植樱花和长藤花，到了春天，各种花朵绽放，把公园装点成为粉红色的五角星。每年5月的星期六，公园内都会举办箱馆五棱郭祭，五棱郭塔上也常年出售海胆、鱼子、细面等当地美食。这时候端坐塔上，美景美食集于一身，可谓是人生一大快事。这个土方岁三最后战斗过的地方，现在已经成为普通民众休闲娱乐的最好去处。

32 八幡坂 赏
函馆最著名的斜坡街道

函馆山绵延整个函馆市的西部，从山麓上延伸下来许多条坡道，八幡坂就是其中最著名的一条。原本八幡坂从山上的八幡神宫通往山下，可惜八幡神宫早已毁于大火。这条坡道笔直通往函馆港，坡路两边树木林立，从山顶即可直接看到远处的大海。漫步于八幡坂上，海风拂面，大海的景色随着距离的变换不断变化，每走一段就可以看到不同的大海。等走到海边，可以看到常年停泊在这里的联络船——摩周丸号。阳光、海浪、老船，这些景物和谐地搭配在一起，使人心旷神怡。八幡坂同时也是各种电视剧必用的外景地，运气好的话可以在这里看到一些当红的明星正在拍戏。八幡坂上还坐落着日本民歌界泰山北斗级的人物北岛三郎的母校，这间富有艺术气息的学校配上美丽的海景，吸引了很多人慕名前来参观。凭借着自然和文化景观的完美结合，八幡坂成为北海道最具人气的观光景点之一。

TIPS

函馆市元町八幡坂　乘电车至末广町站下　★★★★

畅游日本　北海道

33 天主教元町教会 赏
日本最古老的天主教会之一

元町教会和长崎的大浦天主教堂、横滨的山手教堂并称，是日本最古老的天主教会之一，始建于1859年。现存的建筑是1914年重建的。整个教堂采用了典型的哥特式风格，拥有细长的拱门、柱子，以及高耸的尖顶。教堂的钟楼呈六角形，楼内的铜钟和楼顶上的铜质信风鸡都是当时从法国运来的原物，极具历史价值。教堂跻身于民宅之间，和周围的环境和谐地融为一体，外观灰色和蓝色相混合，庄严肃穆中又不失平和与宁静，使得神圣和世俗这两种风格有机地结合在一起。教堂内部的布置堂皇富丽，宝蓝色的天顶给人以一种直通天际的感觉，圣堂内部的祭坛由当时的罗马教皇本笃15世所赠，这件圣物在全日本独一无二。夜间，整个教堂会配上美丽的景观照明灯，和周边民宅的结合形成一道独特的夜间风景线。

TIPS
🏠 函馆市元町15-30　☎ 0138-22-6877　🚃 乘电车至十字街站下　★★★★

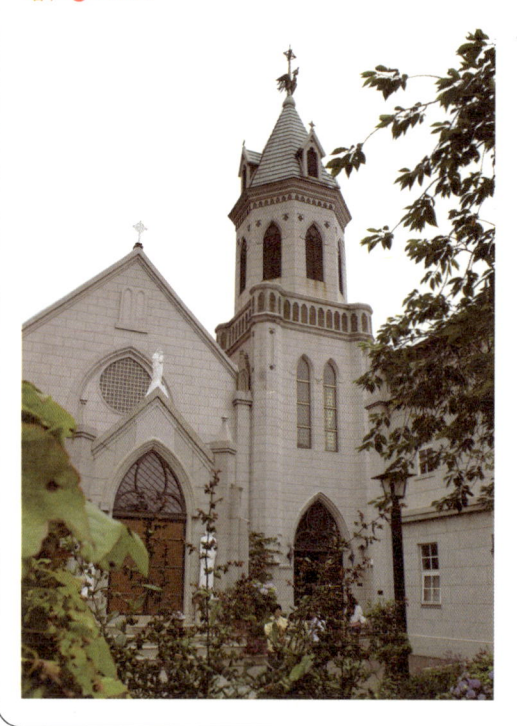

34 函馆东正教会 赏
北海道地区最重要的宗教建筑之一

TIPS
🏠 函馆市元町3-13　☎ 0138-23-7387　💰 ￥200　🚃 乘电车至十字街站下　★★★★

函馆东正教会是整个北海道地区最重要的宗教建筑之一，其中基督复活圣堂是日本国家文化遗产。作为日本东正教的起源地，函馆东正教会始建于1859年，经过多次重建后成为现在的模样。整个教会都由砖石建成，外侧使用绿白两色油漆涂饰，在周围的树木映衬下极为显眼。教会正门在西侧，同时还有钟楼和启蒙所。走近正门，映入眼帘的是传统的拜占庭风格的特大拱顶。进入教会，正中间就是著名的基督复活圣堂。启蒙所、圣堂和东侧的至圣所形成了一个平面的十字架造型，这是世界各地东正教会的典型结构。耶稣复活圣堂被圣幛所遮蔽，上面绘有精美的宗教壁画，以基督复活的题材为主。教会另一个最大的特点就是钟鸣，因此也被昵称为"铛铛寺"。经过数次自然灾害后，目前仅保留了一座从希腊运来的重500多公斤的大钟，虽然已无法复制过去那抑扬顿挫的钟声，但是这座大钟的钟声依然可以传播到很远。听东正教会的钟声也是该地著名的旅游活动。

35 金森仓库群
红砖仓库改建的商业区

逛

TIPS
函馆市末广町14-12　0138-23-0350　乘电车至十字街站下 ★★★★

　　金森仓库群是明治时期的大实业家渡边熊四郎所建立的，这里容纳了大约20间仓库，全部由红砖建成，大门上方一个斗大的"森"字非常显眼，典雅古朴。最初这里是存放海产品的仓库，经过改造以后成为了一个集购物、休闲、娱乐于一体的现代化商业区。和外观的怀旧感不同，仓库的内部非常时髦，20多家来自日本各地的精品店在这里设点，丰富的货物是最大的卖点。除了购物外，这里还设有可用作音乐厅或者美术厅的多功能大厅，每年会有来自世界各地的艺术家展示作品或举办音乐会，给这里增添了不少艺术气息。值得一提的是，金森仓库群是函馆最具圣诞气息的地方。除了销售大量圣诞节用品以外，每年的圣诞节期间这里都会举办盛大的圣诞活动。届时，从加拿大的哈利法克斯运来的一棵高达20米的大型圣诞树会竖立在这里，上面装饰着琳琅满目的饰品。每天的下午6点都会举行圣诞点灯仪式，伴随着圣诞灯火亮起，无数烟火点燃夜空，这也是金森仓库群每年中最美的时刻。

36 函馆明治馆
函馆市内极富特色的一家艺术品专卖店

买

TIPS
函馆市丰川町11-17　0138-27-7070　乘电车至十字街站下 ★★★★

　　函馆明治馆的前身是明治时期建造的函馆邮电局。邮电局搬迁以后，这里保留了原来的二层红砖建筑式样，并改造成了玻璃艺术馆和土特产专卖店，是函馆市内很有特点的一家艺术品专卖店。明治馆的一楼主要以玻璃工艺品和作坊为主，其中的硝子明治馆展出了大量的精美玻璃艺术品，从花瓶、水杯到灯饰、小挂件等应有尽有，人们可以在这里选购钟爱的物品，亮闪闪的玻璃制品十分受游客的欢迎。
　　如果还不满意的话，可以去旁边的体验工房，在这里每个人都能亲手制作属于自己的玻璃工艺品，无论做成什么样，都是独一无二的。享受制作的过程，是其中最大的乐趣。而明治馆的二楼则是八音盒的世界，能买到造型各异的八音盒。每当八音盒响起，这里会被动听的音乐所充满。和一楼一样，这里也有可以自己动手制作八音盒的工房，做一个属于自己的八音盒，无论是用来送礼或者是自己欣赏，都是一个很好的选择。

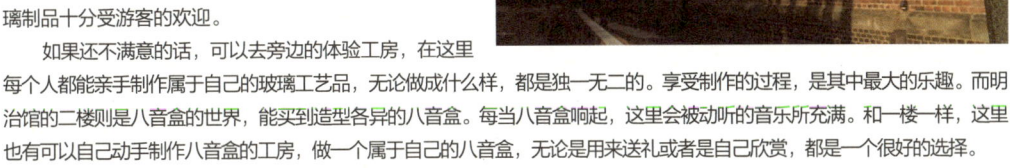

37 函馆西波止场
享用海鲜的胜地 　　　　　　　　　吃

TIPS
📍函馆市末广町24-6　📞0138-24-8108　🚃乘电车至末广町站下　★★★★

　　函馆西波止场就是函馆港的西码头，因为面朝大海，因此是享用海鲜的最好之地。走进波止场，一座传统的旧式木制建筑出现在眼前，靓丽干净，晚上还会被灯光所映衬。沿街的一个个工艺品商店里，各种函馆独有的小商品琳琅满目，其中带有函馆西波止场标志的马克杯和打火机等特别受到欢迎。函馆西波止场的一楼是一个海鲜市场，有80多家商铺汇集在这里。这里到处都是从函馆港运来的新鲜海鲜，一进来就会感觉大海的气息扑面而来。二楼的函馆海鲜俱乐部则是享受海鲜的最好去处，木结构的店内显得清爽和明亮，坐在窗边可以看到不远处的大海。一边感受着轻拂的海风，一边吃着美味的海鲜，这里也成了年轻恋人们最喜爱的约会地点。在海鲜俱乐部的旁边是一个开放的咖啡吧，这里提供炭烧和柴烧两种咖啡。品味浓香咖啡的同时，可以远眺函馆港的全貌，是一个休闲放松的大好去处。

38 汤之川GRAND HOTEL
日本闻名的温泉胜地之一 　　　　　　玩

TIPS
📍函馆市汤川町3-1-17　📞0138-57-9101　🚃乘电车至汤之川温泉站下　★★★★

　　位于函馆市东端的汤之川毗邻松仓河河口，迄今已有350余年历史，是日本著名的温泉胜地，又有"函馆的内厅"之称。汤之川GRAND HOTEL拥有三个温泉源头，是整个汤之川温泉街泉量最丰沛的酒店，拥有两处温泉浴池，除了普通浴池和风浴池外，还有设于8楼的展望风吕。游人可以在这里一边享受温泉，一边瞭望远处海景，令人陶醉。

39 旭川平和通买物公园
旭川的商业中心

TIPS

📍 旭川市宫下通到九条通　🚇 乘JR至旭川车站下　★★★★

旭川平和通买物公园是旭川市内最大的一条步行街，是旭川市的商业中心和旭川八景之一。这里是旭川市最为繁盛的地方，由于路面采用土沥青铺设，两侧也没有了原来的马路道牙，所以变得相当适合步行。街道两侧商店林立，出售的货物囊括衣食住行各个方面，人们能在这里买到所有需要的物品。街道全长1公里，设置了很多供人休息的椅子，购物的人们可以在此休息。同时街道上还有各种各样的艺术雕塑，也给充满现代气息的商店街带来了一丝典雅的艺术气息。买物公园也是一年四季各种祭奠的举办地。每年2月，这里会举行旭川冬祭奠的重要环节——国际冰雕节，来自各国的冰雕艺术家会献上他们的得意作品，让人大开眼界。春天这里有紫丁香祭，夏天这里有啤酒花园祭，一年四季都能让人感受到热烈的节日气氛，使游客们在购物之余也能感受到旭川的风土人情。

40 雪的美术馆
感受冰雪世界的艺术美

北海道地区盛产雪花，也拥有全日本最美丽的雪的结晶。坐落在旭川的雪的美术馆就是为了展示这一美景而建造的。美术馆外观为拜占庭风格，一眼望去仿佛来到了一座欧洲城堡。游客进入美术馆，就进入了一个冰雪的世界，通过雪花六边形的螺旋回廊来到地下。首先要通过冰之回廊，这里是一片纯白色的世界，走廊两侧陈列着各种冰的自然造型，大自然雕刻的千奇百怪的造型比比皆是，令人印象深刻。随后来到雪结晶博物馆，游客在这里可以通过显微镜观测从世界各地收集来的雪的结晶体，美丽的白色结晶充满了神秘感。最后来到音乐堂，这里可以容纳250人，音乐堂顶部是一幅巨大的油画《北国天空》，这里和之前的建筑都一样，连座椅都是纯白色。除了召开音乐会以外，这里还可以作为婚礼会场，想必在这纯白的世界里举办仪式一定会记忆深刻。除了这些主要设施外，美术馆里还有画廊、餐厅、咖啡吧等设施，可以满足游人的各种需求。

TIPS

📍 旭川市南之丘3-1-1　📞 0166-63-2211　💴 ¥650　🚌 乘道北巴士至高砂台入口下　★★★★

41 流星瀑布
气势磅礴的瀑布 赏

TIPS

🏠旭川市上川町层云峡 ☎0165-82-1811 🚌乘巴士至层云峡巴士总站下 ★★★★

　　流星瀑布是层云峡最具代表性的瀑布之一，和身边的银河瀑布一起合称"夫妻瀑布"。落差90米的流星瀑布以其汹涌的水量和声势被称为"雄瀑"。从正面看流星瀑布，好像一匹白色的丝绸直接从山顶铺展而下，由于瀑布的出水口较小，而且中途并没有凸出的大岩石阻拦，水流得以一落千丈，好像流星划过夜空般，速度极快，再加上极大的水量，在强大的重力加速度的作用下，水势一往无前，击打在岩壁上产生巨响，气势磅礴，像一个孔武有力的男子勇往直前，一去不回头。站在流星瀑布前，游人很快就会被这气势所震慑。每年秋天，层林尽染，飞奔而下的瀑布在红叶中穿过，这种壮丽难以用语言来描述。

42 银河瀑布
柔美秀丽的瀑布 赏

　　银河瀑布位于流星瀑布的左侧，和流星瀑布一起被称为"夫妻瀑布"。银河瀑布因柔美秀丽而被称作"雌瀑"。两个瀑布一雄壮一秀丽，一阳刚一阴柔，虽然近在咫尺，风景却各不相同。由于山岩阻挡，银河瀑布虽然有120米的落差，但流速却不快，而且水流也被分割成好几束，宛如一位未嫁的姑娘款款而行。每当太阳升起的时候，阳光洒落到瀑布上，被山岩分割的瀑布闪出耀眼的光华，好像银河一般闪闪发亮，溅出的水滴也好似星星一眨一眨。两条瀑布中间有一个双瀑台，站在台上，两边的美景尽收眼底，一面静如处子，另一面动若脱兔，宛如夫妻合璧，为整座山脉增色不少。

TIPS

🏠旭川市上川町层云峡 ☎0165-82-1811 🚌乘巴士至层云峡巴士总站下 ★★★★

43 黑岳
大雪山山脉中最吸引人的一座山峰

TIPS
🏠 旭川市上川町层云峡　☎ 0165-85-3345　🚌 乘巴士至层云峡巴士总站下，换乘缆车到黑岳　★★★★

黑岳是大雪山山脉中最吸引人的一座山峰，海拔1984米，以秋日的红叶而闻名于世。每年9月，正是黑岳最具生机的时候，树叶的颜色从山顶往下逐渐变色。这里的红叶并不是单一的红色，十分具有层次感。绿色的针叶林和红、橙、黄的各种阔叶林混杂在一起。而且树叶的颜色变化也有早有晚，使得整个山头变得十分绚烂，甚至是每一天都会有不同的颜色。如果天气好，蓝天白云也会来凑这"色彩大聚会"的热闹，让人目不暇给、眼花缭乱。人们可以通过登山步道和索道两种方式来观赏美景，两种方式各有千秋，可以感受到不同的风景。到了冬天，这里又会变成滑雪胜地，白茫茫的积雪完全掩盖了不久前的颜色，显得纯净又安宁。这色彩的变化，正是黑岳的魅力所在。

44 有岛纪念馆
纪念大正时代著名的文学家

TIPS
🏠 二世古町有岛　☎ 0136-44-3245　💴 ¥420　🚌 乘JR至二世古町站下，换乘循环巴士有岛线至有岛纪念馆站下　★★★★

有岛纪念馆是为了纪念日本大正时代著名的文学家有岛武郎而建立的。与其说这里是一个纪念馆，倒不如说是一个纪念农场更为合适。因为有岛武郎生前推行合作农场模式，所以纪念馆也就设在他自己创办的农场中。纪念馆的主建筑完全没有普通纪念馆那种严肃的风格，外观采用纯白色的基调，建筑的造型也很有现代感，完全契合有岛武郎那飘逸的文风。纪念馆内部陈列着有岛武郎的文学作品和绘画等，以及对他的人生和思想的介绍资料。纪念馆周边就是有岛纪念公园，原身是农场，拥有大片的绿地草场。不远处是雄伟的二世古连峰，山下有个人工湖。在这山水如画的美景中，一边感受日本近现代的文学思想，一边享受着大自然赐予的美景，真是一种别样的感受。

畅游日本　北海道

289

45 羊蹄山
北海道的"富士山"

TIPS
📍 二世古町羊蹄山　📞 0136-43-2051　🚌 乘JR至二世古町站下，换乘巴士即达　★★★★

人称"虾夷富士"的羊蹄山是北海道著名的休眠火山，海拔1898米，山顶终年积雪，是日本百座名山之一。由于山上多见植物羊蹄大黄，因而得名。羊蹄山自然环境优美，山上分布着130多种野生鸟类，此外还有北海道狐和雪兔等多种哺乳类动物在此生息。整座山以独特的活火山熔岩地貌吸引着游客，虽然已经有数百年的时间没有喷发，但是在山顶的火山口附近依然可以找到各种熔岩形成的特殊地形。火山口附近有一个面积1.3平方公里的火山口湖，湖水清澈冰冷，湖周围分布着广袤的原生林，是上佳的野营地。登上羊蹄山，四周皑皑白雪，时常有各种野生动物出没，夜晚在丛林中点起篝火，露营休憩，让人有融入大自然的畅快感觉，是都市人们脱离城市的喧嚣、减压游玩的最好去处。

46 绮罗街道
二世古地区有名的购物街

TIPS
📍 二世古町有岛　🚌 乘JR或巴士至二世古町站下　★★★★

绮罗街道是二世古地区一条著名的购物街。这条全长2300多米的街道上有多家商店，看起来和普通的购物商店街并没有什么不同。但是这条街道的看点并不仅限于各种商品，而是多姿多彩的建筑物自身，这条街上没有两间房子的颜色是一样的。每一家商店都会根据自身所处的位置来涂装出和周围自然景色统一融合的色彩基调，此外再通过一些细节装饰和缤纷的观赏植物来彰显出个性。走在这条宛如彩虹一般的街上，在购物的同时观赏着四周不断变换的色彩，每走一步都可以给人以强烈的感官刺激，没有一点单调乏味感。如果因为沉浸在这多变的颜色中而导致视觉疲劳的话，则可以眺望下远处的群山和蔚蓝的天空。自然的淡泊和人工的华丽，是最完美的色彩结合。

47 大汤沼
白烟蒸腾的炽热火山湖 玩

TIPS
🏠 登别市登别温泉町　☎ 0143-84-3311　🚌 乘道南巴士至登别温泉下　★★★★

大汤沼是一个面积为1000多平方米的巨大的葫芦形温泉湖泊，常年水温保持在40~50℃。碧蓝色的湖面上漂浮着黄色的硫化物，在远处就能看到蒸腾的水蒸气，闻到刺鼻的硫黄味。正是由于大汤沼的湖水中富含硫化物等矿物质，使之成为天然的足浴温泉。这里有人类感觉最舒适的水温、丰富的矿物质，将脚伸进温泉便会感到疲惫顿消，不管多么疲劳，都会一下子飞到九霄云外。如果是冬天，在皑皑的积雪中泡着热腾腾的温泉，更是别有一番风味。大汤沼的附近还有一个较小的温泉湖泊，被称为"奥之汤沼"，盛产温泉沉淀物火山泥，对各种皮肤病和高血压等病症有疗效。大汤沼终年游人如织，大家在登山以后都愿意来这里洗掉一身的疲劳，精神百倍地前往下一个景点。

48 鬼雕像巡礼
在"地狱"寻找形态万千的"鬼" 赏

TIPS
🏠 登别市登别温泉町　☎ 0143-84-3311　🚌 在札幌乘坐JR至登别，再换乘道南巴士至登别温泉站下　★★★★

由于登别毗邻滚水不断翻腾的地狱谷，因而在登别温泉随处可以看到地狱中常见的"鬼"的形象。各式各样的鬼塑像或可爱，或憨厚，散落在整条温泉街上，尤其是登别温泉观光协会旁那尊正在泡温泉的鬼石雕更是憨态可掬，相传鬼雕像还有保佑恋人相爱和考试成功的效力，因而深受当地居民和游客的欢迎。

畅游日本　北海道

49 登别地狱谷
登别最著名的景点 赏

TIPS

🏠 登别市登别温泉町　📞 0143-84-3311　🚌 乘道南巴士至登别地狱谷站下　⭐⭐⭐

所谓地狱谷，事实上是火山口的遗迹，登别地狱谷就是这样的一个典型地貌。山谷直径达450米，由白色和灰褐色的岩石构成，地面上的喷气孔不断喷出带有浓烈硫黄味的气体。由于喷出的气体带有高温，这里寸草不生，有的地方还有岩浆喷溅形成的红色遗迹，身处其间宛如是在狰狞的地狱中一般。登别地狱谷拥有数百个喷气孔，其中规模较大的有15个，均以"地狱"命名。有的喷气孔喷出的气体比较柔和，因此被称作"少女地狱"；而有的则比较激烈，声音好像火枪射击一般，所以被称为"铁炮地狱"。地狱谷旁边就是有"天堂"之称的登别温泉，泉水富含丰富的微量元素和矿物质，可以治疗多种疾病。即使没有病痛，在温泉里泡上一会儿也有消除疲劳、美容健身的奇效。

50 有珠山
至今依然活跃的活火山 赏

TIPS

🏠 虻田郡壮瞥町昭和新山184-5　📞 0142-75-2401　💴 ¥1450　🚌 乘道南巴士至昭和新山站下　⭐⭐⭐⭐

有珠山地处洞爷湖以南，海拔737米，是至今依然相当活跃的活火山，在20世纪就有4次大规模喷发的记录。有珠山也是很有特色的二重式火山，内外郭共计有十多个山丘，造型非常奇特。有珠山对周围的环境起了非常重要的影响，因为有珠山的喷发，最终形成了火山湖——洞爷湖。此外，有珠山也对周围地形地貌的改变起了非常大的作用。

虽然数次喷发给周围的居民造成了重大的灾难，但是人们还是对这座火山充满了好奇。在火山口附近建造了瞭望台和供游人步行的道路。人们可以通过瞭望台上的望远镜观测到有珠山火山口那水汽蒸腾的壮观景象和被喷发破坏的道路及民房。此外在火山西侧还设有火山博物馆，里面使用最先进的影像技术还原了1977年和2000年有珠山的喷发场面，让人不由得对大自然产生了敬畏的感觉。

51 昭和新山
见证大自然的造山威力

TIPS
- 虻田郡壮瞥町昭和新山
- 乘道南巴士至昭和新山站下
- ★★★★

昭和新山是有珠山在1943年的一次超级大喷发中形成的寄生火山，整个山呈砖红色，火山口地表温度高达300℃，空气中的水分被这高温所蒸发，在火山口形成了一道白色烟柱，是火山依然在活动的证明。现在，游人们可以乘坐索道在近处观赏到这一神秘壮观的景色。

昭和新山的周围原本是一大片草场，在火山形成后，这里开设了黑熊牧场等农业设施。人们可以在黑熊牧场里和熊进行零距离接触，亲手给它们喂食，陪小熊玩耍，体会到这些凶猛动物的可爱一面。每年冬天，昭和新山山脚下还会举办一年一度的国际打雪仗大会，来自世界各国的雪仗高手们在这里大显身手，看谁能获得最终的冠军。在这终年不积雪的红色大山边，人们通过皑皑白雪来愉悦自己的身心，感叹大自然的神奇。

52 流冰火车
近距离感受白色海洋的震撼

TIPS
- 往返于JR网走港和知床半岛站之间
- 0152-22-2008
- ¥810
- 乘JR至网走站下
- ★★★★

每年冬天，知床站都会开出一辆临时运营的列车，终点是网走站。因为和鄂霍茨克海的流冰几乎同时出现，所以这辆列车的名字叫做"流冰诺洛克号"，有时也被人直接称作"流冰列车"。这部列车已经在网走和知床之间运行了20年，只在每年的1月到3月间临时运行。列车的特色在于车头经过特别改造，所以速度并不快，但是行驶起来相当平稳。而且车身的窗子都装配了大块玻璃，所以特别适合观光。流冰火车经过的站点很多都在海边，列车行驶在冰天雪地里，一边是白茫茫的雪世界，另一边是蓝白相间的冰的海洋。冰块碰撞时掀起的滔天海浪，让人终生难忘。此外，列车上还有一项很特别的活动。北海道冬季的列车上都会提供炭烧的暖炉供人取暖，而流冰火车上的暖炉却可以当作烧烤炉使用。游人们自备鱿鱼等食材，一边观赏窗外的美景，一边享受美味的食物，确实是一趟让人难忘的精彩旅程。

畅游日本 北海道

293

53 鄂霍次克流冰馆
体验流冰生态文化 赏

每年的冬末春初，从中国黑龙江流入鄂霍次克海的淡水会因为低温而冻结，然后向南遇到太平洋暖流后，冰块破裂、溶解、撞击，就形成了壮观的流冰现象，网走地区海岸的流冰现象尤为精彩。网走地区海拔207米的天都山顶上开

TIPS
网走市天都山245-1　0152-43-5951　¥520　乘网走巴士至天都山站下 ★★★★

辟的这一流冰馆，可以让游人在盛夏季节看到壮美的流冰现象。流冰馆内最主要的就是流冰体验室，冰块都是直接采集自冬天的鄂霍次克海中，为了长期保存，整个室内常年保持着零下18℃的低温，参观者必须穿着厚重的防寒服才能进入。

进入体验室，北国特有的寒气扑面而来，伸手即可以触摸到真正的流冰，亲身感觉这些冰块在大海中碰撞激荡的场面。此外，流冰馆的展示室内还展示着鄂霍次克海特有的被称作"流冰天使"的神秘小生物。这是一种无壳海螺，略呈透明的浅蓝色身体上长着一对翼翅，好像蓝色天使一样的造型颇受游人喜爱。如果怕冷的话，则可以在流冰馆内的大屏幕影像和观览台上一观流冰的景色，并将周围的自然景色尽收眼底。

54 知床峠
视野辽阔的最高点 赏

TIPS
知床半岛　0152-23-3131　在知床半岛乘半岛巴士至知床峠站下 ★★★★

知床半岛是日本罕有的、完全保持了原始面貌的地区，人迹罕至，景色美丽而神秘，被誉为"虾夷的圣地"、"日本最后的秘境"，是日本第三处世界自然遗产。知床峠就是知床半岛前段突入鄂霍次克海的一个部分。游人们可以通过观光船，在海上一窥这神秘的原始地貌的美景。整个知床峠基本都被原始森林所覆盖，按照不同的海拔，植物的分界十分清晰。每年夏天这里山花烂漫，远观就令人神往不已。此外，北海道狐、日本灰熊、虾夷鹿等多种珍贵的野生生物在这里自由地生活繁衍。知床峠的西段是唯一的对游人开放的地点，铺设有专用的登山道路。人们可以徒步登上知床峠，既可以看到奇妙的流冰现象，也能和珍稀动植物作零距离的接触。不过由于周围依然是原始丛林，未被开发，游人们需注意自身的安全。

55 知床五湖
欣赏如画的四季美景 赏

知床五湖是知床半岛上原始森林中的五个大湖的合称，原本这里的沼泽地并不出名，但是经过当地人十数年的旅游开发，已经发展成为知床半岛最具人气的旅游景点。五湖周围没有河流经过，湖水全部都来自于地下涌出的地下水，所以湖水常年平静如镜，倒映着周围的知床山脉和原始森林。五个湖就好像五面魔法镜，将不同的景色收入其中，四季各有不同的特色。知床五湖的周围开辟有散策小路，蜿蜒曲折，漫步其中经常会有惊喜。走到湖边，呼吸着清新而微冷的空气，灵魂仿佛都受到了洗涤。水中倒映的蓝天、白云、红日，好像一幅油画，直到微风拂过，湖水微澜，才惊觉原来是在现实之中，这种如梦如幻的感觉令人心驰神往。这里的美已经不能用"绝景"两字形容，一定要亲身体验过才能领会。

TIPS
● 知床半岛　● 0152-23-3131　● 在知床半岛乘半岛巴士至知床五湖站下　★★★★★

56 乙女瀑布
冰雪融水形成的瀑布 赏

乙女瀑布是知床八景之一，也被称作"弗莱裴瀑布"。普通的瀑布都是由高处的河流流经悬崖而形成的，而乙女瀑布的四周并没有任何的河流，瀑布的水仿佛是从山体里直接流出来的一般。事实上，这里的水是由知床山脉上的冰雪水渗透到泥土中，然后从落差100多米的悬崖裂口流出。由于瀑布水"扑簌扑簌"好像人流眼泪一样，所以被起名为"少女的眼泪"。到了每天的傍晚，夕阳西沉将这里的水染成红色，所以这里也被称作"红色之水"（在当地语中被称为"弗莱裴"）。而在冬天，冰冻的瀑布又会显出幽蓝色，正是这多变的色彩，使得游人竞相前来观赏这神秘的瀑布。此外在瀑布的周围还有滑雪场，可以供人们玩耍。

TIPS
● 知床国立公园内　● 0152-23-3131　● 在知床半岛乘半岛巴士至知床自然中心站下　★★★★

畅游日本 北海道

295

57 欧信克幸瀑布
气势磅礴的瀑布

TIPS
🏠知床半岛宇登吕 ☎0152-23-3131 🚌在知床半岛乘半岛巴士至欧信克幸站下 ★★★★

被列入"知床八景"之一的欧信克幸瀑布的名字十分奇怪，它名字的本意是"长满虾夷松树的河"，在瀑布的下游，是一片广袤的虾夷松林。欧信克幸瀑布的落差与别的瀑布相比并不大，仅有80多米。它的特点在于巨大的水量。整个瀑布被山体分为两束，每一束的落水量都极大，发出轰轰的声响，十分震撼，因此也被人称作"双美瀑布"。由于瀑布所在的山体成斜坡状，水流一直都在山体上流动，远远望去，瀑布就好似一块白色的丝绸贴在绿色的山体上，景色尤其优美。到了冬天，瀑布就会变成冰瀑布，但是这一点也没有减少瀑布的魅力。冰块伴随着水洒落下来，好似一块块水晶和一颗颗珍珠从天而降。配上白色的瀑布本体，好像银河落入凡间，让人不得不惊叹大自然造物的神奇。

58 和商市场
北海道三大市场之一

TIPS
🏠钏路市黑金町13-25 ☎0154-22-3226 🚌乘JR至钏路站下 ★★★★

地处钏路的和商市场、函馆的早市以及札幌的二条市场并称为"北海道三大市场"。这里销售的货物种类繁多，上百家店铺出售海鲜、水果、药物、花、肉类、杂货、寿司等，可谓应有尽有。这里还有一种特色食物，名叫"胜手丼"。游客进入市场后，可以去一处专门出售白饭的商铺买上一碗白饭，然后穿梭于市场里的多家胜手丼商铺内，一旦发现中意的生鱼片刺身、海胆或者长脚蟹等食物，即可买下覆盖在白饭上，制作出一份完全由自己做主的海鲜盖饭，就好像吃自助餐一样。看到喜欢的就买，店主都会为你搭配好。这种"我的盖饭我做主"的特色食品立刻就吸引了大量的游客，到处都可以看到手里端着饭碗寻觅美食的游客，成为和商市场一条亮丽的风景线。

59 川汤温泉街
历史悠久的温泉街 逛

TIPS
弟子屈町屈斜路湖市街　0154-83-2924　乘阿寒巴士至温泉街站下　★★★★

　　川汤温泉街是一条历史悠久的温泉街。"川汤"在当地语言里是"滚烫的河流"的意思，顾名思义，温泉街里最著名的就是这条纵贯整个街区的温泉河。温泉浴场和温泉旅馆的泉水全部都来自这条散发着热量和硫黄味的河流。这里的泉水具有较强的酸性，对人体的循环器官有很好的养护作用。整个温泉街有20余家店铺，多为俄式建筑，具异国情调，包括免费的足汤、温泉浴场、旅馆、土特产商店、饮食店等，十分繁荣。

　　此外，这里还有纪念当地的横纲相扑选手而建造的川汤相扑纪念馆，以及祭祀温泉之神的川汤温泉。每年的冬天，每家店铺前面都会有各具特色的雪人和冰雕，大多都由当地人自己制成。每一家店铺门前的冰雕雪人各不相同，非常可爱。游人在这里除了能享受到完备的温泉服务外，还可以体验日本北国的风土人情。

60 摩周湖
日本最美的湖 赏

TIPS
弟子屈町屈斜路湖　0154-82-2191　乘阿寒巴士至摩周湖第一展望台站下　★★★★

　　摩周湖拥有日本最清净的湖水，由于湖的四周没有河水流过，天空中的降雨经过土壤的过滤渗透到湖里，使得湖水异常干净，成为全日本最清澈的湖，其透明度在世界上仅次于贝加尔湖而排名第二。每当太阳光射入湖中，湖水的颜色都变成蓝宝石般纯净的蓝色，这种颜色也被人称作"摩周蓝"。而且由于特殊的地理位置，摩周湖上经常浓雾笼罩，有时候甚至湖中心被称为"摩周湖的酒窝"的神婆岛都会完全消失，给摩周湖增添了一丝庄严神圣的色彩，因此当地古原住民也将摩周湖称为"山神之湖"。传说恋人们看到摩周湖的大雾以后不久会分手，还有会导致人们事业不顺等诸多说法。充满了各种传说的摩周湖依然吸引了大量的游客到来，有人甚至为了一睹那美丽的摩周蓝而长久待在这里。

畅游日本·北海道

297

61 部落之汤
设施完备的露天温泉

TIPS

📍弟子屈町屈斜路湖　☎0154-82-2191　🚌乘阿寒巴士至部落之汤站下　★★★★

部落之汤也是屈斜路湖温泉乡颇具代表性的一处温泉，以展示古代原住民爱奴族的风俗习惯为主，所以人们也用爱奴语中"村落"这个词称之为"古丹温泉"。部落之汤坐落在一片爱奴族部落建筑之中，温泉本身也采取了远古风格的露天浴室，让人颇有一种返璞归真的感觉。这里距离屈斜路湖仅有一步之遥，在温泉里就能看到不远处的湖景，泡温泉之余还能观赏美景。在温泉附近还有爱奴族民俗资料馆，资料馆本身就是一间复原的古代爱奴族房屋，除了保留过去的装修和布置，还陈列了爱奴人曾经使用过的生活用品和劳动工具，人们还能在这里买到相关纪念品。这处充满了民族风的温泉将民俗文化和娱乐休闲结合起来，在众多的温泉中独树一帜。

62 礼文岛
海上的北方植物园

TIPS

📍礼文町　☎0163-86-1001　🚢稚内乘客轮至礼文岛码头下　★★★★

礼文岛隔礼文水道和利尻岛相望，由于地处高纬度地区，所以就算是海拔较低的地方也有大量高山植物生长。当每年5至8月花季来临，这里万紫千红、花团锦簇，加上没有高大植物的遮掩，人们可以尽情享受漫步在花田里的乐趣，所以这里也有"花之浮岛"之称。礼文岛和利尻岛、稚内形成了一个旅游三角区，游人多选择坐观光船游遍这三个地方。礼文岛四周有不同的景色，西段由于长年受西北季风的影响，所以气候恶劣，较为荒凉，有很多海水侵蚀而成的怪石嶙峋的岩壁，可以在附近找到鱼类的化石。岛的北端有很多丘陵，可以观看到经海水侵蚀变得斑驳的海岸线。岛的南端则是著名的"繁花之路"，这里拥有全岛最多的高山植物，是游人最多的地方。岛的东侧是来往船只停泊的港口。而岛的中央则被大量的植被所覆盖，这里还有全岛最高峰——礼文岳。在礼文岛上还生活着熊、狐狸、鹿等野生动物。作为观光点，这里除了有大量的美景可以观赏外，也是上佳的钓鱼场所，每年都吸引了大量垂钓爱好者前来观光。

63 柏屋
日本最北端的商店 买

宗谷岬是日本陆地最北端的地方，这里的设施大多使用"最北端的××"作为卖点，包括最北端的商店——柏屋。宗谷岬地方环境恶劣，气候寒冷而且狂风肆虐，作为附近唯一的建筑物，漆成天蓝色的柏屋相当显眼。这座两层的建筑物外表并没有什么特别之处，出售的货物大多数也是当地的特产和海鲜等。但是这家地处"日本最北端之碑"附近的店却是那些乐于挑战极限的人们必来的地方。这里最大的卖点就是独家出售"日本最北端抵达证明书"，和中国长城的"好汉证明书"一样，是对那些不惧大风和寒冷的人们的最好褒赏，不由得让人感叹店主的商业头脑。在经历了屋外的狂风暴雪之后，来到这里休息取暖一下，顺便再买一张证明书，是大多数游人来到这里的目的所在。

TIPS
稚内市宗谷村大岬　0162-76-2212　乘宗谷巴士至宗谷岬站下 ★★★★

64 稚内日本铁路最北端车站
日本最北端的火车站 赏

TIPS
稚内市中央3-6-1　0162-23-2583　乘坐JR至稚内站下 ★★★★

稚内站是日本铁路最北端的终点，至今已经有了70多年的历史，人称"日本最北端的玄关口"。虽然由于城市的发展，这个车站日益变得冷清，但是依然有很多特色值得参观。进入车站，首先要购入入场券。稚内站的入场券上印着"日本最北端车站抵达证明书"以及车站的经纬度，是铁道爱好者都希望得到的珍藏。进入车站后会发现这个车站表面看起来很陈旧，内部设施却很完备，除了便利店以外，还有出售拉面的面馆，在这冰天雪地的地方吃一碗热腾腾的拉面想必是最享受的事情吧。作为日本最北端的车站和前往日本地理位置最北端宗谷岬的最后据点，稚内站无论从哪个方面都对游客有重要的意义。

65 宗谷岬
日本最北端的海岬 赏

宗谷岬是日本大陆地理位置上的最北端，这里树立的"日本最北端之地"的石碑吸引着一个个乐于挑战极限的游客们前来。每个到北海道游玩的人都会来到这里，虽然这里常年刮着大风，温度也很低，但是每个游客都会前来和纪念碑合影留念。由于濒临大海，宗谷岬也是看日出日落的最好地点，如果能耐得住寒冷的话，说这里的日落日出是日本最漂亮的也不为过。除了最北纪念碑之外，这里还有一座会唱歌的石碑，当人们走近这块碑时，碑里会自动播放上世纪70年代脍炙人口的名歌《宗谷岬》，很是有趣。宗谷岬连同周边的丘陵地带统称为"宗谷丘陵地区"，拥有非常罕见的周冰河地貌。人们利用地形开辟了牧场，这里出产的宗谷黑牛非常著名。宗谷黑牛肉质鲜嫩，有机会可以一饱口福。此外宗谷岬周边还竖立着多座纪念碑。宗谷灯塔也是可以一观的不错景点。

TIPS
稚内市宗谷岬　0162-24-1216　乘宗谷巴士至宗谷岬站下 ★★★★

畅游日本 北海道

JAPAN GUIDE

Japan

畅游日本 ⑰

九州

位于日本西南部的九州岛是日本第三大岛，因其旧时分为筑紫、筑后、丰前、丰后、肥前、肥后、日向、萨摩、大隅九国而得名九州。集山与温泉于一体的九州岛拥有大量绝佳的自然景观，其中仍是活火山的阿苏山与樱岛火山依旧在冒着浓烟，与众不同的自然风光吸引了无数游人来到九州，感受这里的火山与温泉。

01 哥拉巴公园
西洋风情的建筑

在江户时代，长崎市曾经是允许荷兰商人靠岸停泊的贸易港口。位于旧时外国人聚居的长崎市南山手町的哥拉巴公园就以9幢充满异域风情的西洋建筑闻名。每到夏秋两季的夜晚时，哥拉巴公园内都会延长开放时间，并且用五颜六色的彩灯装饰着整座公园，令游人感受到如同梦幻世界般的缤纷色彩。

TIPS
- 长崎市南山手町8-1
- 095-822-8223
- ￥600
- 8:00—18:00，夏季8:00—21:30
- 在长崎站乘坐电车在大浦天主堂站下车，步行约5分钟即达
- ★★★★★

02 眼镜桥
宛如眼镜的石拱桥

TIPS
- 长崎市中岛川上
- 095-829-1314
- 免费
- 全天
- 在长崎站乘坐电车在公会堂站下车，步行约3分钟即达
- ★★★★

流经长崎市中心的中岛川上有一座横跨河川两岸的眼镜桥，由于桥身的拱洞在清澈的河水倒映下宛若眼镜一般而得名，是日本最古老的拱形石桥。每到夜幕降临时，石桥在两岸的灯火映照下更是别具风韵。

03 和平公园
祈求世界和平的园林

位于长崎市平野町的和平公园是1945年8月9日11:02长崎遭受原子弹袭击的地点。公园内最为引人注目的是一座高近10米的和平祈祷像，以及和平之泉和世界各国赠送的和平纪念物，是一处象征世界和平的园林。此外，毗邻和平公园的长崎原爆资料馆则以文字和图片等资料警醒世人要时刻维护世界和平。

TIPS
- 长崎市平野町7-8
- 095-844-1231
- ￥200
- 8:30—18:30
- 在长崎站乘坐电车在松山站下车，步行约2分钟即达
- ★★★★

04 大浦天主堂
日本最古老的哥特式教堂

毗邻哥拉巴公园的大浦天主堂是日本现存历史最悠久的木造哥特式教会建筑，现今已被指定为日本国宝。古色古香的教堂内庄严肃穆，天气晴朗时，阳光穿过拥有140年历史的法国彩色玻璃照进教堂的七彩光芒宛如梦中世界一般，为这座古老的教堂增添了一丝梦幻色彩。

TIPS
- 长崎市南山手町5-3
- 095-823-2934
- ￥300
- 8:00—18:00
- 在长崎站乘坐电车在大浦天主堂站下车，步行约5分钟即达
- ★★★★★

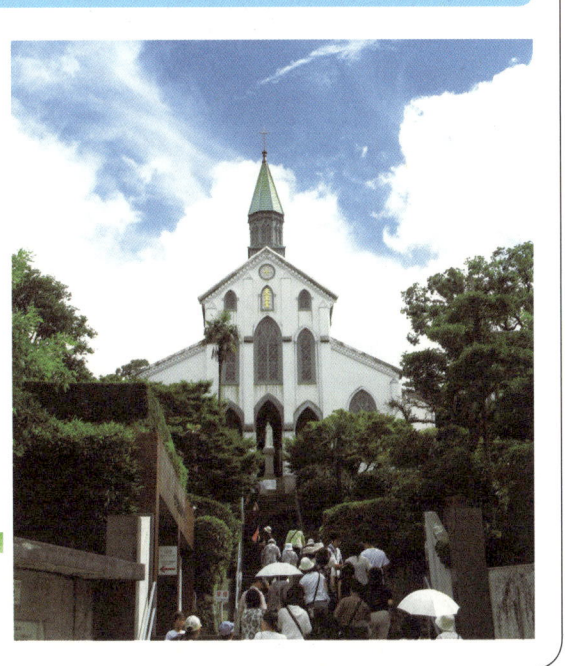

畅游日本 九州

303

05 伊王岛
远离尘世的喧嚣

TIPS
🏠 长崎市西南 ☎ 095-898-2202 ¥650 🕐 全天 🚃 在长崎站乘坐电车在大波止站下车，步行约5分钟到达长崎港码头，然后乘船前往 ★★★★★

位于长崎市西南约10公里的伊王岛是一处面积不足3平方公里，人口不满1000人的小岛。但这里却以采自地下1180米深处的天然温泉和洁净的沙滩，以及蔚蓝的大海与蓝天白云，吸引着来自各地的旅游者，是放松身心、尽情享受曼妙假日的绝佳去处。

06 云仙
邂逅大自然的季节之美

作为日本最早被指定为国立公园的云仙以春夏秋冬不同季节的自然风景闻名。春季时漫山遍野盛开的杜鹃花海遍布在云仙山岭之间；夏季的云仙则以茂密葱郁的林海闻名日本；秋季时漫山的红叶如火焰般燃烧；冬季山上树木枝头凝结的雾冰更是晶莹剔透，堪称大自然的神奇杰作。此外，云仙作为长崎首屈一指的温泉乡，是众多游人在深山中尽情享受温泉之乐的绝佳去处。

TIPS
🏠 云仙市 ☎ 0957-73-3434 🚌 在长崎县营巴士总站乘坐巴士即达云仙 ★★★★★

07 荷兰坂 逛
长崎市内最具代表性的异国风情区

荷兰坂顾名思义，就是19世纪末时荷兰人聚居的地方。当时长崎对外开放成为通商口岸，各国的商人涌入，连同很多国家的领事馆也设置在这里。如今荷兰坂两侧依然汇集了很多西式建筑，大多都是19、20世纪初的样式，给这里带来了浓郁的异域风情。

TIPS
- 长崎市东山手町 ☎ 095-829-1314 免费
- 全天 在长崎站乘坐电车在市民病院站下车，步行约2分钟即达 ★★★★

08 新地中华街 逛
日本三大中华街之一

TIPS
- 长崎市新地町 ☎ 095-822-4261 免费 依各店铺而异，一般营业至21:00 在长崎站乘坐电车在筑町站下车，步行约2分钟即达 ★★★★

新地中华街最初是在江户中期因修建唐船专用仓库而拓展的区域，之后逐渐成为中国人聚居地。在新地中华街东西南北四个方位都有颇为醒目的朱红色中式牌楼，依次为青龙门、白虎门、朱雀门和玄武门。街上林立着大量中餐食肆和杂货店，其中最受欢迎的就是长崎闻名的"什锦面"。每逢中国传统节日，新地中华街上还会举办各种规模的庆祝活动，与神户和横滨的中华街并列为日本三大中华街。

畅游日本 九州

09 出岛
江户时代日本对欧洲唯一开放的贸易港 赏

TIPS
🏠 长崎市出岛町6-1 ☎ 095-821-7200 💰 ¥500 🕐 8:00—18:00 🚃 在长崎站乘坐电车在出岛站下车，步行约1分钟即达
⭐ ★★★★★

　　出岛始建于1636年，最初是江户时代幕府为限制基督教在日本传播而建造的一座扇形人工岛，是当时日本唯一对欧洲商船开放的贸易港。当地政府在2000年对出岛的建筑重新修复后，又在2006年修复了5幢岛上的古建筑，现今依旧在不断修复和扩建中，是游人在日渐欧化的长崎市内领略江户风情的绝佳去处。

10 任田岭
群山交织的壮美景色 赏

　　群山交织的任田岭浓缩了四季的不同风貌，这里春有杜鹃、夏呈新绿、秋现红叶、冬遍霜雪，游人不论哪个季节来到任田岭，都可以感受这里壮美的风景。如果赶上天气晴朗的日子，乘坐云仙缆车来到海拔1333米的妙见岳后，更可以一览岛原半岛和毗邻的熊本县各处风景。

TIPS
🏠 云仙市仁田岭 ☎ 0957-73-3572 💰 ¥1220 🕐 8:51—17:43 🚌 在长崎县营巴士总站乘坐巴士到云仙，然后在岛铁巴士云仙营业所前乘车前往即可
⭐ ★★★★

11 云仙地狱
日本著名的温泉

TIPS

🏠 云仙市　☎ 0957-73-3434　💰 免费　🕐 全天　🚌 在长崎县营巴士总站乘坐巴士到云仙，然后在岛铁巴士云仙营业所前步行约5分钟即达　★★★★★

作为日本著名的温泉胜地之一，云仙地狱有大约30处观光景点，游人漫步其中，忽而身畔水汽喷射，忽而四周白烟袅袅，雾气缭绕，随处可见的硫黄岩石令人感觉在空气中都弥漫着浓浓的硫黄味，仿佛置身地狱一般。云仙地狱中最为知名的大叫唤地狱更是热泉沸腾，每一个游人来到这里都会忍不住高声叫喊，因而得名大叫唤地狱。此外，作为江户幕府时期基督教徒殉教的地方，云仙地狱中还流传着大量凄婉动人的传说。

12 岛原城
古朴的天守阁

TIPS

🏠 岛原市城内1-1183-1　☎ 0957-62-4766　💰 ￥520　🕐 9:00—17:00　🚌 从岛原车站步行5分钟即达　★★★★★

位于岛原市中央的岛原城，是江户时代统治当地的有马氏花费7年时间修建而成。作为江户时代基督教信众起义的岛原之乱发生地，白墙黑瓦的岛原城记载了从南蛮贸易的繁盛时期，到宣教时代、禁教时代、弹压时代，及至岛原之乱的全部历程。现今在岛原城的天守阁内还设有展示天主教等相关资料的展厅。此外，游人还可登上岛原城后，在天守阁的最顶层一览岛原市区的全貌。

畅游日本　九州

307

13 武士旧居
江户时代的武士住宅区

　　位于岛原市下町的武士旧居是江户时代岛原城内的武士日常居住的住宅区，每隔300平方米左右为一户，石墙砌成的院内一般栽植有梅、柿、橘、枇杷等四季水果。在街道中央的水渠中流淌的清澈泉水是旧时附近居住的武士日常生活的主要水源，顺着潺潺流淌的泉水漫步在沿街免费对游人开放的鸟田邸、筱塚邸、山本邸等武家宅院中，仿佛时光倒流，重新回到江户时代一般，令人不禁勾起无限遐思。

TIPS
🏠 岛原市下町　📞 0957-63-1111　💰 免费　🕘 9:00—17:00
🚌 从岛原车站步行10分钟即达　⭐ ★★★★★

14 平户大桥
平户象征的红色大桥

　　与长崎一样，平户港也是日本最早对欧洲商船开放的对外贸易港口。1997年完工的平户大桥横跨于平户岛与陆地之间，全长665米的大桥为吊桥结构，红色的桥身在阳光下异常醒目，堪称平户的象征性建筑。

TIPS
🏠 平户市　🕘 全天　🚌 从平户栈桥巴士总站乘车到川内入口站下车，之后步行约10分钟即达　⭐ ★★★★

15 圣方济各纪念圣堂 赏
异国情调的平户教会

TIPS
- 平户市镜川町259-1 ☎0950-22-4111 免费
- 10:00—18:00 从平户栈桥巴士总站步行约10分钟即达 ★★★★

漫步在平户市内，随处可以看到众多教堂和寺庙，充满了独具特色的异国风情。其中建于1931年的圣方济各纪念圣堂，是为纪念圣方济各于1550年造访平户并将天主教传入日本而建的，美丽的外观展现了欧洲建筑的独特情调，现已成为平户的标志性建筑。

16 九十九岛 赏
远眺日出的海滨温泉

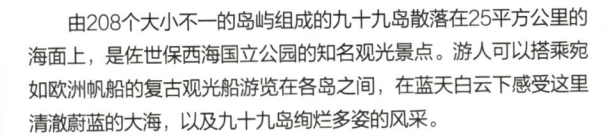

由208个大小不一的岛屿组成的九十九岛散落在25平方公里的海面上，是佐世保西海国立公园的知名观光景点。游人可以搭乘宛如欧洲帆船的复古观光船游览在各岛之间，在蓝天白云下感受这里清澈蔚蓝的大海，以及九十九岛绚烂多姿的风采。

TIPS
- 佐世保市鹿子前町1008 ☎0950-28-1999
- ￥1200 11:30、13:30、14:30每天三班 从佐世保站乘坐鹿子前观光船栈桥巴士即达 ★★★★

17 豪斯登堡 娱
17世纪的荷兰小镇风情

TIPS
- 佐世保市豪斯登堡町 ☎0956-27-0526 各游览项目不同
- 9:00—21:30 从长崎乘坐县营巴士可以直达豪斯登堡，也可乘坐JR到豪斯登堡站下即达 ★★★★★

位于佐世保市大村湾的豪斯登堡面积比东京迪斯尼乐园还要大，是亚洲最大的休闲度假主题公园。具有浓郁欧陆风情的豪斯登堡园内分为豪斯登堡IFX剧场Kirara、三菱未来馆、魔幻境迷宫、儿童游乐场、错觉艺术迷宫、Ever咖啡秀、豪斯登堡宫殿、洪水来袭冒险馆、装饰玻璃博物馆、泰迪熊王国、八音盒幻想曲、大航海体验馆、激光灯光烟火秀等娱乐区域。游人在豪斯登堡内既可体验各种充满未来感的娱乐项目，也可在夜晚住宿在豪斯登堡内的度假酒店，体验欧洲风情的假日夜晚。

18 平户城
平户标志的樱花名城 赏

TIPS
- 平户市岩之上町1458
- 0950-22-4111
- ￥500
- 8:30—17:30
- 从平户栈桥巴士总站步行约20分钟即达
- ★★★★★

被灿烂樱花包围的平户城地处可俯视平湖港的高台上，是由松浦家第29代藩主天祥镇信修建，又名龟冈城，现今已成为平户市的象征。每到夜幕降临，天守阁四周还会有绚丽的灯光闪烁。现今的平户城天守阁为1962年修复，游人登上天守阁的展望台，除了一览平湖市的街景和平湖大桥外，还可在天守阁内观赏到江户时代平户藩相关的各式文物和图片资料等文化遗产。

19 博多运河城
充满独特魅力的运河城 逛

环绕运河而建的博多运河城集购物、电影院、饭店、游艺、剧场及美食享乐于一体，大量采用弧线设计的博多运河城外表美轮美奂，拥有大量人气超高的商店，还有世界级知名品牌的专卖店。此外，各种充满欢乐的主题乐园和经常举办表演活动的露天广场都吸引了大量游人，是一座充满独特魅力的运河之城。

TIPS
- 福冈市博多町住吉1-2
- 092-282-2525
- 10:00—21:00
- 乘地铁空港线在中州川端站下车，步行大约10分钟即达
- ★★★★★

20 太宰府
福冈县的标志景点 赏

位于福冈县中部太宰府市的太宰府是1300多年前统治九州的太宰府所在地，与毗邻的宝满山、三郡山统称为太宰府县立自然公园。在太宰府中的天满宫供奉着日本学问之神——菅猿道真，是学生祈求学业有成、金榜题名的地方。太宰府院内有上千株梅树，每年梅花绽放后顺风漫天飞舞时，空气中总是弥漫着阵阵梅香，吸引了大批游人来赏梅。

TIPS
- 福冈县太宰府市太宰府4-7-1
- 092-922-8225
- 免费
- 6:30—19:00
- 西铁太宰府站出站，步行5分钟即达
- ★★★★★

21 别府地狱巡礼
被称为"地狱"的温泉之旅

TIPS
- 大分县别府市北滨
- 0977-24-2828
- ￥2000
- 8:00—17:00
- JR日丰本线别府站下车,换乘26路巴士即达 ★★★★

作为日本知名的温泉乡,别府地区拥有众多打着地狱招牌的温泉,其中最有名的是被称为"别府八大地狱温泉"的海地狱、鬼石坊主地狱、山地狱、灶地狱、鬼山地狱、白池地狱、血池地狱和龙卷地狱。其中面积最大的海地狱相传是1200年前鹤见山爆发时形成的,清澈湛蓝的温泉水面宛如大海一般令人为之神往,而高达98℃的水温更是催生了别府当地的名产——带有淡淡硫黄味道的"温泉鸡蛋",是来别府进行地狱巡礼的游人不可错过的温泉名产。

22 水前寺庭园
熊本的代表名园

始建于日本宽永年间的水前寺庭园,最初是熊本藩主细川忠利待客饮宴所修建的水前寺御茶屋,之后经过第三代藩主细川纲利扩建而成现今形貌。位于水前寺庭园正中的水前寺富士是庭园的象征,传说宫本武藏曾跳跃而上的巨岩位于庭园入口。庭园中保存了大量珍贵的历史文物,每年夏季还会举行夏日祭奠仪式。

TIPS
- 熊本县熊本市水前寺公园8-1
- 096-383-0074
- 成人￥400,学生半价
- 4月至10月8:30—17:30,11月至次年3月8:30—16:30
- JR熊本站步行约2分钟,在熊本驿前站换乘电车在水前寺公园站下车,步行3分钟即可抵达 ★★★★

23 阿苏山
熊本县的"火之国"

位于九州中央的阿苏山海拔1592米,地处横跨熊本县和大分县的阿苏国立公园正中心,是世界上少见的活火山之一,同时也是熊本县自古就被称为"火之国"的原因所在。阿苏山由中岳、高岳、杵岛岳、乌帽子岳、岳根子岳五座火山组成,其中中岳仍然频繁活动,山顶上不时有大团浓烟喷出,游人乘缆车可近距离观赏这座南北长约1000米、东西宽约400米的巨大火山口,在空气中弥漫的硫黄味中感受大自然的无穷威力。

TIPS
- 阿苏市黑川字阿苏山808-5
- 0967-34-0411
- 缆车往返￥820
- 9:00—17:00
- JR丰肥本线阿苏站下车,换乘当地的巴士即达,之后乘缆车可到火山口 ★★★★★

311

24 熊本城
日本三大名城之一

　　始建于1601年的熊本城是丰臣秀吉麾下大将加藤清正在受封为熊本城主之后开始修建的，直至1607年方始落成完工。由于城内栽植了大量银杏树，因而熊本城的别名是银杏城。在日本安土桃山时代和江户初期修建的大量城堡中，被誉为坚不可摧的名城——熊本城是为数不多成为战场后依旧保留着城郭的城堡，规模壮观的熊本城也与名古屋和姬路城并称为日本三大名城。现存的天守阁为昭和三十五年（1960）重建，在天守阁的最高处可一览熊本市的全貌。

TIPS
- 熊本县熊本市本丸　096-352-5900　成人￥500，儿童￥200　4月至10月8:30—17:30，11月至次年3月8:30—16:30
- 市电熊本城前或市役所前站下车，步行5分钟即达　★★★★

25 鹿儿岛
全世界唯一的沙蒸温泉浴

　　位于九州岛南端的鹿儿岛由萨摩、大隅两处半岛和屋久岛、种子岛以及周围诸多群岛组成。作为鹿儿岛标志的樱岛火山是一座活火山，1914年爆发时大量熔岩流入海中，将樱岛与大隅半岛之间相连。游人在鹿儿岛观光之余，可以享受全世界独一无二的沙蒸温泉浴，覆盖全身的热沙可以改善身体酸痛，促进血液循环。

TIPS
- 鹿儿岛县熊毛郡屋久岛町　099-223-5771
- 免费　全天　从福冈乘特急リレーつばめ号到新八代，之后换乘到鹿儿岛的新干线即达
- ★★★★

26 屋久岛
南方秘境森林

TIPS
- 鹿儿岛县熊毛郡屋久岛町
- 099-743-5900
- 免费
- 全天
- 从鹿儿岛机场乘坐飞机到屋久岛机场 ★★★★

位于鹿儿岛县的屋久岛自古以来即被日本人视为南方秘境。地处偏远的屋久岛雨水充沛，全岛超过75%的面积都是山地以及森林。游人穿行其间，随处可见各种湿地和瀑布，在茂密的高山植物和森林植被间不时可以看到拥有数千年树龄的绳文杉。宫崎骏热映的电影《幽灵公主》就以屋久岛的森林为原型，吸引了大量意欲一窥南方秘境的游人。

---

27 冲绳
日本海上的"香格里拉"

TIPS
- 冲绳县
- 从东京、大阪、神户、名古屋、福冈、札幌等地的机场都可搭乘日本国内航班前往冲绳 ★★★★

冲绳是一个风光秀美的岛屿群，被称为日本海上的"香格里拉"，也是世界上珊瑚礁种类最多的海域。冲绳岛是这里的主岛，这里的海滨则是世界四大海滨观光胜地之一。岛上的首里城是古琉球国的都城，其布局是依照同时期中国明清的紫禁城作蓝本而建的。冲绳的民间音乐优美动人，仿如天籁之音，而这里的民间舞蹈则是以华丽衣装和优雅舞姿为特点的。

畅游日本 九州

JAPAN GUIDE

Japan

畅游日本
18

日本其他

01 旧三笠饭店
浓浓的怀旧氛围

　　作为明治时代到昭和时代间日本众多重量级人物举行晚会的场所，曾经奢华的旧三笠饭店现今被辟为博物馆供人参观。这幢外观典雅的建筑内的家具大多是价值昂贵的古董，而四周的装饰与古典的褐色木墙壁充满浓郁的欧洲风情。置身其间，游人仿佛穿越时空回到了昭和时代，充满了浓浓的怀旧氛围。

TIPS
🏠 长野县轻井泽町轻井泽1339-432　🚉 长野新干线轻井泽站搭乘草轻交通巴士三笠站下车步行5分钟　☎ 0267-42-7072
💰 ￥400　⭐⭐⭐⭐⭐

02 圣パウモカリッグ教会
木结构天主教堂

　　圣パウモカリッグ教会由日本现代建筑之父——美国人安东尼·雷蒙德设计修建，是一座外观古色古香的木结构建筑，而其别致的三角形屋顶更是早已成为轻井泽地区的标志性建筑之一。隐匿在一片翠绿林木之中的圣**パウモカリッグ**教会在日本颇为有名，众多日本影视剧、小说中都有提到这座森林深处的教堂，同时这里还是众多日本艺人中意的婚礼举办地。

TIPS
🏠 长野县轻井泽町轻井泽179　🚉 长野新干线轻井泽站乘车10分钟　☎ 0267-42-2429　⭐⭐⭐⭐

03 云汤池
梦幻般的湖滨美景

TIPS
📍 长野县轻井泽町轻井泽　🚃 长野新干线轻井泽站搭乘西武高原巴士六本木站下车步行3分钟　☎ 0267-42-5538
⭐★★★★

云汤池由于当地传说曾经有全身雪白的天鹅停留在这里，因而又被称为白鸟湖。在云汤池周围修建有一条长约1000米的观光步道，游人顺着这条观光步道一路前行，周围梦幻般的景色宛如一幅精致画卷一般缓缓展开，四周繁茂绿叶与一泓碧水相映生辉，秋季时红叶倒映水中的曼妙景致无不令人陶醉。

04 白川乡
日本所独有的民间建筑

白川乡地区不仅自然风光优美，而且有日本所独有的民间建筑——合掌造。这种建筑是以茅草作为屋顶材料，形状仿如两手合掌时成60度的造型，故得名合掌造。白川乡的合掌造民居群是一种将普通民宅与自然环境完美结合在一起的建筑群，这里是春季赏樱、冬季观雪的好地方。此外，白川乡地区还有温泉可供游人解乏洗尘。

TIPS
📍 岐阜县大野郡白川村　☎ 05769-6-1013　💰 免费　🕘 9:00—17:00　🚃 乘坐JR巴士往鸠谷方向到荻町合集落站下车即达　⭐★★★★

畅游日本
日本其他

317

05 日本圣公会ショウ一纪念礼拜堂
轻井泽地区最古老的礼拜堂 赏

位于轻井泽地区的日本圣公会ショウ一纪念礼拜堂隐匿在一片苍翠的林木之间，由英国传教士亚历山大·克罗夫多·萧在轻井泽建造的这座礼拜堂，同时也是整个轻井泽地区最古老的一座礼拜堂。林木掩映下的日本圣公会ショウ一纪念礼拜堂宁静幽雅，而位于礼拜堂后方的传教士别墅更是轻井泽地区第一栋西式别墅，堪称轻井泽这一迷人度假胜地的标志性景点。

TIPS
长野县轻井泽町轻井泽645　长野新干线轻井泽站搭乘西武高原巴士旧轻井泽站下车步行10分钟　026-742-4740
★★★★★

06 名古屋城
华美壮丽的平原式城堡 赏

TIPS
滋贺县近江八幡市　074-832-7003　免费　全天
JR琵琶湖线近江八幡站下车，换乘近江铁道巴士在小幡町资料馆前站下车即达　★★★★★

位于繁华的名古屋市中心的名古屋城是一座华美壮丽的平原式日式城堡，因其塔顶上的装饰物兽头瓦——对金鯱（一种虚构的鱼身虎头像）而闻名于世，也被视为名古屋的象征。这座城堡是一座外五内六的建筑，内部的前五层是对外开放的展示室，这里有江户幕府时期名古屋城的主人尾张德川家族的各种物品及其说明，还有名古屋地区的许多历史资料。名古屋城所在的名城公园风景优美，并会举办多个展会及娱乐活动。

07 犬山城
日本的"白帝城"

TIPS

- 爱知县犬山市大字犬山北古券65-2
- 056-861-1711
- 成人￥500、儿童￥100
- 9:00—17:30
- 名铁犬山线犬山站、犬山游园站出站，步行15分钟即达 ★★★★

犬山城是日本国内保存的诸多中世时期的城堡中历史较为悠久的一座，被日本政府指定为国宝级的古建筑。犬山城因筑在日本的大河木曾川畔，被称为日本的"白帝城"。犬山城的顶部建有唐破风和千羽鸟破风两种屋顶建筑，这些风格独特的雨篷建筑两侧凹陷，中央凸出，颇为精美。犬山城的天守阁、城门、橹，以及城门附近的许多古老寺院都在改建后保存了下来。

08 あはらい町
充满怀旧风情的商业街

毗邻伊势神宫的あはらい町是与内宫平行的一条长街，沿街的建筑充满江户时代的古老风情，贩卖伊势土产和名物饼食的商店鳞次栉比，随便走进一家店中都可看到琳琅满目的商品，是购买纪念品的绝佳地点。

TIPS

- 三重县伊势市宇治中之切町
- 依店家而异
- 依店家而异
- 近畿山田线宇治山田站或伊势市站下，搭乘往内宫的三重交通巴士，约15分钟在神宫会馆前站下，徒步1分钟即达 ★★★★

09 有乐苑
日本三大茶道古迹之一 【赏】

TIPS
- 爱知县犬山市御门先1
- 056-861-4608
- ￥1000
- 8:00—17:30
- 名铁犬山线犬山游园站出站，步行8分钟即达
- ★★★★

有乐苑是日本茶道名人织田有乐斋在1618年所建的书院式茶室，被称为"如庵"的有乐苑是日本三大著名茶道古迹之一，现今已被列为日本国宝。掩映在树丛中的有乐苑荟萃了日式传统建筑的精华，这里的核心建筑是位于屋内的茶室，日式的茶室是茶人们交流和表演茶道艺术的地方，在这里也可以详细了解日本茶道的起源与风貌。在这里饮茶既可观看到苑内风景随着季节的变幻而显现出的各种风采，又可以体会到茶道所带来的空寂与娴静的氛围。

10 伊势神宫
日本最大规模的神宫 【赏】

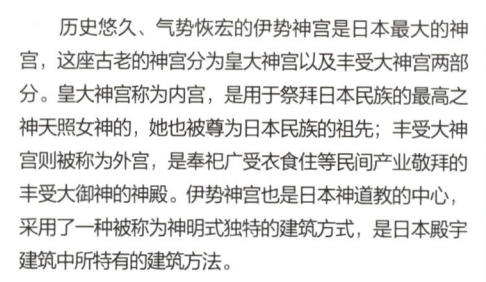

历史悠久、气势恢宏的伊势神宫是日本最大的神宫，这座古老的神宫分为皇大神宫以及丰受大神宫两部分。皇大神宫称为内宫，是用于祭拜日本民族的最高之神天照女神的，她也被尊为日本民族的祖先；丰受大神宫则被称为外宫，是奉祀广受衣食住等民间产业敬拜的丰受大御神的神殿。伊势神宫也是日本神道教的中心，采用了一种被称为神明式独特的建筑方式，是日本殿宇建筑中所特有的建筑方法。

TIPS
- 三重县伊势市宇治馆町1
- 059-624-1111
- 免费
- 5:00—17:00（依季节有所变动）
- JR参宫线伊势市站下车，步行5分钟即达
- ★★★★

11 高山阵屋
江户时期的官衙建筑物

高山阵屋是日本江户时期的官衙建筑物，也是日本现存的唯一一个江户幕府时期的代管所遗迹。高山阵屋的诸多建筑物中只有谷仓是始建时期的原物，其余的房屋都是江户后期按原貌重建的，屋内的器具也都是按照过去的习惯所摆放的。来到高山阵屋门口可以浏览小镇绝代风华，穿梭于老街巷道可以看到一栋栋充满古朴风情的房舍店面，这里是欣赏江户时代的传统建筑风貌的好地方。

TIPS
- 岐阜县高山市八轩町1-5
- 057-732-0643
- ￥420
- 8:00—17:00
- JR高山站出站，步行10分钟即达
- ★★★★

---

12 热田神宫
日本历史最为悠久的神宫之一

热田神宫位于名古屋市中心，是日本历史最为悠久的神宫之一，在规模上仅次于伊势神宫，在这座神宫的广大庭园中，有云见山和蓬米山这两座林木繁茂的小山。这些规模宏伟的建筑物中以主殿最为雄伟，主殿中供奉的是热田大明神，而神乐殿、能乐殿等殿堂则是各有特色的宫殿建筑。宝物殿里收藏了4000多件各种珍贵的文物与宝物，其中最著名的是用于奉祀历代天皇承传的、象征皇位继承的三神器之一的草薙神剑。

TIPS
- 爱知县名古屋市热田区神宫1丁目
- 052-671-4151
- 成人￥300、儿童￥150
- 9:00—16:30
- 乘坐 JR 东海道新干线从东京车站到名古屋车站，乘坐名铁本线从名古屋车站到神宫前车站即达
- ★★★★★

畅游日本 · 日本其他

13 松本城
独特的复合式天守群 赏

建于日本战国初期的松本城是日本的国家史迹，也是日本不多的平原城堡。松本城拥有独特的复合式天守群，建在本丸城郭内的大天守是一个外五内六的层塔形建筑，也是松本城的核心建筑，有渡橹与北面的乾小天守和东面的辰巳附橹、月见橹三座小天守连在一起。月见橹是举行宴会和观光赏月的地方，这在以战争功能为主的日式城堡中是相当少见的。松本城有三道城郭，每道城郭都有自己的护城河。

TIPS
- 长野县户隐山
- 026-254-2326
- ￥600
- 8:30—16:30
- JR松本城站步行15分钟即达 ★★★★

14 善光寺
日本少见的无教派佛寺

TIPS
- 长野县长野市元善町　☎026-234-3591　￥免费　🚉JR长野站乘坐巴士即达　★★★★

善光寺是长野市最著名的古迹景点，这座始建于7世纪的寺庙是日本最为古老、香火旺盛的佛寺，也是日本少见的无教派佛寺。高达20余米的善光寺山门是日本重要的文化遗产，全木结构的本堂是日本第三大木质建筑物，它的屋顶则是用丝柏树皮葺顶的双重结构，其正面挂的"善光寺"三个大字是以鸽子模样绘的，更使得这里声名远扬。善光寺内主要供奉的是由朝鲜传来的"善光寺阿弥陀三尊"，这座佛像每7年才公开亮相一次。

15 金泽城
日本气势最为雄伟的江户时代城堡

金泽城是日本江户幕府诸藩之首前田氏的居城，也是日本气势最为雄伟的江户时代城堡之一。现在金泽城的菱橹、五十间长屋、桥爪门续橹等景点是20世纪90年代以日本传统建筑的木造轴组工法按照原样重新修建的，也是日本自明治维新以后所建造的最大的木质建筑。金泽城的主要景点有护城河、石川门、大手门的遗址，重建的有三十间长屋、五十间长屋、三之丸广场、二之丸广场、本丸园地等。

TIPS
- 石川县金泽市丸之内1　☎076-234-3800　￥300
- 🕖7:00—18:00　🚉JR金泽站乘坐11、12、91路巴士在兼六园站下车即达　★★★★★

16 兼六园
宏大、幽邃、人力、苍古、水泉、眺望

兼六园是日本的特别名胜，具有中国文学家李格非所提出的"宏大、幽邃、人力、苍古、水泉、眺望"这六大成为名园的条件，因此这座名园就被称为兼六园。兼六园从开始建造到完工共花费170余年的时间，园内的自然风景兼具四季之美，又有日本最早的人工喷泉作为点缀。这里的松枫梅樱繁花似锦，亭台楼阁致美典雅，还有池塘、瀑布、溪流等多种景观，令人目不暇接。兼六园既有广阔深邃的风光，又有精巧玲珑的景致，不愧是日本三大园林之首。

TIPS
- 石川县金泽市丸之内1　☎076-234-3800
- ￥300　🕖7:00—18:00　🚉JR金泽站乘坐11、12、91路巴士在兼六园站下车即达
- ★★★★★

17 仙台城遗址
观赏灯火辉煌的城市夜景

TIPS
- 宫城县仙台市青叶区川内　☎022-227-7077　￥700
- ⏰8:00—17:00　🚌从JR仙台站乘坐巴士25分钟即达
- ★★★★★

仙台城曾是日本最雄伟的山城，现在只剩下部分石垣与再建的隅橹依稀展现着旧日的风采，并供后人追忆。这座17世纪的雄伟城堡建筑在青叶山的山腰上，城堡的东南部是一处断崖，可谓是一个天然要塞。这里的伊达政宗骑马铜像是仙台的标志性景点。仙台城还是俯瞰仙台市区、观赏灯火辉煌的城市夜景的好地方。在这里也可以遥望远方的大海，将青叶山的美景尽收眼底。

18 大崎八幡宫
历史悠久的神社

大崎八幡宫是一座历史悠久的神社，是伊达政宗为了供奉伊达氏族神于1607年所建的神社。这座神社的正殿雄伟壮观，以黑漆为主色调，正面安装有千鸟屋顶，墙体等处则雕刻有金箔装饰，整体风格绚烂多彩，是桃山建筑文化的杰作。这座神庙既是过去仙台藩政府祭神参拜的地方，也是仙台居民祈福消灾的神殿。这里在每年的1月14日都会举行一年一度的松焚祭，这是日本东北地区特有的节日，焚烧各种新年用品并恭送神灵离开自己的家园。

TIPS
- 宫城县仙台市青叶区八幡4-6-1　☎022-234-3606　免费
- ⏰8:30—17:00　🚌从JR国见站、东北福祉大前站出站，步行15分钟即达　★★★★

19 松岛
日本三景之一

松岛被誉为日本三景之一，自古以来就是日本的风景名胜区。松岛的四大观分别是：壮观——大高森位于松岛湾东部的宫户岛上，在这里可以欣赏到松岛那宛如园林盆景一般的美景；丽观——富山可以看到松岛海域排列有序的大小岛屿；伟观——多闻山可以俯瞰波涛汹涌的太平洋；幽观——扇谷是一处清静之地，可以把松岛地区的美景尽收眼底。

TIPS
- 宫城县宫城郡松岛町　☎022-354-2618　免费　全天　🚌乘坐JR仙石线在松岛海岸车站出站即达
- ★★★★★

20 十和田湖
绝美的湖光山色

十和田湖的风光是日本知名的美景，这里春来一片苍翠，夏天是避暑胜地，秋天有满山红叶，冬是北国雪景，碧波荡漾的湖面上会映射出这些各具特色的四季风貌，让人心旷神怡。乘游船欣赏十和田湖的湖光水色，会别有一番滋味在心头。湖畔还有供游客休息的露营地、十和田游客中心、十和田科学博物馆、十和田湖畔温泉等各种设施。

TIPS
青森县十和田市　017-675-2425　免费　全天　JR东北本线八户或青森站乘坐JR巴士奥入濑号在十和田湖下车即达
★★★★★

畅游日本：日本其他

21 中尊寺
金碧辉煌的金色堂

TIPS
- 岩手县西磐井郡平泉町平泉衣关202
- 019-146-2211
- ￥800
- 8:30—16:30
- JR东北本线平泉站出站，向北步行即达
- ★★★

历史悠久的中尊寺是日本天台宗的北本山，是古平泉町的重要组成部分，寺中的金色堂和其他3000余件文物被指定为国宝建筑和重要文化财产。结构精美、金碧辉煌的金色堂是中尊寺初建时期遗留下来的唯一一座建筑，虽然历经时光的洗礼和各种天灾人祸的烦扰，还是依然完好地保存了下来。庄严肃穆的本堂建于明治年间，每到秋天这里就会与周围满山遍野的红叶形成独特的风光，是著名的赏枫之地。

22 田泽湖
镶嵌在奥羽山脉中的碧玉

清澈透明的田泽湖，像是镶嵌在奥羽山脉之中的一块碧玉，湖畔山形优美，一年四季都有不同的色彩，尤其是到了秋季，这里漫山遍野的红叶在湛蓝的湖水映衬之下，交织出一幅迷人的景致。田泽湖近似圆形，具有神秘幽静的氛围，湖畔则有许多赏枫和赏樱的地方，附近还分布着众多不同风格的滑雪场与温泉。

TIPS
- 秋田县仙北市田泽湖
- 018-758-0063
- 免费
- 全天
- JR秋田新干线田泽湖车站下车，换乘羽后交通巴士即达
- ★★★★

23 和平纪念公园
祈求永久的世界和平

和平纪念公园是以"原爆圆顶馆"为中心的、纪念人类第一个被核武器轰炸过的城市广岛的公园。这里有残存的广岛核爆的遗迹，屋顶上被烧弯了的钢筋裸露在外，外墙已塌落，这座半毁的建筑向人们诉说着当时的场景。和平纪念公园是一处世界文化遗产，也是用于供奉丧生于原子弹攻击的死难者和祈求世界永久和平所建的市民公园。

TIPS
广岛县广岛市中区中岛町1-2　082-241-4004　免费　8:30—17:00　在广岛电铁原爆圆顶建筑前电车站或中电前电车站步行即达　★★★★★

24 严岛神社
海面上耸立的红色鸟居

历史悠久的严岛神社是宫岛的标志性建筑，也被列入了世界文化遗产的名录之中。这座神社修建于海滨的潮间带上，位于正前方的鸟居则矗立于波澜壮阔的海面之上，显出其特有的巍容。神社内有正殿、币殿、拜殿、拔殿、高舞台、平舞台等多处景点，风格则是深受中国唐朝文化影响的日本平安时期的建筑风格。严岛神社的乐舞在日本也很有名气，这里面每年都会举行丰富多彩的庆典活动。

TIPS
广岛县二十日市宫岛町1-1　086-272-1148　成人￥300、高中生￥200、初中生以下￥100　6:30—18:00　JR宫岛口站或者广电宫岛站步行5分钟到宫岛口码头后，步行15分钟即达　★★★

畅游日本 · 日本其他

25 宫岛
日本三景之一的神之岛 赏

宫岛是日本最著名的景点之一，与仙台的松岛、宫津的天桥立并称"日本三景"。这里自然条件卓越、风景优美，岛上建筑充满着古朴典雅的风情，被认为是日本民族传统的象征。宫岛又是一处古战场，日本历史上赫赫有名的"严岛合战"就发生在这里。岛上的弥山是这里的最高峰，站在山巅可以把宫岛的无限美景尽收眼底，岛上的严岛神社和多宝塔都是不可错过的名胜。

TIPS
广岛县二十日市宫岛町　082-944-2011　JR宫岛口站或者广电宫岛站步行5分钟到宫岛口码头，搭乘汽船即达　★★★

26 大圣院
日本皇室的御用寺庙之一 赏

TIPS
广岛县二十日市宫岛町210　082-944-0111　免费
7:30—18:00　JR宫岛口站或者广电宫岛站步行5分钟到宫岛口码头后，步行30分钟即达　★★★★★

大圣院的全名为多喜山水精寺大圣院，是宫岛上最早最有名的佛教寺院，也是日本皇室的御用寺庙之一。大圣院位于风景优美的弥山之上，山门处有两尊佛像，面前分别用粗大的麻绳拴吊着两个大的青铜铃铛。大圣院是一座很有特色的寺院，这里有中国藏传佛教所独有的转经筒，院内还到处摆放有五百罗汉的佛像，最奇特的是这里除了安置有传说中的河童石像外，还能看到许多深受日本儿童欢迎的卡通人物石像。

27 鸣门海峡
世界四大涡潮胜景地之一

TIPS
- 德岛县鸣门市鸣门町土佐泊浦字福池65
- 088-683-6262
- 免费
- 全天
- JR鸣门线鸣门车站下车换乘巴士即达
- ★★★★★

鸣门海峡拥有气势惊人的涡潮,是世界四大涡潮胜景地之一,游客们可以乘坐半潜式的游览船直接去旋涡中心,亲身感受海波翻滚,也可以在连接本州岛与四国岛的鸣门大桥上俯瞰涡潮全景。鸣门海峡的鸣门大桥全长近2千米,站在桥上可以浏览本州、四国两岛风光,俯瞰桥下波涛汹涌的海面和浩浩荡荡的船队。每年9月底10月初是观看鸣门涡潮的最佳时节。

28 松山城
日本现存海拔最高的天守阁

历史悠久的松山城雄踞在胜山的山巅,是日本现存的12座天守阁中海拔最高的一座,也是日本重要的文化史迹遗产。登上松山城可以搭乘缆车前往,凌空而行时可以看到胜山上盛开的吉野樱,漫山遍野的樱花让人沉醉其间。在松山城的制高点天守阁可以眺望石山到伊予滩的风景,将山海风光尽收眼底。松山城有大天守阁、小天守阁、南隅橹、北隅橹等相互连接的建筑可供游览。

TIPS
- 爱媛县松山市丸之内、堀之内
- 089-921-4873
- ¥500
- 7:00—17:00
- 从松山城缆车长者之平站步行10分钟即达
- ★★★★

畅游日本 · 日本其他

畅游日本 JAPAN
索引 INDEX

@home café	097
21_21 Design Sight	066
あはらい町	319
カチカチ缆车	162
かに本家	272
ハーモニカ横丁	131
モリタ屋	089
ヨドバシカメラ	137

A

AKB48剧场	093
animate	096
ASOBIT CITY	093
阿苏山	311
鞍马寺	192
岸和田城	249

B

八坂神社	206
八坂通&八坂塔	205
八幡坂	283
八幡通り（大街）	061
白川乡	317
柏屋	299
薄野	275
宝筐院	188
宝泉院	193
宝塚大剧场	264
北海道大学	269
北海道神宫	269
北野天满宫	181
本多横丁	101
表参道Hills	056
俵屋吉富	183
别府地狱巡礼	311
滨离宫恩赐庭园	084
冰川丸	143
波除神社	084
博多运河城	310
部落之汤	298

C

Caretta OCEAN Xmas	076
Caretta汐留	075
COMIC TORNOANA	095
CONCERTO	259
彩虹大桥	077
彩香之里佐佐木农场	279
常寂光寺	189
常照寺	180
场外市场	085
朝日电视台	069
城南宫	218
城崎温泉	265
池袋西口公园	121
池田20世纪美术馆	158
赤城神社	101
冲绳	313
出岛	306
川上商店	260
川汤温泉街	297
传法院通り（大街）	110
船科学馆	133
春日大社	226

D

DECKS Tokyo Beach	076
Design Festa Gallery	054
大阪本町	238
大阪城	235
大阪城公园	237
大阪历史博物馆	236
大阪世贸中心大楼	244
大阪市立博物馆	238
大德寺	178
大黑家	111
大江户温泉物语	129
大觉寺	188
大摩天轮	128
大浦天主堂	303
大崎八幡宫	324
大圣院	328
大汤沼	291
大通公园	268
大涌谷	153
大原野神社	215
大正硝子馆	278
代官山ADDRESS	061
淡路岛牧场	265
岛原城	307
道顿堀	232
登别地狱谷	292
等持院	179
地主神社	204
电车之家	125
电力馆	058
东本愿寺	174
东大寺	225
东福寺	205
东京Midtown	065
东京Midtown艺术大街	065
东京レジャーランド	127
东京宝塚剧场	088
东京车站	088
东京城市观景台	067
东京迪斯尼海洋	133
东京迪斯尼乐园	132
东京电视塔	074

东京电视塔大时钟	074
东京都厅	102
东京都写真美术馆	126
东京巨蛋	118
东京塔	070
东京塔水族馆	071
东京体育馆	060
东京艺术剧场	123
东京芝公园	071
东龙ラーメン	195
东寺	201
东照宫	166
渡月桥	190

E

鄂霍次克流冰馆	294
二荒山神社	168
二年坂	210
二条城	175
二条市场	274
二条阵屋	176
二尊院	188

F

法隆寺	228
法然院	193
法善寺	234
法善寺横丁	247
风见鸡之馆	253

伏见稻荷大社	218
伏见桃山城	219
浮世小路	234
富良野葡萄酒工厂	280
富田农场	278

G

GAMERS	095
港见丘公园	144
高岛屋	084
高山寺	214
高山阵屋	321
高台寺	207
哥拉巴公园	302
歌舞伎町	104
根津神社	119
公园通り（大街）	059
宫岛	328
宫益坂	057
宫之下温泉街	154
谷中灵园	115
关根关所	155
观光船圣玛丽亚号	245
光明寺	212
光悦寺	178
广隆寺	184
鬼雕像巡礼	291
鬼怒川温泉	168
贵船神社	192
桂离宫	215
国立新美术馆	068

H

History Garage	128
HOUSE OF SHISEIDO	080
海洋堂	095
函馆东正教会	284
函馆明治馆	285

函馆山	282	极乐寺	151		
函馆西波止场	286	集英社	097		
豪斯登堡	309	几松	217		
和平公园	303	寂光院	198		
和平纪念公园	327	兼六园	323		
和商市场	296	菅野农场	280		
河口湖	162	建仁寺	204		
河口湖红叶祭	163	建长寺	149		
河口湖游览船	163	江户东京博物馆	122		
河童家族许愿手汤	276	堺	246		
荷兰坂	305	今宫戎神社	241		
黑岳	289	今宫神社	181		
横滨COSMO世界	138	金阁寺	177		
横滨八景岛海岛乐园	142	金明水井户	236		
横滨大世界	146	金森仓库群	285		
横滨地标塔大楼	137	金泽城	323		
横滨关帝庙	145	金之汤	260		
横滨红砖仓库	136	近又	217		
横滨皇后广场	136	京都国立博物馆	212		
横滨美术馆	141	京都国立近代美术馆	195		
横滨市开港纪念会馆	139	京都拉面小路	176		
横滨税关本关厅舍	139	京都塔	174		
横滨天后宫	145	京都御所	184		
横滨中华街	145	京都御苑	182		
花园上富良野	279	京寮都路里	211		
花园神社	105	井之头恩赐公园	131		
华严瀑布	167	净智寺	148		
化野念佛寺	189	九十九岛	309		
皇居	091	旧居留地	255		
惠比寿麦酒博物馆	061	旧居留地十五番馆	253		
		旧三笠饭店	316		
		旧三上家住家	213		
		旧岩崎邸庭园	115		
		驹形どぜう	109		
		菊见鲜贝总本店	118		
		剧团四季专用剧场"海"	075		

I

Igrekplus	254
IaOX	094

J

姬路城	263
箕面公园	246

K

空中庭园展望台	233

芦屋川	264
芦之湖	154
庐山天台讲寺	183
鹿儿岛	312

M

Mediage	077
M-int神户	252
MOSAIC Garden	258
麻布十番商店街	073
麻布十番温泉	073
曼殊院	191
毛利庭园	067
梅园	110
美津の	233
美马牛小学	281
美瑛拼布之路	281
绵半	170
面屋武藏	100
妙心寺	184
名古屋城	318
明石海峡大桥	262
明治神宫	054
明治座	083
鸣门海峡	329
摩周湖	297
末广亭	104
目黑川	125

堀江	240
宽永寺	115

L

拉面共和国	273
拉面激战区东京编	090
岚山公园	186
岚山鹈饲	190
浪花家总本店	073
老祥记	255
狸小路商店街	274
梨木神社	183
礼文岛	298
镰仓大佛	147
镰仓鹤冈八幡宫	147
镰仓文学馆	150
两国国技馆	120
料理旅馆白梅	206
流冰火车	293
流星瀑布	288
六本木Hills	067
六本木维珍Toho电影城	069
六甲花园阳台	261
六甲山牧场	261
龙安寺	190
龙头瀑布	169
龙王峡	171
泷安寺	248

N

奈良町	225
奈良公园	224
奈良国立博物馆	227
南禅寺	198
南京町	254
难波公园	247
难波宫遗址公园	236
难波桥	241

诺罗克号观光列车	282	青莲院	209
		青山灵园	070
O		青山学院大学	056
		青叶	120
ONE表参道Hills	064	轻子坂	100
欧信克幸瀑布	296	清凉寺	187
		清水寺	209
P		晴明神社	182
		泉涌寺	211
毗沙门天善国寺	100	犬山城	319
毘沙门堂	221		
平安神宫	197	**R**	
平城宫遗址	228		
平等院	202	RADIO会馆	096
平和祈念展示资料馆	103	热海	158
平和祈念展示资料馆	122	热海城	158
平户城	310	热田神宫	321
平户大桥	308	人形町	083
平野神社	176	壬生寺	216
		仁和寺	185
Q		任田岭	306
		日本环球影城	232
祇园	203	日本科学未来馆	129
绮罗街道	290	日本桥	081
千鸟渊	092	日本桥长门	080
浅草观音温泉	109	日本圣公会ショウー纪念礼拜堂	318
浅草花やしき	111	日本丸纪念馆	140
浅草寺	108	日本银行	082
浅草松屋	110	日本邮船历史博物馆	140
浅草演艺ホール	111	日比谷公园	088
		日光山轮王寺	166
		日光汤波ふじや	170
		瑞宝寺公园	260
		S	
		Shiespa温泉塔	059
		SKY BUS	090
		Sofmap	094
		Spiral	064

SUN MALL	119
SUN PLAZA	120
SUNTORY美术馆	066
Super World世界大温泉	248
三宝乐啤酒博物馆	271
三宫中心街	256
三年坂	210
三千院	196
三十三间堂	212
三室户寺	203
三溪园	146
三鹰之森吉卜力美术馆	132
涩谷109	057
涩谷八公铜像	056
涩谷迪斯尼专卖店	057
森美术馆	068
山梨宝石博物馆	162
山手西洋馆	144
山下公园	142
善光寺	323
上贺茂神社	179
上野公园	112
少女之路	123
涉成园	176
神户ステーキ	254
神户海洋博物馆	258
神户鲁米娜蕾	257
神户市太阁汤殿馆	260
神户塔	257
神护寺	186
神乐坂	101
神奈川县立历史博物馆	139
神奈川县厅本厅舍	138
生田神社	252
圣パウモカリッグ教会	316
圣方济各纪念圣堂	309
胜林院	196
诗仙堂	194
十和田湖	325
时计台	271
寿司屋通	277
水科学馆	130
水前寺庭园	311
水天宫	082
思い出横丁	105
四天王寺	239
松本城	322
松岛	324
松山城	329
随心院	221

T

TOKYO Big Sight	130
TOWER RECORDS	058
台场海滨公园	077
太鼓桥	243
太宰府	310
汤之川GRAND HOTEL	286
唐招提寺	229
醍醐寺	220
天保山	243
天保山大观览车	244
天龙寺	187
天桥立	213
天下一品	060
天主教元町教会	284
田泽湖	326
调色板城	127

通天阁	240	小町大街	152
驮菓子问屋横丁	131	小石川后乐园	118
		小樽运河	276
V		新地中华街	305
		新横滨拉面博物馆	147
VOLKS秋叶原展示厅	097	新井药师梅照院	119
		新宿LOVE雕塑	103
W		新宿御苑	105
		新宿中村屋	102
丸之内大厦	089	兴福寺	224
万博纪念公园	245	熊本城	312
万福寺	203	熊野若王子神社	200
维纳斯城堡	128	熊野神社	124
维纳斯桥	253	修学院离宫	191
尾张屋	216	旭川平和通买物公园	287
文化学园服饰博物馆	060	雪的美术馆	287
屋久岛	313		
五棱郭公园	283	**Y**	
五重塔	201		
武道馆	092	严岛神社	327
武士旧居	308	岩永时计铺	277
		眼镜桥	302
X		羊蹄山	290
		羊之丘	270
西班牙坂	058	阳光城	122
西本愿寺	174	药师寺	229
西芳寺	213	野坂自动人偶博物馆	158
西武百货	272	野宫神社	189
西乡山公园	126	野田岩	072
汐留City Center	074	一碧湖	159
汐留意大利街	074		
下鸭神社	195		
仙台城遗址	324		
先斗町	216		
先斗町通	217		
湘南海岸	149		
箱根雕刻之森美术馆	151		
箱根海贼船	153		
箱根美术馆	152		
箱根神社	155		

伊豆一碧湖美术馆	159	长谷寺	148
伊根舟屋	214	昭和新山	293
伊势神宫	320	哲学之道	197
伊王岛	304	真如堂	199
依水园	226	知床峠	294
乙女瀑布	295	知床五湖	295
银阁寺	199	知恩院	208
银河瀑布	288	稚内日本铁路最北端车站	299
银座名店街	080	中禅寺湖	171
银座松坂屋	081	中岛公园	270
银座天国	081	中宫寺	227
永坂更科布屋太兵卫	076	中崎町	248
永观堂	208	中央公园	104
由岐神社	194	中央通り（大街）	080
有岛纪念馆	289	中之岛公园	242
有乐苑	320	中之岛图书馆	241
有马温泉	259	中尊寺	326
有珠山	292	竹下通り（大街）	055
隅田川	121	住吉大社	242
宇治上神社	202	住莲山安乐寺	200
御所坊	261	筑地本愿寺	085
元町商店街	143	筑地市场	085
元町商店街	256	自由之丘甜品森林	124
原宿教会	055	宗谷岬	299
圆光寺	195	宗右卫门町	233
圆觉寺	150		
圆教寺	262		
猿まわし剧场	163		
源光庵	180		
云汤池	317		
云仙	304		
云仙地狱	307		

Z

增上寺	072
札幌JR Tower	273
札幌电视塔	268
札幌国际滑雪场	275
战场原	170

考拉旅行书目，带您乐游全球！

○ 畅游系列！

- 畅游韩国 就这本最棒！
- 畅游美国 就这本最棒！
- 畅游欧洲 就这本超棒！
- 畅游台湾 就这本最棒！
- 畅游泰国 就这本最棒！
- 畅游香港 就这本最棒！
- 畅游澳大利亚 就这本最棒！
- 畅游德国 就这本最棒！
- 畅游法国 就这本最棒！
- 畅游日本 就这本最棒！
- 畅游英国 就这本最棒！
- 畅游意大利 就这本最棒！
- 畅游北欧 就这本最棒！
- 畅游加拿大 就这本最棒！
- 畅游瑞士 就这本最棒！
- 畅游西班牙 就这本最棒！
- 畅游新加坡 就这本超棒！
- 畅游新西兰 就这本最棒！
- 畅游东南亚 就这本最棒！
- 畅游希腊 就这本超棒！
- 畅游土耳其 就这本最棒！
- 畅游京阪神 就这本超棒！
- 畅游越南 就这本超棒！
- 畅游马来西亚 就这本书最棒！
- 畅游东京 就这本最棒！

图书在版编目（CIP）数据

畅游日本／《畅游日本》编辑部编著． --2 版． -- 北京：华夏出版社有限公司，2020．1
ISBN 978–7–5080–9864–7

Ⅰ．①畅⋯ Ⅱ．①畅⋯ Ⅲ．①旅游指南－日本 Ⅳ．① K931.39

中国版本图书馆 CIP 数据核字（2019）第 215505 号

畅游日本

作　　者	《畅游日本》编辑部
责任编辑	杨小英
责任印制	刘　洋
出版发行	华夏出版社
经　　销	新华书店
印　　装	北京华宇信诺印刷有限公司
版　　次	2020年1月北京第2版　2020年1月北京第1次印刷
开　　本	720×920　1/16开
印　　张	21.5
字　　数	300 千字
定　　价	78.00 元

华夏出版社有限公司　地址：北京市东直门外香河园北里4号　邮编：100028
网址：www.hxph.com.cn　电话：（010）64663331（转）
若发现本版图书有印装质量问题，请与我社营销中心联系调换。

考拉旅行　乐游全球